六盘山文库

潘介祉辑本
张澍辑注本

帝王世纪辑注

〔晋〕皇甫谧撰　安正发整理

北京燕山出版社
BEIJING YANSHAN PRESS

图书在版编目 (CIP) 数据

帝王世纪辑注 / 安正发整理. —— 北京 : 北京燕山
出版社, 2022.6

ISBN 978-7-5402-6447-5

Ⅰ.①帝… Ⅱ.①安… Ⅲ.①帝王 – 史料 – 中国 – 古
代②《帝王世纪》– 注释 Ⅳ.①K204

中国版本图书馆CIP数据核字(2022)第028075号

ISBN 978-7-5402-6447-5

9 787540 264475 >

帝王世纪辑注

出版发行：北京燕山出版社有限公司

社　　　址：北京市丰台区东铁匠营苇子坑138号C座

邮　　　编：100079

责任编辑：刘占凤　　吴蕴豪

版式设计：优盛文化

印　　　刷：定州启航印刷有限公司

开　　　本：710mm×1000mm　　1/16

印　　　张：15

字　　　数：320千字

版　　　次：2022年6月第1版

印　　　次：2024年1月第1次印刷

ISBN 978-7-5402-6447-5

定　　　价：88.00元

宁夏师范学院固原产业发展研究院项目成果

总　序

　　固原历史悠久，文化积淀丰厚。早在三万年前的旧石器时代，这片土地就留下了古人类活动的足迹；到了新石器时代，六盘山东西的清水河、葫芦河、泾河流域都有人类繁衍生息。彭阳商周墓葬群的出土印证了《诗经·小雅·六月》《出车》里描写的西周重大历史事件在固原的发生。固原的战国秦长城遗迹叙说着固原的军事建制与特殊的军事地理位置。战国时期，固原进入秦国版图，乌氏县、朝那县的设立见证了固原融入大一统国家的行政序列。汉代高平县的设立、安定郡的设置奠定了固原之后的行政建制，萧关道上的汉唐诗歌、丝绸之路在固原的中西文化遗存再现了这个特殊地域的文化积淀，为固原的经济、社会文化发展提供了诸多有价值的参考与借鉴。

　　宁夏师范学院建校至今，已走过了40多年的风雨岁月。学院老一代的学者一直十分关注固原的历史文化，他们筚路蓝缕，在传承学术精神的同时，也在创新地方历史文化研究，留下了诸多研究成果，为固原的历史文化研究奠定了坚实的基础。地方高校服务于地方经济、社会、文化发展是其职责所在。为推进固原历史文化研究，2011年底，宁夏师范学院申报设立专门的地方历史文化研究机构，经自治区编办批准，宁夏师范学院固原历史文化研究中心正式挂牌成立，成为实体研究机构之一，并配备了专职研究人员。宁夏师范学院的固原历史文化研究从此走上了更为专业和深入的道路。2014年，为进一步夯实科研基础，凝练学术队伍，宁夏师范学院进行了校内资源整合，重组并成立了6个研究（工程）中心，固原历史文化研究中心成为宁夏师范学院提出的打好三张牌（特色牌、地方牌、教改牌）中的科研"地方牌"的代表。2016年，固原历史文化研究人文社科重点研究基地获得自治区高校科技创新平台立项建设。

　　为了加强区级人文社科重点研究基地建设，挖掘固原历史文化资源，产出一批较有影响的科研成果，固原历史文化研究中心设立了"固原历史文化专项课题"，由校内外学者参与申报，专家评审，最终以丛书的形式推出。宁夏师范学院所在地固原位于六盘山地区，学校被誉为"六盘山下人才基地，宁南山区教师摇篮"，因此丛书以《六盘山文库》冠名。研究成果内容涉及固原历史、丝绸之路、地方戏曲研究、人物、民俗文化等，是固原历史文化研究的阶段性成果。《六盘山文库》的面世将对传承固原历史文脉、宣传固原历史文化、加快推进文化建设产生影响，同时对深入研究固原历史文化，把历史文化资源优势转化为推进区域文化高质量发展的优势，对挖掘区域历史文化，增进人们对固原历史文化的了解，满足人民文化需求和增强人民精神力量，尤其是提升固原文化的影响力，将会产生积极的作用。

以文化强国为目标，不断推进传统文化创造性转化、创新性发展，是时代赋予我们的新使命。正是在这个意义上，《六盘山文库》承载着文化建设的使命，肩负着文化创新的重任。为地方社会经济发展和文化建设尽一份绵薄之力，是我们的初心所在。

《六盘山文库》编委会

2020 年 12 月

目 录

帝王世纪辑注（张澍辑注本）

帝王世纪（潘介祉辑本）

帝王世纪辑注（张澍辑注本）

〔晋〕皇甫谧　撰
〔清〕张　澍　辑注
　　　叶景葵　校理
　　　安正发　整理

帝王世纪序

张澍

皇甫氏胡为而有《帝王世纪》之作也？曰：以补司马迁之阙漏也。夫太史公之阙漏，唐司马祯、宋刘恕咸作《三皇纪》补之焉，而史公之阙漏仍在，是乌足以补史公哉！渠殆不知有士安之书耶？曰：直以意之尔。

予观士安之风痹卧庐，枕藉穷籍，历隐女几，恣意渔猎。其邃于经，如孔安国，故其说往往本于《古文尚书》；熟于纬，如郑康成，其言休征则本于《尚书中候》；其精于历法，如刘子骏，故作《年代历》，兼此书相附以行；其谙于地理，如裴季彦，故于都邑考稽精核。而后之人往往摭其异闻，而诋諆之。彼盖不知士安之所据，而以己之所见为据而议之也，抑安矣。夫广读武帝所借之十车，岂浅见谫闻者向壁虚造，妄为著述哉！余既慨其书之不传，而断章残句，时见于他书所引，则哀而辑之，而复注之，且必以士安以前所有之书注之，若年代、地理，古书有不具者，不得已以后世之书证之。要以合乎当日著述之意耳。

唐颜师古云："皇甫氏作《世纪》，皆为惠帝、张后及孝文、薄后以下别制名焉。至于薄父之徒，亦立名字，何从而得之乎？虽欲恃博闻，不知陷于穿凿。"此颜氏之谬说也。夫古人姓名，不见正史而载于他书者甚多，如杨王孙名贵，见《西京杂记》；叔孙通名何、丁公名固，见《楚汉春秋》。如此类者，不可悉数，乌得而妄訾之？昔后魏安丰王猛子延明，博识多闻，曾注是书，时《世纪》犹未佚，而古籍多存，必有异于余之注之者，惜乎其不传也。然余搜辑亡残，存其梗概，不可谓不勤矣。若乃皇甫氏之记分野，记户口，尤意见之独伟者也。其体例盖仿谯周允南之《古史考》，主于证据。又叹张惜之《系谱》、马总之《通历》、诸葛耽之《帝箓》、姚恭年之《历代帝纪》、明克让之《古今帝王世纪》、来奥之《帝王本纪》，已埋不得见而博综之也，噫！

帝王世纪考证

章宗源

　　《晋书·皇甫谧传》："谧撰《帝王世纪》。"《尚书·尧典》正义曰："《晋书·皇甫谧传》云：姑子外弟梁柳得《古文尚书》，故作《帝王世纪》，往往载《孔传》五十八篇之书。今《晋书》谧传无此语，当是逸《晋书》。"《玉海》："《书目》曰：晋正始初，安定皇甫谧以《汉纪》残缺，博案经传，旁观百家，著《帝王世纪》并《年历》，合十二篇。起太昊帝，讫汉献帝。"《史通·论赞篇》曰："皇甫谧、葛洪，具列所号。"《续汉·律历志》注云："蔡邕分星次与皇甫谧不同，谧所列在《郡国志》。"《史记·五帝本纪》索隐云："皇甫谧号玄晏先生，今所引者是其所作《帝王代纪》也。"又《补三皇纪》云："案神农之后凡八代，事见《帝王代纪》及《古史考》。然古典亡矣。谯（谓谯周）、皇二氏，皆前代博闻君子，考案古书而为此说，岂至今凿空乎？"愚案：《周易·系辞》正义引谧纪太皞、神农、黄帝、少皞、帝喾、尧、舜事，《礼记正义》《初学记·帝王部》《艺文类聚·帝王部》并引之，而《太平御览·皇王部》所引尤详。（《左传·昭公正义》引："穷桑，少皞之号，神农本起烈山。"）其言放勋、重华、文命为尧、舜、禹名，《尚书正义》从之。惟取《易》卦以制象九事，谧皆以为黄帝之功。《易正义》云："若如所论，则尧舜无事，《易系》何须连言？则皇甫之言未可用也。"《艺文类聚·职官部》："穆王命伯冏为太仆，今《尚书·君牙》《伯冏》二篇是也。"此与《书序》不同。（《书序》："命君牙为大司徒，作《君牙》；命伯冏为周太仆正，作《冏命》。"）《后汉书·野王二老传》注鸣条之地，谧谓孔安国《书》注之说为近。《御览·州郡部》载谧所记都邑，其书征引《春秋传》《世本》《战国策》《国语》《秦本纪》《汉地理志》，体裁主于考证。若仲丁徙嚣，河亶甲居相，祖乙圮于耿，谧皆用《书序》。至葛伯仇饷，初征自葛，则称古文《仲虺之诰》。又谥言封帝挚于高辛氏，本于东海卫宏所传（二语见《御览·皇亲部》）。卫宏从杜林受《古文尚书》，谥得其传，则不徒资诸梁柳矣。篇中论赞称"玄晏先生曰：'羁勒英雄，鞭驱天下。'乃汉高论赞。'平暴反正，遂建中兴。'乃光武论赞（二事见《御览·皇王部》，列玄晏号）。是可与《史通》相证。《初学记·帝王部》引魏武进爵、魏文受禅。《御览·皇王部》引高贵乡公为成济所害，陈留王就国治邺，正符《隋志》"尽汉魏"之语。宋人《书目》谓"讫汉献帝"，误也。《唐志》卷同，《宋志》九卷，入编年类（考《御览》诸书所引，似谥记乃分类为篇，体裁惟在博考，故隋、唐《志》并入杂史，《宋志》恐误）。《后魏书·元延明传》称延明注《帝王世纪》，前《志》未见著录。①

---

① 此篇为章宗源《隋书经籍志考证》卷三《杂史》对皇甫谥《帝王世纪》的考证。张澍辑注《帝王世纪》时移录于卷端，并针对篇末所言，指出："'延明注《帝王世纪》，前志未见著录。'非也。今不传，可惜。"

帝王世纪卷一

晋孝廉方正皇甫谧　纂
武威介侯　张澍　编辑

皇古

　　天地未分，谓之太易。元气始萌，谓之太初。气形之初，谓之太始。形变有质，谓之太素。太素之前，幽清寂寞，不可为象。惟虚惟无，盖道之根。道根既建，犹无生有。太素质始，萌而未兆，谓之庞洪。盖道之干。既育万物成体，于是刚柔始分，清浊始位。天成于外而体阳，故圆以动。地成于内而体阴，故方以静，盖道之实。《太平御览》卷一。

　　案：《列子》云："昔者圣人因阴阳以统天地。夫有形者生于无形，则天地安从生？故曰：有太易，有太初，有太始，有太素。太易者，未见气也；太初者，气之始也；太始者，形之始也；太素者，质之始也。气形质具而未相离，故曰浑沦。浑沦者，言万物相浑沦而未相离也。视之不见，听之不闻，循之不得，故曰易也。易无形埒，易变而为一，一变而为七，七变而为九。九变者，穷也，乃复变而为一。一者，形变之始也。清轻者为天，浊重者为地，故天地含精，万物化生。"《白虎通》云："始起先有太初，后有太始，形兆既成，名曰太素。混沌相连，视之不见，听之不闻，然后剖判。清浊既分，精出曜布，庶物施生。精者为三光，号者为五行。[五]行生情，情生汁中，汁中生神明，神明生道德，道德生文章。"《博雅》云："太初[者]，气之始也，生于酉仲，清浊未分也。太始[者]，形之始也，生[于]戌仲，清者为精，浊者为形也。太素者，质之始也，生于亥仲，已有质朴，而未散也。三气相接，至于子仲，剖判分离，轻清者上为天，重浊者下为地，中和为万物。"士安之说悉本于此。

天子至尊之定名也，应神受命，为天所子，故谓之天子。孔子曰："天子之德，感天地，洞八方。"是以功合神者称皇，德合天地称帝，仁义合者曰称王。《艺文类聚》卷十一、《太平御览》卷七十六。

案：《太平御览》本一引末句云："义名曰称王"，有讹脱，今改正。"动"，《艺文类聚》引作"洞"；"功"作"化"。《初学记》引云："功合神者称皇，德合地者称帝，德合人者称王。"字句微异。

案：《白虎通》云："帝王者何？号也。号者，功之表也。所以表功明德，号令臣下者也。德合天地者称帝，仁义合者称王，别优劣也。皇者，何谓？亦号也。皇，君也，美也，大也。天之总，美大称也。时质，故总之也。号之为皇者，煌煌人莫违也。烦一夫，扰一士，以劳天下，不为皇也。不扰匹夫匹妇，故为皇。故黄金弃于山，珠玉捐于渊，岩居穴处，衣皮毛，饮泉液，吮露英，虚无寥廓，与天地通灵也。号为帝者何？帝者，谛也，象可承也。王者，往也，天下所归王。"《乐纬稽耀嘉》云："德象天地为帝，仁义所生为王。"《尚书刑德考》云："帝者天号也，王者人称也。天有五帝，以立名人；有三王，以正度。天子，爵称也。皇者，煌煌也。"《独断》云："皇者，煌也。盛德煌煌，无所不照。帝者，谛也。能行天道，事天审谛。"《春秋繁露》云："德修天地者称皇帝，天祐而子之，号称天子。"《独断》又云："天王，诸夏之所称，天下之所归往，故称天王。天子，夷狄之所称，父天母地，故称天子。"《白虎通》云："或称天子，或称帝王何？以为接上称天子者，明以爵事天也；接下称帝王者，得号天下至尊之称，以号令臣下也。"《说文解字》云："古之造文者，三画而连其中，谓之王。三者，天地人也。而参通之者，王也。古之神圣，人母感天而生子，故曰天子。"《春秋考耀文》云："王者，往也，神所输向，人所归往。"士安之说本此。

又案：《管子》云："明一者皇，察道者帝，通德者王，谋得兵胜者霸。"《淮南子》云："帝者，体太一；王者，法阴阳；霸者，则四时。"《礼斗威仪》云："帝者得其根荄，王者得其英华，霸者得其附枝。"《新论》云："无制令刑罚，谓之皇；有制令而无刑罚，谓之帝；赏善诛恶，诸侯朝事，谓之王；兴兵约盟，以信义矫世，谓之霸。"

天子畿方千里，曰甸服。甸服之内，曰京师。又曰：天子所宫曰都。宋敏求《长安志》卷二。

案：《风俗通》曰："京，非人力所能成，天地性自然也。"京师义亦如此，此说非也。蔡邕《独断》曰："京，大；师，众也。"盖十亿为京，取人众多之意。

自天地辟设，人皇以来，迄魏咸熙二年，凡二百七十二代，积二百七十六万七百四十五年。分为十纪；一曰九头，至十曰流迄。《博雅音》卷九。

案：此数语似是《帝王世纪》序文。

案：司马贞《史记·补三皇本纪》引《春秋纬》云："十纪：一曰九头纪，二曰五龙纪，三曰摄提纪，四曰合雒纪，五曰连通纪，六曰序命纪，七曰循飞纪，八曰因提纪，九曰禅通纪，十曰疏仡纪。"今本"疏仡"作"流迄"，误。

《博雅》云："天地辟设，人皇以来，至鲁哀公十有四年，积二百七十六万。分为十纪：曰九头、五龙、挻（一作摄）提、合雄（一作雒）、建通（一作速）、序命、修（一作循）蜚、因提、禅通、疏仡。""仡"当作"仡"。【景葵校理】

三皇纪

庖牺氏

案：张守节《史记正义》云："皇甫谧《帝王世纪》、孙氏注《世本》，并以伏羲、神农、黄帝为三皇，少昊、颛顼、高辛、唐、虞为五帝。"今依此为序。

太昊帝庖牺氏，风姓也，蛇身人首。有圣德，都陈。作瑟三十六弦。燧人氏没，庖牺氏代之，继天而生，首德于木，为百王先。帝出于震，未有所因，故位在东方，主春。象日之明，是称太昊。制嫁娶之礼，取牺牲以充庖厨，故号曰庖牺。后世音谬，谓之伏牺，或谓之宓牺。一云"虙"古"伏"字。后误以"虙"为"宓"，故号宓牺，一号雄皇氏，在位一百一十年。崩，葬南郡。《太平御览》卷七十八。

案：《初学记》引云："庖牺氏，风姓也。蛇身人首，有盛德。燧人氏没，庖牺代之，继天而王。首德于木，为百王先。帝出于震，未有所因，故位在东方，主春，象日之明，是称太昊。都陈。制嫁娶之礼，取牺牲以充庖厨，故号庖牺氏，是为牺皇。后世音谬，故谓之伏牺，或谓之宓牺，皆失其旨。"又案：《班固传》注引"以充庖厨"下有"以食天下"四字。《路史》引云："伏羲亦号天皇。"又引云："一作雄皇。"又引云："燧人氏没，伏羲氏代之。"

案：《三坟》云："伏羲，燧人子也，因风而生，故风姓。"《孔演图》云："燧皇在伏羲前，风姓，始王天下，是伏羲因燧皇之姓也。"《尸子》云："宓羲氏之世，天下多兽，故教民以猎。"《汉书》云："伏羲作网罟以田渔，取牺牲。"《史传》谓"伏牛乘马，因号伏羲"，非也。《礼纬含文嘉》云："伏者，别也；羲者，献也。"崔寔《政论》云："太昊设九庖之官。"《楚辞》云"命蹇修以为理"，王逸注："蹇修，伏羲臣，理为媒官。"《古史考》云："伏羲制嫁娶，以俪皮为礼。"

太昊帝庖羲氏，风姓也。燧人之世，有巨人迹出于雷泽，华胥以足履之，有娠，生伏羲于成纪。蛇身人首，有圣德。《太平御览》卷三百六十。

案：《三皇本纪》引云："母华胥，履大人迹于雷泽，而生庖羲于成纪。"《路史》注引云"迹出于燧人之时"，又引云"蛇身牛首"。

案：《孝经钩命诀》云："大迹出雷泽，华胥履之，生宓羲。"注云："灵威仰之迹。"《诗含神雾》说同。《孝经援神契》云："伏羲大目、山准、日角，而连珠衡。"《春秋合诚图》云："伏羲长九尺一寸。望之广，视之专。"《帝系》并云："人定时生。"《孝经河图》云："伏羲在亥，得人定之应。"《遁甲开山图》云："仇夷山，四面绝立，太昊之治也，即今仇池，伏羲生处。"又云："伏羲生成纪，徙治成仓。"《文子》云："蛇身麟首，有圣德。"褚先生补《史记》云："蛇身牛首。"

庖牺氏作八卦，神农重之为六十四卦。黄帝、尧、舜引而伸之，分为二《易》。至夏人因炎帝曰《连山》，殷人因黄帝曰《归藏》，文王广六十四卦，著九六之爻，谓之《周易》。《初学记》卷二十一。

案：《太平御览》引同，惟"炎帝"作"庖牺"，误。

案：《尸子》云："伏羲始画八卦，列一作别八节而化天下。"《春秋内事》云："伏羲推列三光，建分八节，以爻应节，几二十四，消息祸福，以制吉凶。"《管子》云："伏羲造六画以迎阴阳，作九九之数，而天下化之。"《六艺论》云："伏羲作十言之教，以厚君民之别。十言：乾、坤、艮、巽、坎、离、震、兑、消、息也。"郑康成云："伏羲世质作《易》，以为政令而不书，止画其卦。神农重之为六十四卦。"《古史考》云："庖牺氏作卦始有筮，其后殷时巫咸善筮。"《尚书大传》云："伏羲氏作八卦。"《壶子》云："伏羲法八极作八卦，黄帝体九窍以定九宫，皆近取诸身，远取诸物，作枝干衍为甲子。"《魏志》云："博士淳于俊曰：伏羲因燧皇之图以制八卦，神农演之为六十四卦。"士安从郑玄及淳于俊说也。又案：伏羲《易》有画无文，所谓八卦成列，因而重之为六十四卦者也，诸家以为神农重卦。又云：文王疑非是。

又案：《伏羲易》即天地定位，山泽通气，雷风相薄，水火不相射也。《连山易》即中成《易》所论，帝出乎震，应乎巽，相见乎离，致役乎坤，说言乎兑，战乎乾，营乎坎，成言乎艮也。《归藏易》为大成，即初坤、初乾、初离、初坎、初兑、初艮、初震、初巽，此《归藏》之易也，为《黄帝易》。《山海经》云："伏羲氏得《河图》，夏后氏因之曰《连山》，黄帝氏得《河图》，商人因之曰《归藏》，列山氏得《河图》，周人因之曰《周易》。"杜子春从之，误矣。盖夏得人统，故用《连山》，以艮为首。商得地统，故用《归藏》，以坤为首。周得天统，故用《易》，以乾为首也。桓谭《新论》："《连山》八万言，《归藏》四千三百言。"

伏牺氏，仰观象于天，俯观法于地。观鸟兽之文与地之宜，近取诸身，远取诸物，于是造书契以代结绳之政，画八卦以通神明之德，以类万物之情，所以察六气、六府、五藏、五行、阴阳、四时、水火升降，得以有象，百病之理，得以有类。乃尝味百药而制九针，以拯夭枉焉。《太平御览》卷七百二十一。

案：《路史》注引云："太昊制九针，以拯夭枉。"

案：孔安国《书序》云："伏羲王天下，造书契以代结绳之政，由是文籍生焉。"士安本之。诸儒均以为黄帝始有书契，非也。《周髀算经》："商高答周公曰：'古者包羲立周天历度。'赵君卿注：'立周天历，度建章蔀之法。'"《坤灵图》云："伏羲立九部，盖九州之始也。"《礼含文嘉》云："伏羲德协上下，天应以鸟兽文章，地应以河洛图书，乃则象而作《易》。"《易通卦验》云："伏羲方牙精作《易》，无书，以画事。"汉孔季彦《孔丛子》则以为"伏羲尝草木之可食者"，士安从之。班固《汉书·律历志》云："太蔟为人统，律长八寸，象八卦，伏羲氏所以[顺天地，通神明]，类万物之情，乐建立基，律吕备矣。"《春秋内事》云："伏羲氏始画八卦，定天地之位，分阴阳之数，推列三光，建分八节，以文应气，凡二十四。"《灵枢经》："岐伯对黄帝以九针，则是古有之。古者以砭，后代以铁，世谓神农尝草。"

太昊庖牺氏，风姓，有景龙之瑞，故以龙纪官。《左传》曰："陶唐氏既衰，其后有刘累，学扰龙于豢龙氏，以事孔甲。能饮食之，夏后嘉之，赐氏曰御龙氏。"《初学记》卷三十。

案：《太平御览》只引前三句，无《左传》以下等句。

案：《春秋文耀钩》云："伏羲作《易》名官。"《春秋命历序》云："九头纪时有臣无官，但立尊卑之别。"《周礼注疏》云："政教君臣，起自人皇之世，至伏羲因之。"《汉书·百官公卿表》："《易》叙，伏羲龙师名官。"《三坟》云："伏羲命臣飞龙氏造六书，潜龙氏作甲历，降龙氏倡率万民，水龙氏平治水土，火龙氏炮治器用。"此以龙名官之证也。

伏牺氏作琴三十六弦，长八尺一寸。《初学记》卷九。

案：《世本》云："伏羲作琴。"《通鉴前编》引《世本》云："伏羲氏削桐为琴，面圆法天，底平法地。龙池八寸，通八风；凤池四寸，象四时；五弦，象五行。长七尺二寸，以修身理性，反天真也。达灵成性，象物昭功也。"《琴操》云："伏羲作琴以御邪辟，防心淫。"《太平御览》："伏羲之琴名离琴，并伏羲琴，名龙吟。"《乐录》："伏羲琴二十七弦。"《古今》注云："二十五弦。"郭璞《尔雅》注云："十弦。"《世本》："《琴操》言五弦。"张揖《广雅》云："伏羲琴长七尺二寸，或曰三尺六寸六分。五弦是弦数，尺寸言人人殊也。"《楚辞》云"伏羲《驾辩》"，刘渊林注："伏羲作琴制此曲。"夏侯玄《辩乐论》："伏羲有网罟之咏，少昊作大渊之乐。"

伏羲作瑟三十六弦，盖瑟属阴，故用三十六之数。《太平御览》卷七十八、《路史·后纪一》注。

案：《通典》引《世本》云："瑟，庖牺作五十弦。后，黄帝使素女鼓瑟，哀不自胜，乃破为二十五弦，具二均声。"《风俗通》云："宓羲作瑟八尺一寸，四十五弦。"小司马《三皇本纪》："伏羲所作之瑟二十五弦。"《隋志》云"二十七弦"，非也。

陈，庖牺氏所都，舜后所封。《后汉书·郡国志二》注。

案：《路史》注引云："天皇庖牺都陈留。"

案：《荣氏遁甲开山图》注："伏羲生成纪，徙治陈仓，非陈国所建也。"《遁甲开山图》注云："伏羲氏徙治陈仓。然历代以宛丘为太昊之虚，今宛丘北一里有伏羲庙、八卦坛。"《太平寰宇记》云："伏羲于蔡水得龟，因画八卦[之坛]。"《九域志》云："陈、蔡俱有八卦坛。"

太昊都陈，豫州之域，西望方外，东及明诸，胡公之封。神农氏亦都之。《路史·后纪三》注。

伏羲葬南郡，或曰冢在山阳高平之西也。《补三皇本纪》注。

案：《路史》注引云："葬南郡，在襄阳。"

案：伏羲在治百六十有四载，年百九十有四。《九域志》："充、单，皆有伏羲陵。"然伏羲冢在山阳高平西北。高平，襄阳之境。

伏羲，风姓，蛇身人首，常居此台。伏牛乘马，故曰伏牛台。《太平寰宇记》卷四十二。

案：《太平寰宇记》云："伏牛台，在赵城县南一十五里。"

伏羲常居敷教台。《路史·后纪一》注。

案：《三坟》："伏羲有敷教之台，告民示始。"

大庭氏、柏黄氏、中央氏、卷须氏、栗陆氏、骊连氏、赫胥氏、尊卢氏、混沌氏、昊英氏、有巢氏、朱襄氏、阴康氏、无怀氏，皆袭包牺氏之号。《补三皇本纪》注。

案：《艺文类聚》引云："有巢氏，一曰大巢氏。"

帝女娲氏

女娲氏，亦风姓也。承庖牺制度，始作笙簧，亦蛇身人首，一号女希，是为女娲。《淮南子》曰："往古之时，四极废，九州裂，天不兼覆，地不周载。女娲炼五色石以补苍天。断鳌足以立四极，杀黑龙以济冀州，积芦灰以止淫水。"其末有诸侯共工氏，任知刑以强，伯而不王。以水承木，非行次，故《易》不载。及女娲氏没，次有大庭氏、柏皇氏、中央氏、栗陆氏、骊连氏、赫胥氏、尊卢氏、祝融氏、混沌氏、昊英氏、有巢氏、朱襄氏、葛天氏、阴康氏、无怀氏，凡十五世，皆袭庖牺之号。《初学记》卷九。

案：《艺文类聚》引曰："帝女娲氏，亦风姓也，作笙簧，亦蛇身人首，一曰女帝，是为女皇。其末诸侯共工氏，任知刑，伯而不王。"

案：《太平御览》引云："女娲氏，亦风姓也，承庖牺制度，亦蛇身人首，一号女希，是为女皇。是时诸侯有共工氏，任智刑以强，伯而不王。非行次，故不载。"又案：《太平御览》引"大庭氏"下有"王有天下"四字，下有"次有"二字。《路史》注引云："蛇身人首，一曰女希，是为女皇。"又引云："女娲末，有诸侯共工氏，任智刑以强，霸而不王。"

自无怀氏已上，经史不载，莫知都之所在。《太平御览》卷七十八。

案：司马贞《三皇本纪》有卷须，无祝融，郑玄注《中候敕省图》云："女娲仍伏羲之道，无所改作。"《春秋纬》云："女娲为皇，承伏羲。"士安言承伏羲制度，即此说。《风俗通》云："女娲，伏羲之妹。"《楚辞》注："女娲，人头蛇身，一日七十化。"《列子》云："伏羲、女娲，皆蛇身牛首虎鼻。"裴骃云："皇甫谧以为大庭以下一十五君，皆袭庖羲之号，事不经见，难可依从。案古封泰山者，首有无怀氏，乃在太昊前，岂得如谧所说。"《归藏易》云："共工，人面蛇身朱发。"《楚辞》注："康回，共工氏之名。"《归藏·启筮》云："共工，人面蛇身朱发。"《汉书》云："《祭典》曰共工氏伯九域。言虽有水德，在火木之间，非其序也。任知刑以强，故伯而不王。周人纂其序，故《易》不载。"

士安用此说。又案：《淮南子·览冥训》言女娲末年，共工氏战而不胜，触不周之山，天柱折，地维绝，女娲氏乃炼五色石以补天。然《列子》所称共工氏怒触不周山，乃与颛顼争为帝，非女娲时事。此共工乃太昊之世国侯也，尧之共工乃少昊之子，舜之共工则炎帝之裔华也。《三统历》云："女娲、共工、大庭，皆不承五运。"《古史考》云："女娲水德，妄矣。"

《春秋命历序》云："柏皇，登出榑桑日之阳，驾六龙而上下，以木纪德。"《庄子》云："独不知至德之时乎，柏皇、栗陆之时，斯至治矣。"【景葵校理】《上清三天列纪》云："柏皇氏姓柏名芝，中央氏即中皇氏，或曰即中黄。"《庄子》云："昔庸成氏、大庭氏、柏皇氏、中皇氏，当是时人结绳而用之。"《邓析子》云："栗陆氏敕昏勤民，愎谏自用，于是民始携。东里子者，贤臣也；谏不行，而醳之。栗陆氏杀之，天下叛之，栗陆氏以亡。"澍案：《子华子》云："天之精气，大数常出三而入一；其在人呼[则]出也，吸[则]入也。是故一之谓尊，二之谓耦，三之谓化，[凡]精气以三成。宓羲、轩辕所柄以计也。赫胥、大庭惝恍如有所遗也，故曰出于一，立于两，成于三。《连山》以之成形，《归藏》以之御气，《大易》以之立数。"《路史·禅通纪》又云："尊卢氏是为宗卢，其立政也，官天地，府万物，革天下之，故惟以币行。无所甚亲，无所甚疏。抱德炀和，以顺天下，而世用宁[焉]。治九十余载，位蠠台之阳，葬浮肺山之阴。"《姓苑》云："浑沌氏，是为浑敦，《三坟》作'混沌'，《风俗通》作'混屯'，云：'太昊氏之良佐。'"《白虎通》云："谓之祝融何？祝者，属也；融者，续也。言能属续三皇之道而行之，故谓祝融。"《孝经钩命诀》云："祝融乐曰属续。"《吕氏春秋》云："葛天氏之乐，三人操牛尾，投足以歌八阕。一曰载民，二曰玄鸟，三曰遂草木，四曰奋五谷，五曰敬天常，六曰达帝功，七曰依帝德，八曰总万物之极。"《遁甲开山图》："自女娲至无怀一十五代，合万七千七百八十七岁。"《韩非子》云："上古之世，人民少而禽兽众，人不胜禽兽虫蛇，圣人有作，构木为巢，以之群居，天下号曰有巢氏。"《吕氏春秋》云："朱襄氏之时，多风而阳气畜积，万物散解，而果蓏草木不遂，迟春而黄落，盛夏而痁疟，乃令士达作五弦之瑟，以来阴气，以定群生，命曰来阴。"高诱以朱襄为炎帝，非也。《吕氏春秋》云："阴康氏之时，水渎不疏，江不行其原，阴凝而易闷，人既郁于内，膝理滞着而多重腿，得所以利其关节者，乃制为之舞，教人引舞以利导之，是谓大舞。"《管子》云："无怀氏之世，以道存身，以德安刑，过而不悔，当而不偷。当世之人，甘其食，乐其俗，安其居，而重其生。意羡不见于色，坚白不刑于心，惭毒不萌于动。形有动作，心无好恶，鸡犬之音相闻，而民至老死不相往来。命之曰无怀氏之民。"《礼记正义》以无怀氏在伏羲之前，与《帝王世纪》说异。

大庭氏之王有天下，五凤异色也。《文选·七发》李善注。

案：《尚书中候》云："大庭氏之时，三辰层辉，五凤异色，都于曲阜，故鲁有大庭氏之库。"他书引作"五凤异色"者，非。《尚书大传》："大庭氏王天下，五凤并异。"

大庭氏后十一世为葛天氏。《路史·发挥一》注。

案：服虔以为大庭氏即葛天氏，非也。《庄子》叙古皇王庸成氏、大庭氏、柏皇氏、中央氏、栗陆氏、骊畜氏、轩辕氏、赫胥氏、尊卢氏、祝庸氏、伏羲氏、神农氏。而《六韬》所叙复有共工氏、浑沌氏、昊英氏、有巢氏、朱襄氏、葛天氏、阴康氏、无怀氏，而无"太庭、中央、赫胥"。而班固《汉书·古今人表》，康成在共工之后，大庭继之，葛天亦在朱襄之后。自共工、女娲、庸成至无怀，皆叙之庖羲之下，故《帝王世纪》从之也。

少昊金天氏

少昊帝，名挚，字青阳，姬姓也。母曰女节。黄帝时，有大星如虹，下流华渚，女节意感，而生少昊，是为玄嚣。降居江水，邑于穷桑，以登帝位，都曲阜，在位百年而崩。《古史考》曰："少昊以金德王，故号金天氏。或曰宗师太昊之道，故曰少昊。"《左传》曰："其立也，凤鸟适至，故纪于官为鸟师、凤鸟氏，历正也。"《初学记》卷九。

案：《太平御览》引云："少昊帝，名挚，字青阳，姬姓也。母曰女节。黄帝时有大星如虹，下流华渚。女节梦接意感，生少昊，是为玄嚣。降居江水，有圣德，邑于穷桑，以登帝位，都曲阜，故或谓之穷桑帝，以金承土，即《帝图谶》所谓白帝朱宣者也。故称少昊，号金天氏。在位百年而崩。"

案：《公羊疏》依八代记"少昊十二而冠"。《尸子》云："少昊金天氏，邑穷桑。日五色下，照穷桑。"《史记》注云："据《大戴礼记》，以嫘祖生昌意及玄嚣，玄嚣及青阳。"皇甫谧以青阳为少昊，即方雷氏所生，是其所见异也。《通鉴外纪》云："在位八十四年，寿百岁。"《竹书纪年》云："或曰名清，不居帝位，率鸟师居西方，以鸟纪官。"《春秋命历序》云："少昊传八世。"

少昊乐曰九渊。《路史·后纪七》。

案:《通礼义纂》:"建鼓，大鼓也，少昊作之，为众乐之节。"

少昊帝，名挚，字青阳，姬姓也。降居江水，有圣德，邑于穷桑，以登帝位，都曲阜，故或谓之穷桑帝，即《帝图谶》所谓白帝朱宣者也。故称少昊金天氏。在位百年而崩。《太平御览》卷七十九。

案:《路史》引云:"小皓名挚。"

案:《汉书·律历志》引《考德》云:"少昊曰清，清者黄帝之子青阳也。青阳之子曰挚。"曹植谓"少昊为青阳之子"者，误。"挚"又作"挈"，《周书》作"质"，《三统历》作"絜"。《春秋元命苞》云:"黄帝时大星如虹，下流华渚，女节梦接意感，生白帝朱宣。"宋均曰:"朱宣，少昊氏。"《史记·五帝本纪》作"己姓"，与《世本》同。《古史考》云"嬴姓"，非也。《路史》作"纪姓"。

居于穷桑，故亦曰穷桑氏。《路史·后纪七》。

案:贾逵曰:"处穷桑以登帝位，天下号曰穷桑氏。"

少昊在位八十有四载落，年百有一。葬于云阳，其神降于长留之山。《路史·后纪七》。

案:甘泉，古之云阳。少昊都于此，死即葬之，故云阳有少昊之冢。《遁甲开山图》:"盖归葬于始封之国。"

青阳，元嚣也，自江水登帝位。《绎史》卷六。

案:此乃《史记》之说。

帝少昊崩，其神降于长流之山，于祀主秋。《颜氏家训·书证篇》。

案:《西山经》:"长留之山，其神白帝，少昊居之。实惟员神，䰠氏之官，是神氏主日反景。"郭注:"少昊金天氏，帝挚之号。'留''流'，古字通。"《颜氏家训》云：“或问何故名治狱参军为长流乎。答曰：‘《帝王世纪》云：“帝少昊崩，其神降于长流之山，于祀主秋。”’”案：《周礼·秋官》：“司寇主刑罚，长流之职也。”汉魏捕贼掾耳，晋宋已来始为参军，上属司寇，故取秋帝所居为嘉名焉。

少昊氏自穷桑登位，故《春秋传》曰：“世不失职，遂济穷桑，登帝位，在鲁北，后徙曲阜。”于周为鲁，在《禹贡》徐州蒙羽之野，奎娄之分，降娄之次，至周以封伯禽，故《春秋传》曰：“命伯禽而封于少昊之虚。”是以《书序》称“鲁公伯禽宅曲阜”是也。《太平御览》卷百五十五。

案：《郡国志》注引云：“少昊自穷桑登帝位，穷桑在鲁北，后徙曲阜。”应劭曰：“曲阜在鲁城中，委曲长七八里。”《左传》曰：“伯禽封少昊之虚。”又一引云：“少皞始自穷桑，而迁都于曲阜。”《后汉书·张衡传》注引云：“少昊邑于穷桑，都曲阜，故或谓之穷桑帝，地在鲁城北。”《路史》注引：“少昊都徐州，蒙羽之野，奎娄之次。”

案：《田俅子》曰：“少昊都于曲阜，鞬鞮毛人献其羽裘。”《晋志》：“少昊始自穷桑，而迁都曲阜。”

炎帝神农氏

炎帝神农氏，姜姓也。母曰任姒，有娇氏之女，名安登，为少典妃。游于华阳，有神龙首感安登于常羊，生炎帝，人身牛首，长于姜水，有圣德。以火承木，位在南方，主夏，故谓之炎帝。都于陈，作五弦之琴。凡八世：帝承、帝临、帝明、帝直、帝来、帝哀、帝榆罔。又曰本起烈山氏，或时称之，一号魁隗氏，是为农皇。或曰：帝炎时，诸侯夙沙叛不用命，炎帝退而修德，夙沙之民自攻其君而来归炎帝，营都于鲁。重八卦之数，究八八之体，为六十四卦，在位百二十年而崩，葬长沙。《太平御览》卷七十八。

案：一本《太平御览》引“圣德”下无“继无怀氏后”五字，又一引“葬长沙”下有云：“凡八世：帝承、帝临、帝明、帝直、帝来、帝哀、帝榆罔。”《路史》引云：“以火承木，位在南方，主夏，故谓炎帝。”《太平寰宇记》引云：“炎帝神农氏，母有娇氏女登，为少典妃，游华阳，感神而生炎帝于姜水。”《水经注》引云：“炎帝神农氏，姜姓，母安登，游华阳，感神而生。炎帝长于姜水。"安"一作"女"。《路史》注引云:"神农葬茶陵。"

始教天下种谷,故号神农氏。《艺文类聚》卷十一。

案:《春秋元命苞》:"少典妃安登,游于华阳,有神龙首感之于常羊,生神子。人面龙颜,好耕,是为神农。"《诗含神雾》云"龙首",与士安说"牛首"不同。《淮南子》云:"神农之初,作琴以归神,反真反其天心。"扬雄《琴清英》云:"神农造琴,以定神,禁淫僻,去邪欲,反其天真。"桓谭《新论》云:"神农为琴七弦,以通万物而考治乱。"惟《广雅》云:"神农之琴五弦,长六尺六寸有六分。"《说文解字》亦与士安同也。《潜夫论》云:"炎帝自号魁傀。"《通鉴外纪》云:"神农在位百四十年,帝临魁八十年,帝承六十年,帝明四十九年,帝宜四十五年,帝来四十八年,帝里四十二年,帝榆罔五十五年。"《古今通系》云:"帝承六十年,临八十年,明四十九年,直四十年,来四十八年,哀四十三年,榆罔五十年。"司马贞《史记索隐》有魁无临,而《通鉴外纪》神农后为帝魁六十年,帝承继之,帝承六年。又案:《三统历》"帝里"作"帝克",他书皆作"帝哀"。司马贞《三皇本纪》以哀、克分为二。《春秋命历序》云:"炎帝号曰大庭氏,传八世,合五百二十岁。"《尸子》云:"神农氏七十世有天下,岂每世贤哉,牧民易也。"又案:《潜夫论》云"神农代伏羲氏",与士安所言"继无怀氏后"者不同。"夙沙"即"质砂",一作"宿沙"。《淮南子》:"尹逸[告]成王曰:'夙沙之民自攻其主而归神农。'"《吕氏春秋》亦言之。《通鉴外纪》"年百二十",用士安说也。《郡国志》:"炎帝神农氏葬长沙,长沙之尾,东至江夏,谓之沙羡。今郡有万里沙祠,故谓之长沙。"

神农氏,姜姓也。母曰妊姒,有乔氏之女,名女登。游于华阳,有神龙首感女登于常羊,生炎帝。人身牛首,长于姜水,有圣德;以火承木,位在南方,主夏,故谓之炎帝。都于陈,在位百二十年而崩。至榆罔,凡八世,合五百三十年。《初学记》卷九。

案:《史记正义》引"有乔"作"有娇","名女登"下有"为少典妃","以火承木"引作"以火德王","故谓之炎帝"引作"故号炎帝"。《太平御览》又引云:"炎帝神农氏,母曰任姒,游华阳,感神而生炎帝,长于姜水。"又引云:"母为乔氏女登,为少典妃,游华阳,感神龙而生炎帝,长于姜水,因以氏焉。"《史记索隐》引云:"炎帝传位八代。"

案:《春秋命历序》注云:"其教如神,使民粒食,故天下号皇神农。"《礼含文嘉》云:"神者,信也。农者,浓也。德信浓厚若神,故名神农。"《春秋命历序》云:"炎帝八世,五百二十年。"《古今通系》《三统历》均同。《路史》云:"《帝王世纪》《补世纪》《通鉴外纪》并因之,是《帝王世纪》原作'五百二十年',今《初学记》作'三十年',讹矣。"《水经注》:"姜水,扶风姜阳也。"郑康成《驳五经异义》云:"炎帝姜姓,太昊所赐。"

神农生石穴。《太平御览》卷七十八。

案:《荆州图副》云:"永阳县西北二百三十里,厉乡山东有石穴,高三十丈,长二百尺,谓之神农穴。神农生此。"《春秋命历序》云:"有神人名石年(一作耳),苍色大眉(一作肩),戴玉理(一作玉英)。驾六龙,出地辅,号皇神农,然则神农之名石年,岂以生于石穴故耶?"石穴在随乡厉山,见《括地志》。

神农氏,长于姜水。始教天下耕种五谷而食之,以省杀生。尝味草木,宣药疗疾,救夭伤之命。百姓日用而不知,著《本草》四卷。《太平御览》卷七百二十一。

案:《路史》注引云:"神农著《本草》四卷。"一引云:"神农使岐伯尝草木,典医疗疾。"

案:《春秋元命苞》云:"神农生三岁,而知稼穑般戏之事。"《白虎通》云:"因天之时,分地之利,制耒耜,教民农作,神而化之,使民宜之,故谓之神农。"《[逸]周书》云:"神农时,天雨粟,神农遂耕而种之,作陶冶斧斤,为耒耜、耰锄,以垦草莽,[然后]五谷与助,百果藏实。"陆贾《新语》云:"神农教民食五谷。"《管子》云:"神农作树五谷淇水之阳。九州之民,乃知谷食,而天下化之。"《尸子》云:"神农并耕而王,所以劝耕也。"《文子》云:"神农之法曰:丈夫丁壮不耕,天下有受其饥者。"《孝经援神契》云:"神农耕桑得利,究年受福。"《神农本草经》云:"神农稽首再拜,问于太一小子曰:'凿井出泉,五味煎煮,口别生熟,后乃食咀,男女异利,子识其父。曾闻太古之时,人寿过百,无殂落之咎,独何气使然耶?'太一小子曰:'天有九门,中道最良,日用行之,名曰国皇,字曰老人,出见南方,长生不死,众耀同光。'神农乃从其尝药,以救人命。上药一百二十种为君,主养命,以应天,无毒,

[多服]久服不伤人，欲轻身益气不老延年者，本上经。中药一百二十种为臣，主养性，以应人，无毒，有毒斟酌其宜，欲遏病补虚羸者，本中经。下药一百二十五种为佐使，主治病，以应地，多毒，不可久服，欲除寒热邪气破积聚愈病者，本下经。三品合三百六十五种，法三百六十五度，一度应一日，以成一岁。"《灵枢经》云："黄帝曰：'予私览诸方，则方书古有之。'神农又立之。"《述异记》云："太原神釜冈，有神农尝草之鼎存焉，成阳山中有神农鞭药处，一名神农原，[亦名]药草山，山上紫阳观，世传神农于此辨百药，中有千年龙脑。"《搜神记》云："神农以赭鞭鞭百草，尽知其平毒寒热之性，臭味所主，以播五谷，故天下号神农也。"司马贞《史记·补三皇本纪》云："神农磨蜃百草是尝。"陶弘景《本草序》云："神农尝草，以省杀生之弊。"即用士安说。《汉志》无本草，梁《七录》始有之，止三卷，或谓系假托，非也。汉楼护少诵一经本草，则古有是书矣。

神农氏始作五弦之琴，以具宫、商、角、徵、羽之音。历九代，至文王复增入二弦，曰少宫、少商。《太平御览》卷八十四。

案：《广雅》："神农琴，长三尺六寸[六分]，[上]有五弦，曰宫、商、角、徵、羽，文王增二弦[曰]少宫、少商。"士安从之。

生神农于常羊山，一曰少典取奔水氏女曰听袄，生帝临魁。《太平御览》卷百三十五。

案：《汉书》作"桑水氏"，《大戴礼记》作"奔水氏"，又作"承桑氏"，见吴起说。【景葵校理】

神农取承桑氏。《路史·国名纪六》。

神农氏造琴。傅玄《琴赋序》。

案：许慎《说文解字》："神农作琴。"扬雄《琴清英》云："昔者神农造琴，以定神，禁淫僻，去邪欲，反其天真。"桓谭《新论·琴道》云："神农琴七弦。"张揖《广雅》云："神农琴，长三尺六寸六分，上有五弦，曰宫、商、角、徵、羽，盖神农以火纪，火数七，故云弦七也。"

诸侯夙沙氏叛不用命，箕文谏而杀之。炎帝退而修德，夙沙之民自攻其君，而归炎帝。《艺文类聚》卷十一。

案：《北堂书钞》引云："夙沙氏之臣箕文谏其君被杀。"案：吴起（即《吴子兵法·图国篇》）："承桑氏之君，修德废武，以灭其国。"

案：夙沙，即宿沙、质沙也。《世本》《帝王世纪》作"夙沙"，《文子》作"宿沙"，云："宿沙民自攻其君，归神农氏。"《逸周书》作"质沙"，云："三卿朝而无礼，君怒而久拘之，哗而弗加，诸卿谋贰，质沙之民自攻其主以归。"《淮南子》云："尹逸告成王曰：'桀纣之臣，反仇桀纣而臣汤武，夙沙之民自攻其主而归神农。'"《吕氏春秋》亦以为归神农，此特是炎帝耳。又《世本》言"夙沙氏煮海为盐"，以为炎帝之诸侯。今安邑东南十里有盐宗庙。吕忱云："宿沙氏，煮盐之神，谓之盐宗，尊之也。箕文，盖箕子之先。"

自天地设辟，未有经界之制，三皇尚矣。诸子言神农王天下也，地东西九十万里，南北八十五万里，盖所制里于今有所不同者。《路史·后纪三》注。

案：《春秋元命苞》云："炎帝之臣怪义生白阜，是图地形。"《春秋命历序》云："有神人，驾六龙，出地辅，号皇。神农始历地形，甄度四海远近，山川林薮，所至东西九十万里，南北八十一万里。"士安说本之。

神农氏起列山，谓列山氏，今随之厉乡是也。《后汉书·郡国志一》注、《三皇本纪》注。

案：《荆州记》："随县西北有重山，山有一穴，云是神农所生，又有周回一顷二十亩地，外有两重堑，中有九井。相传神农既育，九井自穿，汲一井则众井动，即此地也。为神农社，年常祀之。"《水经注》："神农既诞，九井自穿，汲一水而众水动。"又案：列山即烈山，亦即厉山。蔡墨云："厉山氏，炎帝也。"

初都陈，又徙鲁，又曰魁隗氏，又曰连山氏，又曰列山氏。《史记·五帝本纪》正义。

案：《路史》云："皇甫谧以陈为宛丘。"

案：《括地志》云："厉山在随州随县北百里，山东有石穴。曰神农生于厉山，所谓列山氏也，春秋时为厉国。"又案：杜预以烈山为炎帝时诸侯，非也。

神农氏都陈，又营曲阜，故《春秋》称大庭氏之库。《太平御览》卷百五十五。

案：一引云："神农氏都陈，而别营于曲阜。"《史记》注引云："炎帝自陈营都于鲁曲阜。"

案：以神农为大庭氏，《春秋纬命历序》之言也。谯周云："炎帝居大庭。"皇甫士安从之。《路史》云："黄帝崇炎帝之祀于陈，盖在陈仓，故秦灵公于吴阳作下畤祠炎帝，上畤祀黄帝。"皇甫谧以为宛丘，未确。

炎帝自陈营都于曲阜。黄帝自穷桑登帝位，后徙曲阜。少昊邑于穷桑，以登帝位，都曲阜。颛顼始都穷桑，徙商丘。穷桑在鲁北，或曰穷桑即曲阜也。又为大庭氏之故国，又是商奄之地。《史记·周本纪》正义。

炎帝榆罔居空桑，空桑为陈留。《路史·后纪四》注。

案：《归藏·启筮》云："蚩尤伐空桑，即帝所居也。"

黄帝有熊氏

黄帝有熊氏，少典之子，姬姓也。母曰附宝，其先即炎帝，母家有娇氏之女也。娇（《太平御览》引作"蟜"），音乔，世与少典氏婚，故《国语》兼称焉。及神农氏之末，少典氏又取附宝，宝见大电光绕北斗枢星，照郊野，感附宝，孕二十五月，生黄帝于寿丘，长于姬水。龙颜，有圣德，受国于有熊，居轩辕之丘，故因以为名，又以为号。与神农氏战于阪泉之野，三战而克之。力牧、常先、大鸿、神皇、巨封、真人镇、太山稽、鬼臾区、封胡、孔甲等，或以为师，或以为将，分掌四方，各如己视，故号曰黄帝四佐也。使岐伯尝咽百草，兴医药疗疾，今《经方》《本草》之书咸出焉。其史仓颉，又取象鸟迹，始作文字。史官之作，盖自此始。记其言行，策而藏之，名曰书契。黄帝亦号帝鸿氏，或曰归藏氏，或曰帝轩氏。姬姓，有四妃，二十五子。在位百年而崩，年百一十岁。《太平御览》卷七十九。

案：《太平御览》又引云："黄帝史官仓颉取象鸟迹，始作文字，记其言动，策而藏之，名曰书契。"《史记索隐》云："年百一十一岁。"《艺文类聚》以为号非名，字下有"沾五气，设五星"句。

案：《河图挺佐辅》云："黄帝名荼。"《淮南子》注："黄帝名伯余。"王冰

《黄帝内经》序乃云"名全",系字误。《河图握矩记》云:"名轩。"《论语撰考谶》云:"轩知地利,九牧倡教,是帝轩氏之称以此也。"司马迁以为名轩辕,士安不从。《黄帝经序》及《难经疏》:"字曰玄律。"《山海经》云"帝律生帝鸿",是矣。《河图》曰:"黄轩母曰地祇之子附宝也。力牧为将,封胡为丞,孔甲为史,鬼臾蓝为相,大山稽为司徒,庸光为司马,常先为大司马,又为司空,大封为司马。"皆见《纬书》《尚书中候》《管子》《吕氏春秋》等书。"真人镇"三字误,当作"大坟",即"大真"也。蔡邕《铭论》:"孔甲有盘盂之戒。"《汉书·艺文志》有《孔甲盘盂》二十六篇",非夏孔甲也。

《黄帝出军诀》及《太白阴经》云"帝征蚩尤,七十二战不克",与《帝王世纪》言"三战"不同。然考黄帝与蚩尤战于阪泉,蚩尤僭号炎帝,为黄帝所禽。士安言与神农战,误矣。《孝经援神契》云:"王者德至山陵则庆云出,故黄帝因之纪事。虞舜由之作歌。"服虔曰:"黄帝受命,有景云之瑞。"《左传》郯子曰:"黄帝以云纪官,故为云师而云名。"《论语撰考谶》云:"黄帝受地形,象天文以制官。"

黄帝,少典之子,姬姓也。母曰附宝,见大电光绕北斗枢星,照郊野,感附宝而生黄帝于寿丘。龙颜,有圣德。受国于有熊,居轩辕之丘,故因以为名。得宝鼎,兴封禅,有景云之瑞,故以云纪官,为云师。以土德王,在位百年而崩,年百一十岁。或言寿三百岁。故宰我疑以问孔子,孔子曰:"人赖其利,百年而崩;人畏其神,百年而亡;人用其教,百年而移,故曰三百年。"《初学记》卷九。

案:《太平御览》引"感附宝"下有"孕二十五月"句,一引作"二十四月"。"龙颜"下有"长于姬水"句。《史记》注引"因以为名"下有"又以为号"四字。"百一十岁"下有"或传以为仙"句。《路史》注引云:"或曰帝轩。"

案:《古史考》以有熊为黄帝之姓,非也。《左传》郯子曰:"黄帝以云纪官,故为云师,而云名。"《竹书纪年》:"黄帝二十年景瑞见。"《竹书纪年》注:"有大蝼如羊,大螾如虹,帝以土气胜,遂以土德王。"

神农氏之末,少典氏娶附宝,见大电光绕北斗枢星,光照郊野,感附宝。孕十二月,生黄帝于寿丘。《初学记》卷一、《太平御览》卷七。

案:"少典"引作"少昊"者,讹。"十二月",《路史》引作"二十月"。

案:《孝经钩命诀》云:"附宝出降大灵,生帝轩。"《河图》云:"黄轩母,母曰地祇之子附宝也。"《河图握矩记》云:"附宝之郊,见电绕斗轩,星照郊野,感而生轩。"

黄帝生于寿丘,长于姬水,因以为姓。居轩辕之丘,因以为名,又以为号。《史记·五帝本纪》索隐。

案:《史记》注引云:"黄帝受国于有熊,居轩辕之丘,因以为名。"《太平寰宇记》引云:"黄帝生于寿丘,长于姬水,居轩辕之丘。"

案:《史记索隐》云:"本姓公孙,长居姬水,因改姬姓。"《地理志》云:"寿丘,在曲阜县东北六里。"

黄帝生于寿丘,在鲁城东门之北。居轩辕之丘,于《山海经》云"此地穷桑之际,西射之南"是也。《史记·周本纪》正义。

案:《郡国志》注引"黄帝生于寿丘,在鲁东门之北",无"城"字。

案:今本《山海经》云:"轩辕之丘,在穷山之际,西射之北。""北"作"南","山"宜作"桑"也。寿丘,据《水经注》在上邽,云:"上邽有轩辕溪、轩辕谷。南安姚睦曰黄帝生于天水,在上邽城东七十里轩辕谷。"与士安说不同。罗泌云:"《帝王世纪》以寿丘在兖州,非也。"

黄帝五十年秋七月庚申,时天大雾三日。帝游洛水之上,见大鱼,杀五牲以醮之,天乃甚雨,七日七夜,鱼流,始得图书,今《河图视萌篇》是也。世传重雾三日必大雨,雨未降,雾不可冒行,自此始也。《初学记》卷六。

案:《太平御览》引无"五十年"至"三日帝"十五字。又无"《视萌篇》"三字。《初学记》引无"世传"以下四句。《玉海》引云:"黄帝游洛水,见大鱼,鱼流于海,始得图书,今《河图帝视萌》之篇是也。"

案:《竹书纪年》注云:"庚申,天雾三日三夜,昼昏。帝问天老、力牧、容成,曰:'于公何如?'天老曰:'臣闻之,国安,其主好文,则凤凰居之;国乱,其主好武,则凤凰去之。今凤凰翔于东郊而乐之,其鸣音中夷,则与天相副。以是观之,天有严教以赐帝,帝勿犯也。'召史卜之,龟燋。史曰:'臣不能占也,其问之圣人。'帝曰:'已问天老、力牧、容成矣。'史北面再拜曰:

'龟不违圣智，故燋。'雾既除，游于洛水之上，见大鱼，杀五牲以醮之。天乃甚雨，七日七夜，鱼流于海，得图书焉。"

黄帝以风后配上台，天老配中台，五圣配下台，谓之三公。其余知命、规纪、地典、力牧、常先、封胡、孔甲等，或以为师，或以为将。《群书治要》卷十一。

案：《后汉书·张衡传》注亦引，又一引末云"非一人也"。《路史》注亦引。

案：《傅子》云："黄帝以风后配上台，后土配中台，五圣配下台，故后世以三公为三台。"以"后土"易"天老"，未知何据。陶潜《四八目》："风后受金法，天老受天箓，五圣受道级，知命受纠俗，窥纪受变复，地典受州络，力牧受准斥，此黄帝七辅也。"而《论语摘象辅》有"风后无鳲治规纪"，一作"窥纪"，《汉书·艺文志》"阴阳"有《地典》六篇，《鳲治子》一篇，《封胡》五篇，《力牧》十五篇，《风后》十三篇，《鬼臾区》三篇，《天老杂子阴道》二十五卷。

黄帝有熊氏，治五气，设五量。及神农氏衰，黄帝修德化民，诸侯咸去神农而归之，黄帝于是乃扰驯猛兽，与神农氏战于阪泉之野，三战而克之。又及征诸侯，使力牧、神皇直讨蚩尤氏，禽之于涿鹿之野，使应龙杀之于凶黎之谷，凡五十五战，而天下大服。《艺文类聚》卷八十一、《太平御览》卷七十九。

案：《北堂书钞》《艺文类聚》引作"抚诸侯归之"，《北堂书钞》引作"诸侯咸去神农而归之"，"及"作"又"，"五"作"二"。《艺文类聚》《通典》引云："黄帝治五气，设五量。及神农氏衰，黄帝乃扰驯猛兽，与神农氏战于阪泉之野。又讨蚩尤氏，使应龙杀之于凶黎之丘，凡五十二战，而天下大服。"《路史》注引云："黄帝与神农战，而炎帝克蚩尤。"又一引云："黄帝使力牧、神皇讨蚩尤于涿鹿之野，使应龙杀之于凶黎之丘。"

案：贾谊《新书》云："炎帝者，黄帝同母异父兄弟也，各有天下之半，黄帝行道而炎帝不听，故战于涿鹿之野。"《史记》注引作"同父兄弟"。《国语》云："少典生炎帝、黄帝，成而异德，用师以相济也。"长沙说本此，然炎帝传数世至末帝榆罔而亡，岂犹有兄弟至黄帝时存哉？班固指炎帝参卢，而《路史》注引皇甫谧曰"帝榆罔"。是《帝王世纪》指榆罔，非言神农之身也。马骕云：

"史称克炎帝于阪泉，禽蚩尤于涿鹿，本两事，诸书多言战炎帝于涿鹿之野，或云蚩尤亦自号炎帝。"《汉书·王莽传》哀章谓莽曰："黄帝之时，中黄直为将，破杀蚩尤，是神皇直即中黄直也。"《黄帝出军诀》云："帝征蚩尤，七十一战，不克，昼梦金人，引领长头，玄狐之裘，授兵符，设九宫，置八门，布五奇六仪，制阴阳二遁，凡千八十局，名曰天一遁甲，式[三门发，五将具]乃征蚩尤而斩之。"《逸周书》："阪泉氏用兵无已而亡。"即言蚩尤也。《阴经遁甲》云："蚩尤者，炎帝之后。"《河图》云："兄弟八十人，或云七十二人。"《管子》云："葛卢山发而出水，金从之。蚩尤受而制[之，以为]剑、铠、矛、戟。是岁诸侯相兼者九，雍狐山发而出水，金从之。蚩尤受而制[之，以]为雍狐之戟、狐父之戈。是岁诸侯相兼者十有二。"《归藏·启筮》云："蚩尤出自羊水，八肱、八趾、疏首。登九淖以伐空桑，黄帝杀之于青丘。"《尚书刑德放》云："涿鹿者，笮人头也。"黄帝杀之涿鹿之野，身首异处，故别葬。邓展谓神农后子孙亦称炎帝，而登封者。故史言炎帝欲侵凌诸侯。《大戴礼记》言："黄帝与赤帝战于阪泉之野。"《后周书》云："炎帝为黄帝所灭。"《文子》亦云："赤帝为火灾，故黄帝禽之，皆谓蚩尤，而书传咸以为榆罔，失之。"陆德明云："神农后第八帝曰榆罔，时蚩尤强，与榆罔争王，逐榆罔。榆罔与黄帝合谋，击杀蚩尤。"《通典》云："蚩尤帅魑魅与黄帝战于涿鹿，帝命吹角作龙吟御之。"《归藏·启筮》云："黄帝与蚩尤将战，筮之，巫咸曰：'果哉，而有咎。'"

黄帝伐九黎。《北堂书钞》卷十三。

黄帝始去皮服为上衣以象天，为下裳以象地。《北堂书钞》卷百二十九。

澍案：孔安国曰："蚩尤，九黎君号也。"

案：《说文解字》曰："黄帝初作冕。"《世本》云："胡曹作冕。"又云："黄帝作旒冕。"《春秋合诚图》云："黄帝黄冠。"《世本》又云："伯余作衣裳。"许慎《淮南子》注以伯余为黄帝名。《三礼义宗》云："黄帝深究物情，始垂衣裳，以化天下。当是时，素风尚近，惟白布深衣，齐则缁之。"《大戴礼记》："孔子曰：'黄帝黻黻衣大带黻裳。'"

黄帝垂衣裳，仓颉造文字，然后书契始作，则其始也。《初学记》卷二十一。

案：《路史·发挥》云："史皇作书，固常雨粟。"注：见《帝王世纪》。是

《帝王世纪》本文有"无雨粟"之说也。

岐伯，黄帝臣也，帝使岐伯尝味草木，典主医病，《经方》《本草》《素问》之书咸出焉。《太平御览》卷七百二十一。

案：《路史》引云："帝使岐伯尝味百药，主典医病，今《经方》《本草》之书咸出焉。故《孔子家语》云：'黄帝尝味草木，又命岐伯、雷公论经脉、旁通问难八十一为《难经》，[教制九针]，著《内外术经》十八卷。'"

案：岐伯在神农世，至此已百余岁矣，详《灵枢经》，人云黄帝见岐伯于銮殿。

黄帝使伶伦为渡漳之歌。陈旸道《乐书》。

黄帝使伶伦于大夏之西、昆仑之阴，取竹解谷，其穴厚[薄]均者断两节，闲[而]吹之，以为黄钟之管。以象凤鸣，雌雄各六，以定律吕，以分星次。《五行大义》卷四。

黄帝吹律定姓。《玉海》卷六。

案：《易纬是类谋》曰："黄帝吹律以定姓。"《白虎通》曰："古者圣人吹律定姓，以纪其族人，含五常而生，正声有五音，宫、商、角、徵、羽，转而相杂，五五二十五，转生四时，异气殊音悉备，故姓有百也。"《孝经援神契》："圣人吹律有姓。"

黄帝有熊氏命雷公、岐伯论经脉，旁通问难八十一为《难经》。教制九针，著《内外术经》十八卷。《太平御览》卷七百二十一。

案：《汉书·艺文志》："《黄帝内经》十八卷，《外经》三十七卷。"

又案："黄帝时，医又有俞跗、桐君、巫彭。雷公，名敎也。"【景葵校理】

声禁重声，衣禁重衣，食禁重味，居禁重食。《路史·后纪五》注。

案：《吕氏春秋·去私》曰："黄帝言：'声禁重声，衣禁重衣，食禁重味，居禁重食。'"此士安取本。

黄帝使应龙杀蚩尤于凶黎之谷，或曰黄帝斩蚩尤于中冀，因名其地曰绝辔之野。《史记·五帝本纪》索隐。

案：《山海经》云："黄帝命应龙攻蚩尤于冀州之野。"《龙鱼河图》云："黄帝时，有蚩尤兄弟八十一人，并兽身人语，铜头铁额，食沙石子，造五兵，杖刀戟大弩，威震天下，诛杀无道，不仁[不]慈。万民欲令黄帝行天子事，黄帝仁义，不能禁[止]蚩尤。黄帝[遂不敌]，仰天而叹。天遣玄女下，授兵信神符，制伏蚩尤。帝因使之主兵，以制八方。蚩尤没后，天下复扰乱，黄帝遂画蚩尤形像，以威天下。[天下]咸谓蚩尤不死，八方万邦，皆为弭服。"

《地记》云："浊鹿有凶黎丘，今幽州怀戎有涿鹿，山下有涿鹿城，涿水出焉，即汉县冢山羹颉，水有泉，广百步，深无底，四时一色。古之阪泉，城东二百步，泉上有黄帝祠，西一里为涿鹿城。"

黄帝子孙相承，凡一千二百五十年。《黄帝传》。

案：《轩辕黄帝传》云："黄帝子孙各得姓于事，帝推律定姓者十二，九子各封一国，总三十三氏，出黄帝后。《先天纪》云：'子孙相承，凡一千五百二十年。'"注又引《帝王世纪》。

黄帝与蚩尤战涿鹿之野，蚩尤作大雾，军士皆迷路，帝作指南车，以示四方，遂禽蚩尤。《中华古今》注卷上。

案：《志林》："指南车，风后所作。"

黄帝梦大风吹天下之尘垢皆去，又梦人执千钧之弩驱羊数万群。帝寤而叹曰："风为号令，执政者也；垢去土，后在也。天下岂有姓风名后者哉？夫千钧之弩，异力能连故也；驱羊数万群，是能善牧者也。天下岂有姓力名牧者哉？"于是依二梦之占而求之，得风后于海隅，登以为相；得力牧于大泽，进以为将。黄帝因著《占梦经》十二卷。《史记·五帝本纪》正义。

案：《路史》引"黄帝"下有"闲居"二字，《史记正义》引"羊"下无"数"字。《太平御览》引"帝叹曰"无"寤而"二字，又"号令"下无"执政者也"句。"垢去土"下无"解治者"句。"垢去土"《史记正义》引作"垢去"。《太平御览》引无"于是依二梦之占而求之"句。《史记正义》引无"梦之"二字，又无"黄帝著占梦"句。

案：《汉书·艺文志》："《风后兵法》十三篇，《图》三卷，《后孤虚》二十卷，《力牧兵法》十五篇。"

黄帝于东海流瑕山得奇兽，状如牛，苍身、无角、能走，出入水中则风雨，光如日月；其音如雷，名曰夔。帝杀夔，以其皮为鼓，声闻五百里。《初学记》卷九。

案：《太平御览》引云："黄帝杀夔，以其皮为鼓，声闻五百里。"又案：一引"奇"作"其"，"流瑕"，《初学记》作"流波"。《北堂书钞》"走"下无"出"字。

案：《山海经·大荒东经》："有流波山，入海七千里。其上有兽，状如牛，苍身而无角，一足，出入水则必风雨，其光如日月，其声如雷，其名曰夔。黄帝得之，以其皮为鼓，橛以雷兽之骨，声闻五百里，以威天下。"士安本此为说也。又案：灵骍、神钲、短箫铙歌，皆岐伯所造，见《开宝通义纂》。

黄帝服斋于宫中，坐于玄扈。洛上乃有大鸟，鸡头、燕喙、蛇颈、龙形、麟翼、鱼尾，状如鹤。体备五色，三文成字。首文曰顺德，背文曰信义，膺文曰仁智。不食生虫，不履生草。或止帝之东园，或巢阿阁，或鸣于庭。其饮食也，其雄自歌，其雌自舞，音如箫笙。《初学记》卷三十。

案：《太平御览》引"斋"上无"黄""服"字，"信义"作"信仪"，《初学记》引无"或鸣于庭"及"其雄自歌，其雌自舞"句，"音如"作"音中"，"蛇颈"作"龟颈"，"不食"作"不啄"。

案：《春秋合诚图》云："帝游玄扈洛水上，与大司马容光、左右辅周昌等百二十人临观，凤凰衔图置帝前，黄玉为匣，署曰：'黄帝诏司命集帝行录。'开之，其文曰：'晓。'帝再拜受图。"又云："帝坐玄扈阁，凤凰衔书致帝前，其中得五始之文。"《韩诗外传》："黄帝即位，施惠承天，一道修德。惟仁是行，宇内和平。未见凤凰，惟思其象，凤寐晨兴。乃召天老而问之曰：'凤象何为？'天老对曰：'夫凤象，鸿前麟后，蛇颈而鱼尾，龙文龟身，燕颔而鸡喙，戴德、负仁、抱忠、挟义，小音金，大音鼓。延颈奋翼，五采备举，鸣动八风。气应时雨。食有质，饮有仪，往即文始，来即嘉成。惟凤惟能通天祉，应地灵，律五音，览九德。天下有道，得凤象之一则凤过之，得凤象之二则凤翔之，得凤象之三则凤集之，得凤象之四则春秋下之，得凤象之五则没身居之。'

黄帝曰:'于戏,允哉!朕何敢与焉。'于是黄帝乃服黄衣,戴黄冕,致斋于宫,凤乃蔽日而至。黄帝承于东阶,西面,再拜稽首曰:'皇王降祉,不敢不承命。'凤乃止帝东园,集帝梧桐,食帝竹实,没身不去。《河图挺佐辅》云:"黄帝修德立义,天下乃治,乃召天老而问焉:'余梦见两龙挺白图以授余于河之都。'天老曰:'河出龙图,洛出龟书,纪帝录列圣人之姓号,兴谋治太平,然后凤凰处之,凤凰下已三百六十日矣。天其授帝图乎?'黄帝乃祓斋七日,至于翠妫之川,见大鲈鱼折溜而至,乃与天老迎之,五色毕具,鱼泛白图,兰叶朱文,以授帝,名曰《录图》。"又案:上浴县南有玄扈山,见《山海经》。

黄帝采首山铜,铸鼎荆山下。有龙垂胡髯而下,迎黄帝。群臣欲从,持龙髯,髯拔,遂堕。《太平御览》卷九百二十九。

案:《史记》:"黄帝铸宝鼎三,象天地人。"《史记·孝武本纪》:"黄帝采首山铜,铸鼎于荆山下,鼎既成,有龙垂胡髯下迎黄帝。黄帝上骑,群臣后宫从上者七千余人。"原注:《风俗通》《水经注》作"从登者七十人。龙乃上去,余小臣不得上,乃悉持龙髯,髯拔,堕黄帝之弓。[百姓仰望。黄帝既上天,]乃抱其弓与胡髯,[故后世]因名其处曰鼎湖,其弓曰乌号。黄帝已仙上天,群臣葬其衣冠"。又案:《书·禹贡》云:"荆岐既旅。"又云:"导岍及岐,至于荆山。"孔安国云:"荆在岐山东,非荆州之荆也。荆山即嵯峨山,一曰巀嶭山,在三原县东西二十五里,南北二十里。"《汉书》:"巀嶭山在池阳县北。"师古曰:"俗呼嵯峨山是也,音截嗑。"《长安志》云:"黄帝铸鼎于荆山,在冯翊怀德县地,今山下有荆渠。"

《云阳宫记》云:"东有慈峨山,盖又名慈峨四夷。"《四夷郡县图记》云:"山顶有云起即雨,人以为候,昔黄帝铸鼎于此山下。"《通典》:"湖城故曰胡,汉武帝更为湖县,有荆山,出美玉。黄帝铸鼎于荆山,其下曰鼎湖。"即此。是又以为在宏农矣。

黄帝以天下让务光。《路史·后纪一》注。

案:《庄子》:"汤伐桀,因务光而谋,乃用伊尹。尧夏之后,谋于务光,光投稠水。"不知士安何据,以为黄帝时人也。稠水在颍川。而《广黄帝本行记》亦言:"黄帝时,有务光子,身长八尺七寸。神仙者也,饵药养性,至夏时。"

元妃西陵氏曰女嫘祖,生昌意。次妃方雷氏女,曰女节,生青阳。次妃彤鱼氏女，生夷鼓，一名仓林。次妃嫫母，班在三人之下。《史记·五帝本纪》索隐。

案：《太平御览》引云："黄帝四妃，生二十五子。元妃西陵氏累祖；次妃方雷氏女节；次曰彤鱼氏，次曰嫫母。"

案：淮南王《蚕经》云："西陵氏劝蚕稼。"《轩辕本纪》云："帝周游时，元妃嫘祖死于道，命次妃嫫母监护，始置防丧，今之方相也。汉祀行神以西陵氏。"《大戴礼记》："西陵氏生玄嚣。"《汉书·古今人表》："西陵在方雷之后。"盖由《史记》以青阳为玄嚣，玄嚣为少昊，遂以方雷为嫘祖。士安以青阳为少昊，为方雷氏所生，是其所见异也。彤鱼氏生挥，及夷鼓。《元和姓纂》谓"青阳生挥彭"，无据。司马贞曰"《国语》夷鼓、苍林是二人，《汉书·古今人表》彤鱼氏生夷鼓，嫫母生苍林"，与士安说异。又《史记》言"嫘祖生青阳"。谥云："云女节生青阳，则子长之妄。"《列女传》："黄帝次妃嫫母，于四妃之班居下，[貌]甚丑而最贤，心每自退。"《国语》："青阳与夷鼓，同为纪姓。"又云"青阳与苍林为姬姓"，非也。姬姓乃玄嚣，非青阳。二十五人，其十二人为十一姓，余十三人，皆姬姓也。又案：宋人《黄帝传》以《帝王世纪》"女节即嫘祖"为非，谓"女节生少皞"。

黄帝都陈。《路史·疏仡纪》注。

案：姚睦云："黄帝都陈，在陈仓，非宛丘。"与士安说异。

涿鹿，黄帝所都，有蚩尤城、阪泉地、黄帝祠。《后汉书·郡国志五》注。

《史记》注引云："阪泉在上谷。"案：《世本》"涿鹿在彭城南"，张显曰："在上谷。"于瓒案：《五帝德》云："黄帝与赤帝战于阪泉之野。"案：赤帝即蚩尤。《太康地记》："阪泉、蚩尤泉，自二地，不在涿鹿。涿鹿是伐蚩尤之地。"

自神农以上，有大九州，柱州、迎州、神州之等。黄帝以来，德不及远，惟于神州之内，分为九州。黄帝受命，风后受图割地，始布九州岛，置十二国。《绎史》卷五。

案：《周公城名录》："黄帝割地，布九州岛。"《礼记正义》云："《论语撰考谶》：'黄帝有九州岛之牧，则有朝聘。'"

或传帝为仙，或言寿三百岁，葬于上郡阳周之桥山。《艺文类聚》卷十一。

案：《史记》："黄帝崩，葬于桥山。"《列仙传》："轩辕自择亡日，与群臣辞，至七十日亡，七十日还葬桥山。山崩棺空，有剑舄存焉。"《汉书·地理志》云："上郡阳周桥山南有黄帝冢。"《皇览》云："黄帝冢在上郡桥山。"《括地志》："桥山黄帝冢，在宁州罗川县东八十里子午山。"《风土记》云："阳周所［南］有黄帝陵，在子午山上，今冢存。"《思玄赋》注云："黄帝葬西海桥山。"《史记》："汉武帝巡朔方，还祭黄帝冢于桥山。"《九域志》："桥山有轩辕太子陵庙，而妫之怀戎川，桥山有黄帝葬及祠焉。"《博物志》："黄帝登仙，其臣左彻者削木象黄帝，帅诸侯以朝之。七年不还，左彻乃立颛顼。左彻亦仙者也。"《竹书纪年》云："帝以土德王，应地裂而陟葬，群臣有左彻者，感思帝德，取衣冠几杖而庙飨之，诸侯大夫岁时朝焉。"《晋周生招魂议》云："黄帝体仙登遐，其臣扶微等敛其衣冠，殡而葬焉。"

黄帝都涿鹿，于《周官》幽州之域，在汉为上谷。而《世本》云"涿鹿在彭城南"。然则上谷本名彭城，今上谷有涿鹿县及蚩尤城、阪泉地，又有黄帝祠，皆黄帝战蚩尤之处也。或曰"黄帝都有熊，今河南新郑"是也。《太平御览》卷百五十五。

案：《郡国志》注引云："涿鹿，黄帝所都，有蚩尤城、阪泉地、黄帝祠。"《世本》云："涿鹿在彭城南。"张晏曰："在上谷。"《水经注》引云："或言郑县故有熊氏之墟，黄帝之所都也，郑氏徙居之，故曰新郑矣。"《郡国志》引云："古有郑国，在祝融虚，黄帝之所都。"

案：《魏土地记》云："济城南东六十里有涿鹿城，城东一里有坂泉，泉上有黄帝祠。"《路史》云："妫州怀戎乃故涿县，有涿鹿山、黄帝祠、阪泉蚩尤城。"世止以为帝邦在是，而《帝王世纪》遂疑上谷当名彭城，非也。又案：《通典》云："新郑，汉旧县，春秋时郑国，至韩哀侯灭郑，自平阳徙都之，有溱洧二水，祝融氏之虚。黄帝都于有熊，亦在此也。本桧国之地。"《舆地志》云："涿鹿本名彭城，黄帝初都，迁有熊也。"谯周曰："黄帝，有熊国君，少典之子也。"《白虎通》云："皇帝有天下，号有熊。有熊者，独弘大道也。"其说非。

帝王世纪卷二

晋孝廉方正皇甫谧　纂
武威介侯　张澍　编辑

五帝纪

颛顼高阳氏

帝颛顼高阳氏，黄帝之孙，昌意之子，姬姓也。母曰景仆，蜀山氏女，为昌意正妃，谓之女枢。金天氏之末，女枢生颛顼于若水。首戴干戈，有圣德。父昌意，虽黄帝之嫡，以德劣，降居若水，为诸侯。及颛顼生，十年而佐少昊，十二年而冠，二十二（或引作一）而登帝位，平九黎之乱。以水事纪官，南正重司天以属神，命北正黎司地以属民，于是民神不杂，万物有序。始都穷桑，徙商丘。命飞龙效八风之音，作乐五英，以祭上帝。纳胜坟氏女婌，生老童，有才子八人，号八凯。颛顼在位七十八年，年九十一岁，岁在鹑火而崩，葬东郡顿丘广阳里。《艺文类聚》卷十一、《太平御览》卷七十九。

案："九十一岁"，《史记》注引作"九十八岁"。《史记索隐》引"岁在鹑火"上有"据左氏"三字。《史记》注引云："都帝丘，今东郡濮阳是也。"《郡国志》注引："颛顼自穷桑徙商丘。"《水经注》引："颛顼葬东郡顿丘城南，广阳里大冢者是也。"

案:《庄子注疏》:"年十五而佐少昊。"《鬻子》云:"十五而佐黄帝。"《竹书纪年》"颛顼"作"历象"。刘洪《正历问》云:"颛顼造浑天仪。"《吕氏春秋·古乐篇》:"帝颛顼生自若水,实处空桑,乃登为帝。惟天之合,正风乃行,其音若熙熙凄凄锵锵,颛顼好其音,乃令飞龙作,效八风之音,命之曰承云,以祭上帝。"《乐纬动声仪》"颛顼之乐曰五茎",《汉志》《白虎通》曰"六茎"。《列子》注以"六莹"为帝喾乐。《淮南子》注以"六莹"为颛顼乐。《皇览》云:"颛顼冢在东郡濮阳顿丘城门外广阳里中。"《山海经》云:"汉水出鲋鱼之山,帝颛顼葬于阳,九嫔葬于阴,四蛇卫之。"《春秋命历序》云:"颛顼高阳氏传二十世三百五十岁,或云传十世。"

颛顼,黄帝之孙,昌意之子,姬姓也。母曰景仆,蜀山氏女,为昌意正妃,谓之女枢。金天氏之末,瑶光之星,贯月如虹,感女枢于幽房之宫,生颛顼于若水。首戴干戈,有圣德。十年而佐少昊,十二而冠,二十登帝位。以水承金,位在北方,主冬。以水事纪官,始都穷桑,后徙商丘。在位七十八年,年九十八岁。《初学记》卷九。

案:《路史》注引云:"年九十八,二十一而立。"

案:《古史考》:"颛顼姬姓。"《元和姓纂》云:"颛帝风姓。"《诗含神雾》云:"瑶光[如]霓,贯月正白,感女枢注星光,如虹霓注贯月也。"《河图》云:"瑶光贯月,正白,女枢感于幽房之宫,生黑帝,名颛顼。"宋衷《世本》注:"颛顼名高阳,有天下之号。颛者,专也;顼者,正也。言能专正天之道也。"又,《世本》"蜀山氏"作"浊山氏","景仆"作"昌仆"。《水经》云:"若水出[蜀郡],旄牛徼外,东南至故关为若水,即昌意之封。又南过越巂邛都至朱提西泸江水,则玄嚣封处。"《九州要记》云:"巂之台登有双诺川,鹦鹉山黑水之间,若水出其下。即黄帝子昌意降居于此。"杜预以昌意所封在邾,非也。《春秋元命苞》云:"颛玉带干,是谓清明。"《周易乾凿度》云:"泰表带干。"宋均注为"干盾"。案:《左传疏证》云:"颛顼十二而冠,十五佐少昊,二十即位。"皇甫言"十岁佐少昊",与此不同。《新序》云:"间丘印遮说宣王曰:'昔帝颛顼十二而治天下。'"《礼传》云:"颛帝十二而冠。"《郡国志》云:"颛顼葬[地],俗名青冢山。"《前赵录》:"和苞谏刘曜曰:'尧葬谷林,市不改肆,颛帝葬广阳,下不及泉。'"《十道志》:"鲋鳂[山],即广阳山之异名。"《通典》:"帝陵在相州临河。"《九域志》:"顺安高阳县有颛帝陵。"颜真卿《吴地记》"乌程有颛帝陵”，非矣。

颛帝、帝喾建万国而制九州。《后汉书·郡国志一》注。

案：《史记》："高阳，北至于幽陵，南交趾，西流沙，东蟠木。动静之物，大小之神，日月所照，风雨不至，莫不服从。"

冀、兖、青、徐、扬、荆、豫、梁、雍九州，颛帝所建，帝喾受之。《玉海》卷六。

案：《通典》："颛顼置九州。"而《周公职录》言："黄帝割地布九州。"

颛顼氏始自穷桑徙邑商丘，于周为卫，在《禹贡》冀州太行之东北，逾崇山，及兖州桑土之野，营室东壁之分，豕韦之次，故《春秋》传曰：卫，颛顼之虚也，谓之帝丘，今东郡濮阳是也。《太平御览》卷百五十五。

案：《路史》引云："自穷桑徙商丘，太行东北及兖，广桑之野，豕韦之次。"盖约其文也。《史记》注引云："都帝丘，今东郡濮阳是也。"

案：服虔云："穷桑，颛顼所居，杜预以穷桑为少昊号，非也。颛帝立于穷桑，故有穷山之号。"车频《秦书》云："新平民耕获玉器。初有金雕者，颇知图记，王猛［以为左道］，劝［坚］诛之。雕临刑表言：'新平，古颛帝之虚，其故有白鸡间。《记》言此里应获古帝王宝。'至是果信。"是新平亦颛帝之虚也。《十六国春秋》："慕容魔以大棘城为颛帝之都，移都之。"《太平寰宇记》："营州柳城，颛帝之虚。"是柳城亦为颛帝之虚也。《左传》："卫，颛顼之虚。"杜预云："帝丘，昆吾氏因之，故曰昆吾之虚，县城内有颛顼冢。"

帝喾高辛氏

帝喾高辛氏，姬姓也。有圣德，年十五而佐颛顼，四十登位，都亳。以人事纪官，故以勾芒为木正，祝融为火正，蓐收为金正，玄冥为水正，后土为土正，是五行之官，分职而治诸侯。于是化被天下，遂作乐六茎，以康帝位。世有材子八人，号曰八元。亦纳四妃，卜其子，皆有天下。元妃有台氏女，曰姜嫄，生后稷。次有娀氏女，曰简翟，生离。次陈丰氏女，曰庆都，生放勋。次娵訾氏女，曰常仪，生帝挚。喾在位七十年，年百五岁而崩，葬东郡顿丘广阳里。《艺文类聚》卷十一。

帝喾高辛氏，姬姓也。其母不觉，生而神异，自言其名曰逡，骈齿，有圣德，年十五而佐颛顼，三十登帝位，都亳，以人事纪官，故以勾芒为木正，祝融为火正，蓐收为金正，玄冥为水正，后土为土正，是五行之官，分职而治诸侯。于是化被天下，遂作乐六茎，以康帝位。世有材子八人，号曰八元。亦纳四妃，卜其子，皆有天下。元妃有邰氏女，曰姜源，生后稷。次有娀氏之女，曰简狄，生离。次陈丰氏女，曰庆都，生放勋。次娵訾氏之女，曰常仪，生帝挚。帝喾在位七十五年，一百五岁而崩，葬东郡顿丘广阳里。《艺文类聚》卷十一、《太平御览》卷八十。

澍案：一引作"其母不见，生而神异"。《史记正义》引曰："其母生见，其神异逡。"《史记索隐》："一作峻，有圣德。"《史记正义》引无"圣"字。"陈丰"，《世本》作"陈酆"。"生放勋"，《世本》作"生帝尧"。"娵訾"，《世本》作"訾陬"。"在位七十五年"，《史记》注引无"五"字。又一引云"喾常耳"，今本不然。

案：《古史考》云："高辛，或曰房姓，妄也。一云妘姓。"《大戴礼记》："高辛父蟜极，母陈丰氏曰裒。"高堂隆《北郊表》云："握裒履巨人迹。"今《太平御览》引作"其母不见"。然《通典》引《帝王世纪》云："方喾之生，握裒莫觉。"是《帝王世纪》本文原有。"其母握裒"，名字则作觉为是，失之。张显《析言》云："高辛氏初生，自言其名其君氏，终无迷缪也。"《帝系》并云："帝喾年十五佐颛顼，有功封为诸侯，邑于高辛。"《三统历》云："陈留氏生八元。"盖误"有陬"为"陈丰"，误"陈丰"为"陈留"耳。又《三统历》云："常仪生太子。"晏谟《齐记》云："殷末周初，有神龙潜于章丘山，遂名龙盘山。"《皇览》云："是姜嫄所履处。"《尚书中候》曰："玄鸟翔水遗卵，娀简拾吞，生契，封商。"《后萌水易》注云："起洛娀简在水中浴，而吞卵，生契，后人当天应嘉，乃以水易为汤。"《吕氏春秋》："有娀氏二佚女为九成之台，饮食必鼓，帝令燕视之，鸣若嗌嗌，二女争搏之，覆以玉筐，遗卵北飞，二女作歌。"干宝《搜神记》："简狄胸剖，而生契。"《山海经》云："羲者帝俊之妻也，生十日。"又云："帝俊妻常羲生日十二。"《大戴礼记》"名常羲"，《传》作"尚仪"，又作"常仪"，又作"常宜"。刘敬叔《异苑》云："陬訾氏生，而发与足齐，堕地能言，及为高辛帝室，梦日而生八子，皆有贤智也，号八元：伯、奋、仲、堪、叔献、季仲、伯虎、仲熊、叔豹、季理也。"郑玄云："喾立四妃，以象后妃四星，［其］一明者为正［妃］，［余］三小为次［妃也］，尧因之。"《刘瑜传》："古者天子一娶九女，姪娣有序。《河图》授嗣以此。"《春秋元命苞》云："帝喾戴干，是谓清明，发节移度，盖象招摇。"《新论》作"戴肩"。《白虎通》云："帝喾雅齿，上法月参，秉度成纪，取理阴阳。"《帝系》云："方颐，骈齿。"《鬻子》云："帝喾年十五而佐帝颛顼，三十而治天下。"《春秋文耀钩》云："高辛受命，重黎说天文。"《史记》："重黎为高辛火正，能光融天下。帝喾命祝融、共工作乱，帝命重黎诛而不尽，帝以庚寅日诛重黎，以其弟吴回为重黎，复居火正为祝融。是祝融即重黎也。"谯周云："契生尧代舜，始举之必非。喾子以其父微，故不著名，其母娀氏女与宗妇三人浴于川，玄鸟遗卵，简狄吞之。则简狄非帝喾次妃，明也。"《山海经》云："帝喾墓在狄山。"《皇览》云："帝喾冢在东郡濮阳顿丘城南台阴野中。"《元和志》云："顿丘西北三十五里有秋山县，北三十里有帝喾墓。"《太平寰宇记》云："秋山冢见存。""秋""狄"字相似而易。

帝喾姬姓也，其母不觉，生而神异，自言其名曰夋。骈齿，有圣德，年十五而佐颛顼，三十而登帝位，都亳。以木承水，在位七十年，年一百五岁而崩。《初学记》卷九。

案："骈齿"一引作"龁龀"，非。又一引"在位七十年"上有"以人事纪官"五字。案：《竹书纪年》在位止六十三年，少七年。

帝喾高辛氏，姬姓也。喾，一名逡，父侨极，取陈丰氏曰握裒，履大迹而生喾。方喾之生，握裒莫觉，生而神灵，自言其名，遂以名。《通典》。

案："握裒"，一作"握褒"。

帝作乐六茎，以康帝德。《吕氏春秋·古乐篇》。

案：《乐纬动声仪》云："黄帝曰咸池，颛顼曰五茎，帝喾曰六茎，尧大章，舜大招，汤大濩，周曰酌。"《吕氏春秋》："帝喾命咸黑作为声歌《九招》《六列》《六英》。有倕作为鼙、鼓、钟、磬、吹苓、展管、埙、篪、鼗、椎、钟。帝喾乃令人抃，或鼓鼙，击钟磬，吹苓，展管篪。因令凤鸟，天翟舞之。帝喾大喜，乃以康帝德。"《礼记》云："颛帝乐曰六茎，六茎言；律历以调阴阳，著万物也。帝喾曰五英，言能调和五声，以养万物，调其英华也。"《汉志》亦言：

"颛顼作六茎，帝喾作五英。"《潜夫论》："帝喾乐曰六英。"窦苹以"六英"为少昊乐，误。

帝喾命垂作磬。《通典》卷一百四十四。

案：《路史》《玉海》引云："帝喾命倕作鞞。"案：《吕氏春秋》云"命柞卜作鼙鼓，制笒、筦、埙，篪"，又云"垂作磬"。《白虎通》："磬者，震也，气也，上应昴星，以通王道。"

帝喾之世，羿掌射，加赐弓矢，封之于鉏，为帝司射，历唐及虞。《路史·后纪九上》注。

案：《说文解字》云："羿，帝喾时射官，少康灭之。"《随巢子》云："羿禄山坏天赐玉玦于羿宫。"《孙子》云："羿得宝弓，犀质玉［文］，文曰珧弧。"《淮南鸿烈解》云："羿死托于宗布。"注："布，祭也。"贾逵云："喾赐弓矢者，羿之先祖。"

帝喾氏都亳，今河南偃师是也，《禹贡》外方之域，嵩高之北。或言在梁，非也。《太平御览》卷五十五。

案：《水经注》引云："帝喾作都于亳，偃师是也。"《广博物志》引云："高辛建都于亳，帝喾都偃师。"以高辛、高喾分为二人，舛谬，必非士安原文。

案：《竹书纪年》："帝即位居亳。"阚骃《十三州志》云："亳本帝喾之虚，在《禹贡》豫州河洛之间。"

帝挚

帝挚之母㪊訾，于四人之中其班最下，而挚年于兄弟最长，故得登帝位。封异母弟放勋为唐侯。挚在位九年，政软弱，而唐侯德盛，诸侯归之。挚服其义，乃率其群臣造唐朝而致禅，因委志心原为臣。唐侯于是知有天命，乃受帝禅，而封挚于高辛，号高辛氏。事不经见，汉故议郎东海卫宏所传云耳。《太平御览》卷八十、《史记·五帝本纪》正义。

案："其班最下"，《史记正义》引云："班最在下"。"挚年"，《史记正义》引无"年"字。"软弱"，《史记正义》引作"微弱"。"乃率其群臣"，《史记正义》引无"其"字。"唐侯于是",《史记正义》引无"于是"二字,"侯"下有"自"字。"封挚于高辛",《史记正义》引有"今定州唐县也"句,无下数句。

案:《纲目前编》云:"挚荒淫无度,诸侯废之,而推尊尧为天子。"马骕云:"挚或崩,或禅,或废,诸说均不同。"《路史》云:"高辛崩而帝立,袭高辛氏,立不善,九载以其仲弟立,是为尧。"又云:"史传皆作挚,故高诱、陈伯宣以帝挚为少昊,而以少昊为偌之子。尹子遂有少昊逐弟之说,妄也。案:少昊在位八十四年,挚在位九年,挚立不善,而少昊之德在,人如此,夫何疑哉?"又案:音致,人必误为挚,而缪为少昊尔。世孰有名曾祖哉。

帝王世纪卷三

晋孝廉方正皇甫谧　纂

武威介侯　张澍　编辑

帝尧陶唐氏

帝尧陶唐氏，祁姓也，母曰庆都，孕四十四月而生尧于丹陵，名曰放勋。或从母姓伊祁氏，年十五而佐帝挚，授封于唐，为诸侯。身长十尺。常梦攀天而上，故年二十而登帝位。以火承木，都平阳。置敢谏之木，天下大和。命羲和四子羲仲、羲叔、和仲、和叔，分掌四岳。诸侯有苗氏处南蛮而不服，尧征而克之于丹水之浦。乃以尹寿、许由为师，命伯夔访山川谿谷之音，作乐六章。天下大和，百姓无事。有八十老人击壤歌于道，观者叹曰："大哉，帝之德也！"老人曰："吾日出而作，日入而息，凿井而饮，耕田而食，帝何力有于我哉！"有僬侥氏来贡没羽，厨中自生肉脯，如翣形，摇鼓自生风，使食物寒而不臭，名曰翣脯。又有草夹阶而生，随月生死，王者以是占日月之数。惟盛德之君，应和而生，故尧有之，名蓂荚，一名历荚。始封稷、契、咎繇，褒进伯禹，纳舜于大麓。后年二月，又率群臣刻璧为书，东沉于洛，言天命当传舜之意，今《中候运衡》之篇是也。舜摄政二十八年，尧与方回游阳城而崩，《尚书》所谓"二十有八载，放勋乃殂落"是也。百姓如丧考妣，三载，四海遏密八音。凡尧即位九十八年，年百一十八岁。《墨子》以为"尧堂高三尺，土阶三等"。尧取散宜氏女曰皇，生丹朱。又有庶子九人，皆不肖，故以天下命舜。《太平御览》卷八十。

案：《艺文》引云："分掌四时方岳之职，故名曰四岳也。""作乐六章"，一引作"作乐大章"，一引"名曰放勋，鸟庭荷胜，眉有八采，丰下锐上"。《路史》引《中候运衡篇》是也。下又云："所授之图书，今《握河纪》也。"《路史》又引云："女莹生丹朱。"《史记索隐》引云："尧娶散宜氏之女曰女皇，生丹朱，又有庶子九人，皆不肖也。"《马融传》注引云："尧时焦侥氏来贡没羽。"《玉海》引"尧刻璧为书，东沉于洛，言当传舜之意"。

案：韦昭云："陶、唐皆国名，盖先居陶后居唐，故曰陶唐氏。"《春秋合诚图》云："尧母庆都，盖大帝之女，生于斗维之野，常在三河东南，天大雷电，有血流润大石之中，生庆都。长大，形象大帝，常有黄云覆盖之。梦食不饥。年二十，寄伊长孺家。无夫，出观三河，奄然阴风，赤龙与庆都合，有娠，而生尧。"《帝尧碑》云："赤龙负图出，庆都读之云：赤受天运，其下图人衣赤衣，鬓须尺余，长七尺二寸，[兑]下丰上，足履翼星。题曰：赤帝起成天下宝。"又云：其先出自[块]隗，翼火之精，有神龙首，出于常羊，庆都交之，生伊尧，不与凡等，龙颜日角，眉八采，谒自侯伯，游于玄河，龙龟负衔，投钤授与，然后受命。"《遁甲开山图》："庆都孕十有四月生尧于丹陵。"《淮南子》云："尧眉八采，九窍通洞，而公正无私，一言而万民齐。"《孔丛子》云："尧身长十尺。"《合诚图》以为长八尺七寸也。《孝经援神契》《春秋元命苞》并云："尧眉八采，是谓通明。历象日月，璇玑玉衡。"《尚书大传》云："尧八眉，八者，如八字也。"《吕氏春秋》云："尧朝许由于沛泽之中。"《春秋文耀钩》云："唐尧即位，羲和立象仪。"《尸子》云："造历数者，羲和子也。"《论衡》云："尧候四时之中，命羲和察四星以占时气。"《尸子》："尧立诽谤之木。"《古今注》云："尧设诽谤之木，今之华表木也。以横木交柱头，状若花也。形似桔槔，大路交衢悉施焉。或谓之表木，以表王者纳谏也，亦以表识衢路也。"《吕氏春秋》："尧有欲谏之鼓。"《淮南子》云："尧置敢谏之鼓。"晋张纮云："尧、舜立敢谏之鼓，三王立诽谤之木。"又以诽谤木属之三王。《文选》注云："进善之旌，尧立之五达之道。诽谤木，尧作之桥梁板，所以书政治之愆失。"《吕氏春秋》云："尧战于丹水之浦，以服南蛮。"又云："帝尧立，乃命质为乐，质乃效山林溪谷之音以歌，乃以麋置釜而鼓之，乃拊石击石，以象上帝玉磬之音，以至舞百兽。鼓叟乃拌五弦之瑟，作以为十五弦之瑟，命之曰大章，以祭上帝。"不韦言作乐者质，士安以为夔，岂夔即质耶？高诱说即夔。《孟子》作"放勋乃徂落"，《说文》引作"乃殂"，大徐本作"放勋乃殂"。《春秋繁露》作"放勋乃殂落"，是今文作"放勋"，古文作"放勋"也。而今书"帝乃殂落"是姚方兴本。又《尔雅》《白虎通》《春秋繁露》皆有"落"字，许叔重《说文解字》及《汉书·王莽传》皆无"落"字，当是马谷力正之本。汉中黄门李巡注

《尔雅》云:"殂落者,尧死之称。"王充《论衡》亦有"殂落"字。

尧时,僬侥氏来贡没羽。《后汉书·马融传》注。

案:《竹书纪年》:"二十六年,有焦侥氏来朝贡没羽。"

尧,伊祁姓也。母曰庆都,孕十四月而生尧于丹陵,名曰放勋。鸟庭荷胜,眉有八采,丰下锐上。或从母姓伊祁氏。年十五而佐帝挚,受封于唐;年二十而登帝位。以火承木,都平阳。景星耀于天,甘露降于地,朱草生于郊,凤凰止于庭。厨中自生肉脯,其薄如翣形;摇鼓则生风,使食物寒而不臭。又有草夹阶生,随月而生死,名曰蓂荚。始尧在位五十年登舜。二十年始老,使摄政。二十八年而崩。即位九十八年,寿一百一十八岁。《初学记》卷九。

案:一引云:"帝尧生石乳伊祁氏。"《绎史》引无"祁"字,非也。"封于唐",一引有"为诸侯,身长十尺,尝梦攀天而上之"十四字。《艺文类聚》引曰:"凡尧即位九十八年,百一十八岁,乃殂所作,如丧考妣,三年,四海遏密八音,葬于济阴之成阳西北,是为谷林。尧娶富宜氏女曰女皇,生丹朱,又有庶子九人,皆不肖。故以天下命舜曰:'咨尔舜,天之历数在尔躬,允执其中,四海困穷,天禄永终。'及三年丧毕,舜践天子位。"

案:《春秋合诚图》云:"赤帝之为人,视之丰,长八尺七寸,丰下锐上,龙颜日角,八采三眸,鸟庭荷胜,琦表射出,握嘉履翼,窍息洞通。"《帝尧碑》:"鬓须尺余,长七尺二寸,面锐上丰下。"《帝王世纪》不同。《尚书中候》云:"尧即政七十载,德政清平,比隆伏羲,凤凰巢于阿阁驩林,景星出翼轸,朱草生[郊,嘉禾孳连],甘露润液,醴泉出山,修坛河洛,荣光出河,休气四塞。"《说文解字》:"蓂莆,瑞草也。尧时生于庭厨,扇暑而凉。"《宋书·符瑞志》:"厨中自生肉,其薄如翣,摇动则风生,食物寒而不臭,名曰蓂脯。"《田俟子》:"尧为天子,蓂荚生于庭,为帝成历。"《竹书纪年》:"二十四年,景星见于翼。"

庆都寄于伊长孺家,故尧从母所居为姓,为祁氏,或从世姓伊祁。《路史·后纪十》注。

案:《灵台》所云:"昔者庆都,兆舍穹精氏,姓曰伊。"

尧初生时,其母在三阿之南,寄于伊长孺之家,故从母所居为姓也。《史记·五帝本纪》索隐。

案：事在《春秋合诚图》，见上注内。

尧在唐时，梦乘龙以登天，而后有天下。《路史·后纪十》注。

有苗处南蛮而不服，尧征而克之于丹水之浦。《太平御览》卷八十九。

案：《吕氏春秋》："尧有丹水之战。"《鹖冠子》云："尧伐有唐，战于丹浦。"
《六韬》云："尧伐有扈，战于丹浦。""有扈"当作"有苗"也。

尧率诸侯群臣沉璧于洛河，受图书，今《尚书中候》《握河纪》之篇是也。
《初学记》卷九。

案：《路史》引云："尧与群臣沉璧于河，为《握河记》，今《尚书中候》
是也。"

案：《握河记》云："尧即政七十年仲月辛日至于稷，沉璧于河，青云起，
回风摇落，龙马衔图，赤文绿色，自河而出，临坛而止，吐甲回〔递〕，甲似
龟，广九尺，有文言虞、夏、商、周、秦、汉之事，帝乃写其文，藏之东序。"

尧置敢谏之鼓。《后汉书·申屠刚传》注。

案：《邓析子》《淮南子》并云："尧置敢谏之鼓。"注："欲谏者击鼓。"《后
汉书·郅寿传》引云："尧有敢谏之鼓。"

尧时有草夹阶而生，每月朔旦生一荚，至月半则生十五荚，自十六日后一
荚落，至月晦而尽。若月小则余一荚，厌而不落。唯盛德之君应和气而生，以
为瑞草，名为蓂荚，一名历荚。《初学记》卷四。

案：一本《初学记》引云："尧时有草夹阶而生，每月朔日生一荚，至月
半则生十五荚，至十六日后日落一荚，至月晦而尽。若月小则余一荚，王者以
是占历。应和气而生，以为尧瑞，名之蓂荚，一名历荚，一名仙茆。"《太平御
览》引"仙茆"作"瑞草"，亦见《路史·余论》引。《艺文类聚》引云："尧
时有草夹阶而生，每月朔日一荚生，至十五日而足，十六日一荚落，至晦而
尽。若月小余一荚，厌而不落，王者不必按历而知朔。惟盛德之君应和而生，

以为尧瑞，名曰蓂荚，又曰历荚，又曰仙茆。”

案：《田俅子》曰：“尧为天子，蓂生于庭，为帝成历。”《瑞应图》云：“叶圆而五色，日生一英，至十六则落一英，及晦而尽。”《白虎通》：“王者考历，得其分度，则蓂英生于阶间。蓂英者，树名也。一日一英生，十[五]日毕，至十六日一英去，故夹阶而生，以明日月也。”

尧时，景星曜，甘露降，朱草生于郊，凤凰止于庭，嘉禾艺于亩，醴泉涌于山。《艺文类聚》卷十一、《太平御览》卷八十。

案：《大戴礼记·明堂篇》：“朱草日生一叶，至十五日，生十五叶，十六日一叶落，终而从始。”《尚书中候》：“尧即位七十载，甘露润泽，醴泉出山。”注：“俊大在官，则醴泉出。”又，“尧时天下和，景星出，翼轸不见”。《春秋感精符》《诗含神雾》：“尧时嘉禾二十五茎。”《拾遗记》：“尧以宝露赐群臣。”

尧时，厨中自生肉脯，薄如翣，摇则风生，使食物寒而不臭，名曰翣脯。《太平御览》卷九。

案：《初学记》引云：“尧厨中自生肉脯，其薄如翣形，摇鼓则风生，风使食肉寒而不臭，名曰翣脯。”

案：《春秋潜潭巴》云：“君臣和，得道协度，中则箑脯，生于庖厨。”《白虎通》：“孝道至，则箑脯生于庖厨。箑莆者，树名也，其叶大于门扇，不摇自扇，于饮食清凉，助供养也。”《说文解字》：“萐莆，瑞草也。尧时，生于庖厨，扇暑为凉。”

帝尧氏始封于唐，今中山唐县是也。尧山在北，唐水在西北入河南（一引云入唐河）。有望都县，有望都山，即尧母庆都之所居也，相去五十里。都山（《水经注》作尧山），一名豆山（《水经注》引云：“都山，尧母庆都所居。”）。北登尧山，南望都山，故名其县曰望都。而《地理志》：“尧山在唐南山中。”张晏以尧山实在唐北，《地理志》“尧之以后徙涿鹿”失之矣。尧又徙涿鹿，《世本》云：“在彭城南。”今上谷郡北自有彭城，非宋彭城也。后又徙晋阳，今太原县也。于《周礼》在并州之域，及为天子，都平阳。于《诗》风为唐国，武王子叔虞封焉，更名唐。故吴季札闻唐之歌曰：“思深哉，其有陶唐氏之遗民乎！”帝舜其所营都，或言蒲阪，即河东县。《太平御览》卷百五十五。

案："豆山"，一作"头山"。《太平寰宇记》《元和志》引云："帝尧始封于唐，又徙晋阳，及为天子，都平阳。平阳即今晋州，晋阳即今太原也。"《史记正义》引云："谷林即城阳，尧都平阳，于《诗》为唐国。"《路史》引云："自唐封徙晋阳，及为天子，都平阳。"

案：张晏云："尧山在北，尧母庆都山在南，登尧山见都山，故望都县以为名也。"

尧封唐，尧山在北，唐水西入河。南有望都山，即尧母庆都所居，相去五十里。都山，一名豆山。《后汉书·郡国志二》注。

《太平寰宇记》引云："望都山，尧母庆都之所居。"《水经注》引云："望都县与唐县相去五十里。"《路史》引云："庆都山在望都南，升尧山南望都山，因曰望都，相去为五十里。今在唐县东北五十四里，俗呼孤山，一曰豆山。"《九域志》引云："柏人城为尧都，县东北二十二里有柏乡城。"

案：张晏曰："尧山在北，尧母庆都山在南，相去五十里。北登尧山，南望庆都山也。"郦道元曰："稽诸城地犹十五里，盖书误也。此城之东有山孤峙，世以山不连陵，名之曰孤山。孤、都声相近，疑即所谓都山也。"

尧自唐封，徙晋阳，及为天子，都平阳。《路史·后纪十》注。

尧都平阳，于《诗》为唐国。《史记·五帝本纪》正义。

《水经注》引云："尧葬济阴城阳西北四十里，是为谷林。"

尧以甲申岁甲辰即帝位，甲午征舜，甲寅舜代行天子事，辛巳崩。年百十八，在位九十八年，葬于济阴之城阳西北，是为谷林。《史记·五帝本纪》集解、《通典》。

案：《路史》引云："尧以甲辰即位，在位七十载。"与此又异。《史记集解》引又无末二句。《史记》又引云："谷林即城阳。"《水经注》引云："尧葬济阴城阳西北四十里，是为谷林。"

案：刘向曰："尧葬济阴丘陇山。"又案：帝尧元年，邵康节、金仁山定为甲辰，皆本士安说。罗泌以为戊寅，章俊卿以为癸未，而《竹书纪年》以为丙子。《孔传》："尧十六为天子。"《帝王世纪》："二十为天子。"若依《孔传》是百十六岁，《帝王世纪》多二岁也。《论衡·气寿篇》云："尧七十载得舜，舜征二十岁在位，尧退而老，八岁而终，至殂落九十八岁，未在位之时，必已成人，今计数百有余岁矣。"士安之说同于《史记·五帝本纪》云："尧立七十年得舜，二十年而老，令舜摄行天子之政，荐之于天。尧辟位凡二十八年而崩。"《吕氏春秋》："尧葬于谷林，通树之。"《皇览》云："尧冢在济阴城阳。"而《山海经》云："帝尧葬狄山之阳。"又云："尧葬岳山。"《墨子》云："尧北教乎八狄，道死，葬蛩山之阴，衣衾三领，穀木之棺，葛以缄之，既犯而后，满坎无封，已葬，而牛马乘之。"

尧即位九十八年通舜，摄二十八年也，凡年一百十八岁。《史记·五帝本纪》正义。

案：《汉书·律历志》载刘歆《三统历》云："尧即位七十载，舜即位五十载。"并此说异。

案：孔安国云"尧寿百一十六岁"，"六"当是"八"字之讹。

帝舜有虞氏

舜姚姓也，其先出自颛顼，颛顼生穷蝉。穷蝉有子曰敬康，生勾芒。勾芒有子曰桥牛，桥牛生瞽瞍。妻曰握登，见大虹，意感而生舜于姚墟，故姓姚。名重华，字都君。龙颜大口，黑色，身长六尺一寸。有圣德。始迁于夏，贩于顿丘，责于傅虚。家本冀州，每徙则百姓归之。其母早死，瞽瞍更娶，生象。象傲而父顽母嚚，咸欲杀舜。舜能和谐，大杖则避，小杖则受。年二十始以孝闻。尧以二女娥皇、女英妻之。见舜于贰宫，设飨礼，迭为宾主，南面而问政，命为司徒、太尉。试以五典，有大功二十。梦眉长与发等，尧乃赐舜以昭华之玉，老而命舜代己摄政。明年正月上日，始受终于文祖，太尉行事。尧崩，三年丧毕，以仲冬甲子月次于毕，始即真。以土代火，色尚黄。乃询四岳，辟四门，明四目，达四聪。东巡狩，登南山，观河洛，受图书。表赐群臣，尊伯禹、稷、契、皋陶皆益地。有苗氏负固不服，禹请征之。舜曰："我德不厚，行武非道也。吾其敷吾未也。"乃修教三年，执干戚而舞之，有苗请服。立诽谤之木，申命九官十二牧及垂、朱虎、熊罴等二十五人，三载一考绩，黜陟幽明。于是俊乂在官，群后德让，百僚师师，以五采章施于五色为服，以六律、五声、八音协治。烝民乃粒，万邦作乂，庶绩咸熙。乃作《大韶》之乐，《箫韶》九成。凤凰来仪，击石拊石，百兽率舞。故孔子称《韶》"尽美矣，又尽善也"。景星曜于房，群瑞毕臻，德被天下。初，舜既践帝位，而父瞽瞍尚存，舜常戴天子车服而朝焉。天下大之，故曰大舜。都乎咸阳，或营蒲坂、妫汭，嫔于虞，故因号有虞氏。有二妃，元妃娥皇无子，次妃女英生商均。次妃登北氏，生二女霄明、烛光。有庶子八人，皆不肖，故以天下禅禹。舜年八十即真，八十三而荐禹，九十五而使禹摄政。摄五年，有苗氏叛，南征，崩于鸣条，年百岁。殡以瓦棺，葬苍梧九嶷山之阳，是为零陵，谓之纪市，在今营道县，下有群象为之耕。《太平御览》卷八十一。

案："姚姓"下一引有"目重瞳，名重华"句，"景星见于房"，《初学记》引云："舜葬苍梧下，有群象常为之耕。"《史记索隐》引云："舜母名握登，生舜于姚虚，因姓姚也。"

《水经注》引云："负夏，卫地。"《路史》引云："命为司徒太尉，正日以太尉行事。""名芒"，《史记》作"名本"。

案：舜之先封虞，故姓虞，如虞幕是也。舜生于姚墟，乃姚姓。《春秋合诚图》云："尧坐舟中，与太尉舜临观，凤皇负图，授尧其章曰：天赐帝符玺玉字。"《春秋元命苞》《春秋运斗枢》皆言之。《诗含神雾》云："握登见大虹，意感而生舜于姚墟。"《宋书·符瑞志》云："舜目重瞳子，故名重华，龙颜大口，黑色，身长六尺一寸。"《洛书灵准听》云"舜长九尺"，疑非。《孝经援神契》云："舜龙颜，重瞳，大口，手握褒。"《洛书灵准听》云："有人方面目衡，重华握石椎怀神珠。"《春秋演孔图》云："舜四瞳，谓之重，明承乱蹠尧，海内富昌。"《白虎通》云："舜重瞳子，是谓玄景。上应摄提，以象三光。"《春秋元命苞》文同。"玄景"作"滋凉"。《淮南子》云："舜二瞳子，是谓重明，作事成法，出言有章。"《荀子》："尧舜参牟子。"《春秋繁露》云："舜形体大上而圆首，长于天文，纯于孝慈。"《文子》云："舜黴黑。"《尸子》云："舜黑。"《尸子》云："虞舜灰于常羊，什器于寿丘，就时于负夏，未尝暂息。顿丘买贵，于是贩于顿丘。傅虚卖贱，于是债于傅虚，以均救之。"《墨子》："舜耕于历山，陶于河滨，渔于雷泽，灰于常羊。尧得之服泽之阳，立为天子。"《水经注》："纳二女于妫水之汭。"马季长曰："水所出为汭，然则汭似非水名，而今见有二水异源同归，浑流西流于河。"王肃曰："妫、汭，虞地名。"孔安国曰："居妫水之汭。"案：士安用孔氏说也。《孝经钩命诀》曰："舜即位巡省中河，登南山录图受文。"《河图》云:"舜褒赐群臣,爵赏有分,稷、契、皋陶皆益土。"《山海经》:"舜妻癸比氏,生宵明、烛光,处河大泽二女之灵,能照此所方百里。一曰登北氏。"《竹书纪年》:"元年作大韶之乐。"《尚书中候·考河命》曰:"舜曰:朕惟不义,蒉英孚著,百兽率舞,凤司晨。"《乐叶声仪》云:"昔归典协乐律。"宋均注:"归"即"夔"。《春秋佐助期》云:"舜时景星出房。世传舜葬苍梧之野。《孟子》以为卒于鸣条。鸣条在安邑,有舜墓。而康成以鸣条为南夷之地,疏矣。"《吕氏春秋》:"舜葬于纪苍梧山,在海州界,近莒之纪城。"又云:"舜葬于纪市,不变其肆。"高诱注:"传曰:'舜葬苍梧九疑之山。'此云于纪市九疑山下有纪邑。"《墨子》:"舜葬南己之市。"《太平御览》引作"南纪",士安盖本此。《论衡》:"舜葬苍梧,象为之耕。"

　　舜姚姓也,其先出自颛顼。颛顼生穷蝉,穷蝉有子曰敬康,敬康生勾芒,勾芒有子曰桥牛,桥牛生瞽瞍。瞽瞍妻曰握登,见大虹,意感而生舜于姚墟,故姓姚氏,字都君。家本冀州,其母早死。瞽瞍更娶,生象傲。而父顽母嚚,咸欲杀舜。舜能和谐,大杖则避,小杖则受,年二十始以孝闻。尧以二女娥皇、女英妻之。耕于历山之阳,耕者让畔;渔于雷泽,渔者让渊;陶于河滨,陶者器不窳。尧于是乃命舜为司徒、太尉,试以五典,举八凯八元,四恶除,而天下咸服。遂纳于大麓,烈风雷雨弗迷。尧乃命舜代己摄政。明年正月舜始受终文祖,以太尉行事。舜摄政二十八年而尧崩。三年丧毕,舜年八十一,以仲冬甲子,月次于毕,始即真。以土承火,色尚黄,以正月元日格于文祖。申命九官十二牧,以禹为司徒。舜年八十一即真,八十三而荐禹,九十五而使禹摄政。摄政五年崩,年百年也。《尚书》曰:"舜生三十登庸。三十在位,五十载,陟方而死。"《初学记》卷九。

　　案:《史记索隐》引云:"两伞,伞笠类。"是说焚廪,舜以两笠自扞而下事也,今其文不具。《路史》引云:"五年而苗叛,南征而死。"案:《史记集解》徐广引云:"舜以尧之二十年甲子生,三十一年,谓舜三十一岁也,甲午征用,七十九年谓舜七十九岁也。壬午即真,百岁癸卯崩。"《太平御览》引云:"舜年八十以仲冬甲子月次于毕始即真。八十三而荐禹,九十五而使禹摄政,五年有苗叛,南征崩于鸣条,年百岁。"

　　案:皇甫士安用《今文尚书》说,韩退之《论佛骨表》本之。

　　案:刘耽《吕梁碑》记虞舜之世云:"舜祖幕,幕生穷蝉,穷蝉生敬康,敬康生乔牛，乔牛生瞽叟，瞽叟又生舜。"与《国语》合，与士安说不同。

又案：《竹书纪年》："舜即位元年为己未，盖帝崩于乙卯，舜避朱南河，虽三年丧毕，不遽即位，至四年己未乃即位者。"《孟子》所谓"然后之中国践天子位也"。

以九子事之，以观其外。《路史·后纪十一》注。

案：事见《孟子》，《淮南子》亦"属之九子，以观其外"。

尧求贤，四岳荐舜，尧命之于顺泽之阳。《文选·曲水诗序》李善注。

案："顺泽"宜即"漢泽""服泽"也。

舜梦长眉击鼓。《太平御览》卷八十一。

案：《尚书大传》："舜耕于历山，梦眉与发等。"

案：《金楼子》："舜常梦击天鼓。"

迁于负夏，每徙百姓从之。《路史·后纪十一》注。

案：一徙成邑，三徙成都，五徙成国，至邓之虚而十有万家也。杜预云："阳城而南有负黍亭。"

西王母慕舜德，来献白环及玦，并贡益地图。《初学记》卷二十。

案：《后汉书·马融传》注引云："西王母慕舜之德，来献白环。"《路史》引云："献白玉环及玉佩。"

案：《竹书纪年》："舜九年，西王母来朝也。"《尚书大传》："舜以天德嗣尧，西王母来献白玉管。"《尚书帝命验》曰："西王母于大荒之国得益地图。慕舜德，远来献之。"

《晋志》云："舜时西王母献朝华之管，以玉为之。及汉章帝时，零陵文学奚景于泠道舜祠下得白玉管一枝，咸以为舜时西王母所献，云意［是］时王母以玉管献舜，舜或赐象鼻亭，去泠道不远，故于舜祠下得此。"《金楼子》："西王母使使乘白鹿，驾羽车，建紫旗，来献白环之玦，益地之图，乘黄之驹。"

是王母未亲至，使人来献也。《大戴礼记·三朝记》："孔子曰：昔西王母献舜白玉管及益地图。"《礼斗威仪》云："献地图及玉玦。"《洛书灵准听》云："舜受终，西王母献益地图。"

尧见舜于贰宫，设飨礼，迭为宾主，南面而问政。然后赐以绨衣琴瑟，为筑宫室，封之于虞。《太平御览》卷八百九十。

案：《初学记》引云："尧见舜处于贰宫。"《路史》引云："二女妻舜，为筑宫室，封之虞土。"

二十五人，或在九官，或在十二牧，中一人兼两职者。若先为牧，又兼四岳大官辞。《路史·后纪十一》注。

案：孔安国以为禹、垂、益、伯夷、夔、龙六人，新命有职，及四岳、十二牧，则二十二人也。

禹为司空，功被天下。弃为后稷，播时百谷。契为司徒，敬敷五教。皋繇为士，典刑惟明。陲为共工，莫不致力。益为朕虞，庶物繁植。伯夷为秩宗，三礼不阙。夔为乐正，神人以和。龙为纳言，出纳惟允。于是俊乂在官，群后德让，百僚师师。以五采章施于五色为服，以六律五色八音协治，治用平和，蒸民乃粒。万邦作乂，庶绩咸熙。《艺文类聚》卷十一。

有苗氏负固不服，舜乃修文教三年，执干戚而舞之，有苗请服。《初学记》卷九。

案：《说苑》云："禹请伐有苗，舜不许，曰：'吾喻教犹未竭也。'久喻教而有苗请服。"

癸比氏，虞帝之第三妃，生二女：一曰宵明，二曰烛光。《路史·发挥》注。

案：《山海经》："洞庭之山，舜之二女居之，一曰宵明，二曰烛光。处河大泽，光照百里。"士安说本之。

下隽罗有黄陵亭。《后汉书·郡国志四》注。

案：《湘中记》："黄陵二妃之神，刘表为之立碑。"然考黄陵墓则癸比之二女冢也，非尧女墓。"癸比"一作"登北"。

姚虚在西城西北。《后汉书·郡国志五》注。

案：《世本》云："姚虚在西城西，舜所居。"而颖容《[春秋]释例》亦说"舜居西城西，本曰妫汭"，非也。

舜弟象封于有鼻。《史记·五帝本纪》正义。

案：《幽明录》："始兴有鼻天子冢、鼻天子城。"《括地志》云："鼻亭神在营道县北六十里，故老传云舜葬九疑，象来至此，后人立祠名为鼻亭神。"《舆地志》云："零陵郡应阳县东有山，山有象庙。"王隐《晋书》云："北大泉陵县北部东五里有鼻墟，象所封也。"

舜嫔于虞，因以为氏，今河东太阳西山上虞城是也。《史记·五帝本纪》集解。

案：《太平御览》引云："嫔于虞，因号为有虞氏，盖舜姓姚，不姓虞。"疑《史记》注引有讹。

纳二女于妫水之汭。《水经·河水》注。

案：《水经·河水》注云："郡南有历山，谓之历观，舜所耕处，有舜井，妫、汭二水出焉。南曰妫水，北曰汭水。《尚书》所谓'釐降二女于妫、汭'也。"孔安国云："居妫水之汭。"王肃云："妫、汭，虞地名。"马季长云："水所出曰汭，然则汭非水名。"士安盖用孔、马、《尚书》说。

女英墓在商州。《管城硕记》卷十八。

案：舜子商均本曰义均，见于《山海经》，以其封商谓之商均。必舜崩之后，女英随子均徙于封所，故卒葬焉。《竹书纪年》："帝舜三十年，葬后育于渭。"沈约注云："后育，娥皇也。"《汉志》："陈仓有黄帝孙、舜妻盲冢，是娥皇葬陈仓矣。"盖是帝舜五十年陟方乃死，后已死二十年矣，何以与女英溺于湘江而改称湘君耶。

河东有舜井。《史记·五帝本纪》正义。

案:《通史》云:"舜穿井,又告二女,二女曰:'去汝裳衣,龙工往。'入井,瞽叟与象下土实井,舜从他井出去也。"《括地志》云:"妫州有妫水,源出城中。"《耆旧传》云:"即舜釐降二女于妫汭之所,外城中有舜井,北有历山,山上有舜庙。"又云:"舜井在妫州怀戎县西外城中,其西又有一井。"《耆旧传》云:"并舜井也,舜自中出。"

或言二妃葬衡山。《史记·五帝本纪》集解。

案:《礼记》云:"舜葬苍梧,二妃不从。"皇甫士安引,或说者存异义也。

舜恭己无为,歌《南风之诗》,诗曰:"南风之时兮,可以阜吾民之财兮,南风之薰兮,可以解吾民之愠兮。"《通典》。

案:《南风歌》见《尸子》,亦见《孔子家语·辩乐解》。郑玄注《乐记》云:"其辞未闻。"王肃难之。马昭以为《孔子家语》王肃增加。《尸子》杂说,不可正经,故言未闻。《韩非子》:"有若曰:'舜鼓五弦,歌南风之诗而天下治。'"步骘疏云:"舜命九官,则无所用其心,弹五弦之琴,咏南风之诗,不下庙堂而天下治。"

舜陶于河滨,即《禹贡》之陶丘,今济阴西有陶丘是也。《尔雅》曰:"再成为陶丘。成,犹重也。"《元和郡县志》。

案:《史记》引云:"舜陶于河滨,济阴定陶西南陶丘亭是也。"《太平寰宇记》引云:"舜陶于河滨,即《禹贡》之陶丘,今济阴定陶之西有陶丘是也。"《尔雅》云:"再成为陶丘。成,犹重也。"《水经注》引云:"定陶西南陶丘,舜所陶也。"

案:郦道元《水经注·河水》:"又径陶城西,舜陶河滨。"皇甫士安以为定陶不在此也。然陶城在城北,城即舜所都也,南去历山不远,或耕或陶,所在则可,何必定陶方得为陶也?舜之陶也,斯或一焉。

舜所都,或言蒲坂,或言都平阳,或言潘。潘,今上谷也。《史记·五帝本纪》集解、《水经·河水》注。

案:《太平御览》引云:"帝舜其所营都,或言蒲坂,即河东县。"

案:《史记正义》曰:"《括地志》云:'平阳,今晋州城是也。潘,今妫州城是也。蒲坂,今蒲州南二里、河东县界蒲坂故城是也。'"又案:全榭山引《水经》引《帝王世纪》云:"舜都蒲阪,或言都平阳及潢,谓即《水经·漯水篇》之潢也。"无据改之。

舜耕历山,渔雷泽,济阴有历山。《后汉书·郡国志》注。

案:《太平寰宇记》引云:"历山,在济阳,与雷泽相次。"

案:《史记》云:"舜耕历山,耕者让畔。"郑玄云:"历山在河东。"应劭云:"在雷泽之中。"《墨子》:"舜耕历山,陶于河滨,渔于雷泽。鲁连子耕历山而友益,陶河滨而友禹。"

大阳有吴山,上有虞城。舜嫔于虞,虞城是也。亦谓吴城。《史记》"秦昭王伐魏,取吴城",即此城也。《后汉书·郡国志一》注。

案:《史记》:"舜嫔于虞,因以为氏,今河东大阳西山虞城是也。"

安康谓之妫墟,或谓姚墟。《太平御览》卷百六十八。

案:《世本》:"舜所居在姚虚,姚虚在西城。"

舜为尧司徒,支孙氏焉。《元和姓纂》卷一。

帝王世纪卷四

晋孝廉方正皇甫谧　纂
武威介侯　张澍　编辑

夏

夏禹

伯禹夏后氏，姒姓也，母曰修己，见流星贯昴，梦接意感，又吞神珠薏苡，胸折而生禹于石纽，虎鼻大口，两耳参漏，首戴钩，胸有玉斗，足文履己，故名文命，字高密。身长九尺二寸，长于西羌夷人。初，禹未登用之时，父既降在匹庶，有圣德。梦自洗于河，观于河，始受图，括地象也。图言治水之意，四岳举之，舜进之尧。尧命为司空，继鲧治水，乃劳身勤苦，不重径尺之璧，而爱日之寸阴，手足胼胝。又纳贤礼士，一沐三握发，一食三吐餐。尧美其绩，乃赐姓姒氏，封为夏伯，故谓之伯禹。天下宗之，谓大禹。年二十始用，三十二而洪水平。年百岁，崩于会稽。因葬会稽山阴县之南，今山上有禹冢并祠，下有群鸟耘田。《太平御览》卷八十二。

案："母曰"，《史记正义》引作"父鲧妻"，又引无"两唇"二字。"耳"上有两字"东夷"，一引云"本西夷人也"，又引"本西羌夷人也"。"九尺二寸"，《初学记》引作"九尺九寸"。"梦自作梦曰观于河"，一引"观"上有"西"字。"举之舜"，《绎史》引"舜"作"尧"，"涉动"作"涉勤"，"群鸟"

一作"群象"。《路史》引云:"当胸有玉斗,首戴铃,虎鼻大口,足文履己。"《初学记》引"一食"作"一餐"。《路史》谓《帝王世纪》作"耳三镂",今各书均引作"三漏",又引云:"梦自湔于河西,四岳举之,舜进之。"

案:《论衡》:"禹母吞薏苡而生禹,故夏姓曰姒。"《淮南子》:"禹耳参漏,是谓大通,兴利除害,疏河决江。"《尚书帝命验》云:"有人大口,两耳参漏,足文履己,首戴钩钤,胸怀玉斗,分别九州,随山浚川,任土作贡。""修己",《帝命验》《钩命诀》谓之"修纪",《遁甲开山图》谓之"女狄",《吴越春秋》谓之"女娇",《大戴礼记》谓之"女志"。又《孝经钩命诀》云:"命星贯昴,修纪梦接生禹,注命使之星。"《宋书·符瑞志》:"帝禹有夏氏母曰修己,出行见流星贯昴,梦接意感,既而吞神珠。修己背剖而生禹于石纽。长有圣德,长九尺九寸。"《三国志·蜀志·秦宓传》:"秦宓曰:'禹生石纽。'"罗泌以《帝王世纪》作"石坳",《洛书》作"石夷"。《随巢子》谓"禹生于昆石",说各不同。《易林》亦作"石夷",今《帝王世纪》作"石纽",不作"石坳",是罗氏所见本异。《尚书帝命验》云:"禹,白帝精,以星感修己,山行见流星,意感栗然,生姒戎文命禹。"注:"星,金精。姒,禹氏。禹生戎地,[一]名文命也。"《世本》:"鲧生高密,是为禹。"《吴越春秋》:"鲧娶于有莘氏之女,名曰女嬉,年壮未孳,嬉于砥山得薏苡而吞之,剖肋而产。""高密",《宋志》作"剖背",《吴越春秋》作"剖肋"。"其言五尺九寸",亦异士安说。《蜀王本纪》云:"禹生石纽,禹母吞珠孕之,坼副而生。"《春秋繁露》云:"禹生发于背,契生发于胸",亦与士安说异。《尚书刑德放》:"禹长于地理,水泉九州,得括象图,故尧以为司空。"《尚书中候》:"禹自临河,河精授河图,谓腾地象也。"《傅子》云:"荀仲豫称禹十二为司空。"《尚书中候》云:"伯禹在庶,[四岳]师举荐之帝尧,握括命不试,爵授司空。"《法言·重黎》:"昔者姒氏治水土而巫步多禹。"《尚书大传》:"禹其跳。其跳者,踦也。"《庄子》:"两祖女浣于白水之上,禹过之而趋。曰:'治天下奈何?'女曰:'股无胈,胫不毛,颜色裂冻,手足胼胝,何以至是也。'"《春秋繁露》云:"禹足所疾行先左随以右。"郑玄注《洛书灵准听》云:"有人出石夷,掘地代戴成钤怀玉斗。"注:姚氏云"禹胸有墨如北斗"。郑谓怀璇玑玉衡之道,载钤谓有骨表,如钩钤是也。《尚书中候》云:"伯禹曰:'臣观于河伯,人首,鱼身。出曰:"吾河精也。"授臣河图。'霾入渊,伯禹拜辞。注:即《括地象》也。"贾谊《新书》云:"禹一馈而九起,一沐而三捉发。"《新书》作"十有三载"乃同。马融、郑康成、孔颖达皆谓并"禹鲧之九年,舜摄元年,九州始毕"。然《洪范》:"鲧殛死,禹乃与鲧丧三年，禹乃娶。"今云"禹治三年，八州平，故尧以为功而禅舜"，是十二年八州平，十三年而兖州平，在舜受终之年，颖达因之误矣。

伯禹帝夏后氏，姒姓也，其先出颛顼。颛顼生鲧，尧封为崇伯，纳有莘氏女曰志，是为修己。见流星贯昴，又吞神珠，意感而生禹于石纽。名文命，字高密，长于西羌，西夷人也。尧命以为司空，继鲧治水。十三年而洪水平。尧美其绩，乃赐姓姒氏，封为夏伯，故谓之伯禹。及尧崩，舜复命居故官。禹年七十四，舜始荐之于天。荐后十二年，舜老，始使禹代摄行天子事。五年舜崩，禹除舜丧，明年始即真。始纳涂山氏之女，生子启即位。《初学记》卷九。

《路史》引云："涂山氏之女趫。"

案：《山海经》云："黄帝生骆明，骆明生白马，白马是为鲧。"《汉书》："伯禹，《帝系》曰：颛顼五世而生鲧。"《三统历》亦谓鲧为高阳五世孙，而《世本》《史记》《大戴礼记》并云"颛顼产鲧"，失其世矣。然《墨子》云："伯鲧，帝之元子，废帝之德庸。既乃刑之羽之郊，此亲而不善者，亦以鲧为颛顼子也。"《帝系》："有莘氏之子，谓之女志。"《传》作"有新女女嬉"，非也。《吴越春秋》云："尧崩，禹服三年，气不属声。舜崩，又服三年，朝夕流泣，形体枯槁。"

禹始纳涂山女曰女娇，合婚于台桑，有白狐九尾之瑞至，是为攸女。故《连山易》曰"禹娶涂山之子，名曰攸女，生启"是也。《太平御览》卷三百五十。

案：《路史》引云："涂山氏合婚于台桑之地，涂山钟离西七十里即涂山也，即平河之当涂县。"

案：禹年三十，舜摄位之十五年也。《楚辞·天问》云："焉得夫涂山女而通之于台桑。"《吴越春秋》："禹三十未娶，行道涂山，恐时之莫失其度制，乃辞曰：'吾娶也，必有应矣。'乃有白狐九尾造于禹，禹曰：'白者吾之服也，其九尾者王之证也。'《涂山之歌》曰：'绥绥白狐，九尾庞庞。我家嘉夷，来宾为王。成家成室，我造彼昌。天人之际，于兹则行。明矣哉。'禹因娶涂山，谓之女娇。"《世本》："启纳涂山氏，是为攸女。"《吕氏春秋》云："禹娶于涂山，不以私害公，自辛至甲，越四日而复往治水。"《吴越春秋》云："娶于涂山，辛壬癸甲，禹行十月而生子，是启十月而生也。"《列女传》云："娶四日而去治水，启既生呱呱。"王逸《楚辞章句》注云："辛酉日娶，甲子日去，而有启。"

《说文解字》云："九江当涂氏以辛壬癸甲之日嫁娶。"《水经注》亦云："淮之俗，至今以辛壬癸甲为嫁娶日也。"《吕氏春秋》云："白者五服也，九尾者阳数也。"除与《吴越春秋》文同，《大戴礼记》《汉书·古今人表》作"女趫"，《世本》《广雅》作"女娇"，《帝系》作"女憍"。

涂山氏合婚于台桑之野涂山，在钟离西七十里，即当涂县。《史记·夏本纪》索隐。

案：《楚辞·天问》云："禹之力，献功降省，下土方焉，得彼涂山女，而通之于台桑。"

鲧纳有莘氏女曰志，是为修己，上山行见流星贯昴，梦接意感，又吞神珠，臆圮胸坼而生禹于石纽。《三国志·蜀志·秦宓传》注。

禹生广柔石纽乡，有石纽也。《后汉书·郡国志五》注。

案：《路史》谓《帝王世纪》作"石坳"，非是。

案：《三国志·蜀志·秦宓传》："秦宓曰：'禹生石纽，今之汶山郡，乃今茂州之汶川县也。石纽在西蕃界龙冢山。'"《华阳国志》云："夷人营其地，方百里，不敢居牧。有过，逃其野中，不敢追。云畏禹神；能藏三年，为人所得，则共原之，云禹神灵祐之。"扬雄《蜀王本纪》云："禹本汶山郡广柔县人也，生于石纽。"《洛书》云："有人生石夷。"《随巢子》云："禹生昆石石夷。昆石，即石纽也。"《括地志》云："茂州汶川县石纽，在县西七十里。"《易林》云："舜升大禹石夷之野。"

修己山行，见流星贯昴，梦接意感，生禹于石纽，虎鼻大口，足文履己。《初学记》卷九、《路史·后纪十二》注。

案：《史记正义》引云："父鲧妻修己，见流星贯昴，梦接意感，又吞神珠意苡。胸坼而生禹，名文命，字密。身长九尺二寸，长本西夷人也。"《太平御览》引曰："大禹右足文履己字。"

女狄 [暮] 汲石纽山下，泉中得月精如鸡子，爱而吞之，遂有娠，乃生夏禹。《太平御览》卷四。

案：此说见《遁甲开山图》，荣氏注云："孕十四月生禹也。"

《孟子》称"禹生于石纽，西夷人也"。传曰："禹生自西羌是也。"《史记·六国年表》集解。

案：《后汉书·逸民传》注引云："夏禹生于石纽，长于西羌，西夷人也。"

案：《郡国志》："禹生于石纽村。"任豫《益州记》："广柔之石纽村，今其地名刳儿坪。"《蜀王本纪》云："生痢儿坪。"《史记正义》云："禹生茂州汶川县，本冉駹国，皆西羌。"《青城记》云："禹生于石纽，起于龙冢，江源岷山也。"

禹治水毕，天赐玄圭。《太平御览》卷六百九十四。

案：《瑞应图》云："王者勤苦，以忧天下，厚人薄己，则玄圭出。"《尚书璇玑钤》："天锡禹玄圭，刻曰延喜之玉。"《遁甲开山图》："禹游东海，登宛委山得赤圭如日，碧圭如月，长一尺二寸，以自照目达幽冥。"《禹功纪》云："禹治水，其功既成，命江河淮海之神曰：'鱼鳖盛衰，随世安危。'自是之后，年必小减，其价递增，以食晚末之民，应天意也。"

禹治水过轩辕山，禹化为熊，谓涂山氏曰："欲饷，必闻鼓声乃来。"禹排石，误中鼓。涂山氏往见，禹方作熊。惭而去，化为石。《路史·余论九》注。

案：《淮南子》末云："至嵩山下，化为石。禹曰归我子，石破北方而生启。"今《淮南子》无之，士安当本《鸿烈》为说也。《汉书》："元封元年，武帝幸维氏，制曰：朕用事华山，至中岳见夏后启母石。"

禹铸鼎于荆山，在冯翊怀德之南，今云阳下荆渠也。《后汉书·郡国志一》注。

案：《太平寰宇记》引云："禹铸鼎于荆山，在冯翊怀德之地，今其下有荆渠。"《长安志》引云："今山下有荆渠。"

禹避商均于浚仪。《后汉书·郡国志三》注。

案：《史记》："禹避舜之子商均于阳城。"《吴越春秋》："舜崩，禹让位商均，退处阳山之南、阴河之北，万姓不附商均，追就禹之所，状若惊鸟扬天，骇鱼入渊，昼歌夜吟，登高呼号，曰：'禹弃我如何所戴。'禹三年服毕，哀民，不得已，即天子之位。"又案：商均本名义钧，因封商而曰商钧也。

夏禹时，天雨金。《太平御览》卷十一。

案：《竹书纪年》："八年夏六月，天雨金于夏邑。"《述异记》："夏禹时，天雨金三日。古诗云'安得天雨金，使金贱如土'是也。"《天镜》云："天雨金为兵丧。"

尧遭洪水，分为十二州，今《虞书》是也。及禹平水土，还为九州，今《禹贡》是也。《后汉书·郡国志一》注。

案：孔安国云："禹治水之后，舜分冀州为幽州、并州，分青州为营，始置十二州。"马融曰："禹平水土，置九州。舜以冀州之北广大，分置并州，燕、齐辽远，分燕置幽州，分齐为营州，于是为十二州。"《汉志》："尧遭洪水，天下分绝为十二州。禹平水土，更制九州，列五服。"与孔、马说异，即士安所本。《周公职录》："黄帝割地布九州。"杜佑《通典》："颛顼置九州，则尧嗣位时本是九州，至舜分十二州，故曰肇禹于舜，三十三年复九州，以前原有九州，故曰复。"

鲧，帝颛顼之子，字熙。《史记·夏本纪》索隐。

案：《连山易》云："鲧封于崇，故《国语》谓之崇伯鲧。"《世本》亦以鲧为颛顼子。《史记索隐》云："鲧，帝颛顼之子，字熙。"《汉书·律历志》则曰："颛顼五代而生鲧。"司马贞曰："鲧既仕，尧与舜代系殊悬，舜即颛顼六代孙，则鲧非是颛顼之子，盖班氏之言近得其实。"

禹会诸侯涂山，扬州之域，当涂县有禹聚。《初学记》卷八。

案：《郡国志》注引云："禹会诸侯涂山。"

案：杜预《左》注："禹会诸侯涂山，在寿春东北之涂山。"又案："禹所娶涂山在江州，今巴县当涂。涂山乃涂山氏令妾候禹之处，会稽涂山为禹朝诸侯所也。"

鲧封崇伯，国在丰、镐之间，固有崇国，晋赵穿侵崇，又曰虞、夏、周皆有崇国。《史记·周本纪》正义。

案：《太平御览》引云："夏鲧封崇伯，故《春秋传》谓之崇伯，鲧国在秦晋之间。"《春秋左氏传》曰："赵穿侵崇是也。"《读史方舆纪要》引云："鲧封崇伯，地在秦晋之间。"

案：《连山易》云："鲧封于崇。"《通典》云："在京北府鄠县。"《通志·氏族略》："其地在今永兴鄠县东。"

禹娶涂山，今九江当涂有禹庙，则涂山在江南也。《史记·夏本纪》索隐。

案：《吕氏春秋》："禹年三十乃娶涂山氏。"前人均以禹娶在当涂之涂山，惟《华阳国志》云："禹娶于涂山，今江州涂山是也。帝禹之庙铭存焉。"杜预亦云："巴县有涂山，禹所娶山，有禹王及涂后祠。"《郡国志》云："涂山在巴郡，江州为重庆巴县，至今洞曰涂洞，邨曰涂邨，滩曰遮夫，石曰启母也。"而郦善长、庚仲雍亦以"禹娶于江州之涂山"。《史记索隐》云"当涂在江南"，其说非。士安生西晋，所言九江当涂正在江北也。

禹于丙子元岁春月封有功，爵有德，东巡会诸侯于涂山，见耆老，纳诗书，审铨衡，平斗斛，执玉帛者万国，乃大会计治国之道。《太平御览》卷四十一。

禹葬会稽，下不及泉，上不通臭，既葬，收余壤为垄。《太平御览》卷三十七。

衣衾三领，桐棺三寸。《艺文类聚》卷十一、《北堂书钞》卷九十二。

案：《墨子》："禹为丧。"注云："死于陵者葬于陵，死于泽者葬于泽，衣衾三领，桐棺三寸，制丧三日，真得而逾。"亦见《尸子》。《墨子》云："禹之葬，绞衾既周，葛以绷之，其坎深不邸水，上不通臭，收壤为坟，广终亩木，不改列畝，不易亩。"《越绝书》《吴越春秋》并云："禹登茅山，朝群臣，乃更名曰会稽，即苗山也。"

禹治水毕，天赐玄圭，西戎渠搜国服禹之德，献其珍裘。《太平御览》卷六百九十四。

案：《遁甲开山图》云："禹游东海得玉圭，碧色，长尺二寸，光如日月，禹以自照，洞达幽明。"即《后汉书·张衡传》所云"洞视玉版"也。《宋书·符瑞志》："玄圭水泉，流通四海，会同则出。"又案：《尚书》言："禹锡玄圭，当如纳锡之锡。"而士安以为天锡是，非禹锡也，不用《尚书》说。

禹置敢谏之幡。《太平御览》卷八十、《后汉书·郅寿传》注。

案：《后汉书·何敞传》云："禹置敢谏之幡。"士安用此说也。《太公金匮》云："禹治人上栗栗如不满，日乃立建鼓。"《管子》云："舜有告善之旌而主不蔽，禹立建鼓于朝而备词讼。"《鬻子》："禹治天下，以五声听治，门县钟鼓磬铎而置鼗，以得四海之士，为铭于笋簴曰：'以道宪我者声鼓，以义告我者鸣钟，以事诏者振铎，以忧闻者发磬，以狱复者挥鼗。'"

禹在位七十四年，舜始荐之天。《初学记》卷九。

案：《虞书》："三十三载乃命禹总师。"《孟子》称："舜荐禹于天，十有七年。"传与经合，《竹书纪年》所书"三十三年"是也。

禹为舜司空，支孙氏焉。《元和姓纂》卷一。

禹封夏伯，今河南阳翟是也。《史记·周本纪》正义。

案：宋衷注《世本》："禹之封国栎，今之许昌阳翟。"《左传》："郑伯突入于栎。"杜注："栎，郑别都，今河南阳翟县是也。"《地理志》云："阳翟县属颍川郡，夏禹之国。"王充《论衡》云："尧以唐侯嗣位，舜以虞地得达，禹缘夏而起，汤自商而兴，皆本[所]兴昌之地，[故以]为号，重本不忘始也。"《舆地志》云："尧封夏禹为相，邑于虹即位，徙都于阳翟，虹今宿丘县，汉为夏丘县。"《水经注》："河南阳翟县有夏亭城，夏禹始封于此，为夏国，是禹以司空受封于夏，至是改称为夏也。"

禹自安邑都晋阳，至桀徙都安邑，至周成王以封弟叔虞，是为晋侯。《史记》曰："成王与步虞戏，削桐叶为圭。曰：'以是封女。'周公请封之于唐。成王曰：'吾戏耳。'周公曰：'天子无戏言。'遂以封之。"《元和郡县志》卷四。

案：《读史方舆纪要》引云："禹封夏伯，及受禅，都平阳，或曰安邑，或又以为晋阳。"《路史》引云:"或居安邑,今陕之夏县。"

案:《汉志》云:"自平阳迁安邑后,徙晋阳。"《通典》:"并州太原,禹所都。"注云:"禹都,或为今太原,或为今平阳,或为河东安邑,或曰今河南阳翟,不一也。"

高阳生大业,大业生女华,女华妻名扶始,始生皋陶,皋陶生伯益。《路史·后纪二》注。

案:《史记》:"颛顼之裔曰女修,生子大业,大业取少典之子,曰女华,生大费,是为栢翳。"与士安说异。

咎陶生于曲阜。曲阜,偃地。故帝因之,而以赐姓曰偃。尧禅舜,命之作士。舜禅禹,禹即帝位,以咎陶最贤,荐之于天,将有禅之意。未及禅,会咎陶卒。《史记·夏本纪》正义。

案:《路史·后纪》注引《三统历》云:"皋陶,少昊四世孙。"

案:《六韬》云:"文王之史编云:编之太祖为禹占得皋陶。"《史记》:"帝禹立,而后举皋陶,荐之,且授政焉。而皋陶卒,封皋陶之后于英六,或在许,而后举益任之政。"案:《括地志》:"咎繇墓在寿州安丰县南一百三十里,故六城东,东都陂内大冢也。"《皇览》云:"皋陶冢在庐江六县。"

皋陶卒,葬之于六,禹封其少子于六,以奉祭祀。《后汉书·张衡传》注。

案:"祭"引作"其"。

案:《三统历》:"皋陶,少昊四世孙,六故城在寿州安丰县,为仲甄国。"《杂五行书》曰:"皋陶以壬辰死,不可劾罪人成罪。"《括地志》《水经注》:"渭水又西北径六安县,故城西县,故咎繇国也。夏禹封其少子,奉其祭祀,今县都陂中有大冢。民传曰:'公琴都即皋陶冢也。'楚人谓冢为琴矣。"

禹受封为夏伯,在《禹贡》豫州外方南,角亢氏之分,寿星之次,于秦汉属颍川,本韩地,今河南阳翟是也。受禅,都平阳,或在安邑,或在晋阳。于汉平阳、安邑,皆属河东。晋阳属太原,在冀州太行恒山之西,太原太岳之野,参代之分,实沉之次,于周为晋,今司隶并州之域也。相徙商丘,于周为卫,成公梦康叔曰"相夺予享"是也。少康中兴,复还旧都,故《春秋传》曰

"复禹之迹，不失旧物"是也。《世本》又言"夏后居阳城"，本在大梁之南，于战国大梁魏都，今陈留浚仪是也。案《经传》曰："夏与尧、舜，同在河北冀州之域，不在河南也。"故《五子歌》曰："惟彼陶唐，有此冀方，今失厥道，乱其纪纲，乃底灭亡。"言自禹至太康，与唐虞不易都城也。然则居阳城者，自谓禹避商均时，非都也。故《战国策》称："桀之居，左天门之险，右天溪之阳，成皋在其北，伊洛在其南。"吴起对魏武侯亦言"桀之居，左河济，右太华，伊阙在其南，羊肠在其北。"案《地理志》：上党商都，有天井关，即天门也。有羊肠坂，在太原晋阳西北九十里，为通西上郡关，即吴起之所云也。洛皆在阳城，非都审矣。《太平御览》卷百五十五。

案：《初学记》引云："禹自安邑都晋阳，曾孙帝相迁帝丘，子少康中兴，还乎旧都，复禹之迹也。"《路史》引云："禹自安邑徙晋阳。"又引云："或居安邑，今陕之夏县。"《太平寰宇记》引云："禹或营安邑，即虞夏之都也。"又引云："禹受禅，都平阳，迁安邑。"

案：《世本》云："禹都阳城，在大梁之南，今陈留浚仪。"《地理志》云："颍川阳城为禹都。"非也，盖濮之阳城，尧舜皆都河东北，不居河南。又案：《汉志》："禹自平阳迁安邑，后徙晋阳。"《通典》云："并州太原，禹所都。"注云："禹都或为今太原，或为今平阳，或为河东安邑，或云今河南阳翟，不一也。"

《周书·度邑》云："因有夏之居，即河南是也。"徐广之在阳城，后居阳翟。皇甫谧云都平阳，《括地志》云："自禹至太康，与唐虞皆不易都。"【景葵校理】

帝启

《连山易》曰："禹娶涂山之子，名曰攸女，生余。"《玉海》卷三十五。

帝启，一名建，一名余。德教施于四海，贵爵而尚齿，养国老于东序，养庶老于西序。在位九年，年八十余而崩。《太平御览》卷八十二。

案：《竹书纪年》："帝启名会。"《连山易》云："启名余。"又案：启名建，亦见士安《三统历》。《路史》："启在位十有六岁，年九十一。"《竹书纪年》："启立二十九，年九十八。"又案：禹年三十而娶，行十月而生启。《三统历》云："启寿九十，在位十六年。"又，"十六年在父朝，六十年在虞朝，生当舜摄之二十一年"。与娶涂之年合。

启升后十年，舞《九韶》。《太平御览》卷八十二。

案：《山海经》："夏后启上三嫔于天，得《九辩》《九歌》以下，始歌《九招》于大穆之野。此大穆之野，高二千仞，启焉始得歌。"《竹书纪年》："帝启十年，帝巡狩，舞《九韶》于大穆之野。"《楚辞·天问》曰："启棘宾商《九辩》《九歌》。"

三十五年，征西河。《太平御览》卷八十二。

案：《竹书纪年》："启十一年，放王季子武观于西河。十五年，武观以西河叛，彭伯寿帅师征西河，武观来归。"武观即五观也，实一人。《孔疏》云："河在冀州之西，故谓之西河，时夏启都冀，则观在西河也。"《楚辞》王逸注："《九辩》《九歌》，启所作乐也，言启能修明禹业，陈列宫、商之音，备其礼乐也。"《竹书纪年》："夏后启九年舞《九招》。"《归藏易》："昔彼九冥，是与帝辩同宫之序，是为《九歌》。"《归藏·郑母经》云："夏后启筮，御飞龙升于天。"

甘亭在鄠县南，夏启伐扈，大战于甘。《后汉书·郡国志一》注。

案：《世本》云："有扈、夏同姓，或曰启之庶兄。以尧、舜传贤，禹独与子，故伐启。"《淮南子》云："有扈氏为义而亡。"《史记》云："启为天子，有扈不服，启灭之。"许叔重云："扈伐启，启灭之。"《楚辞章句疏证》："禹以天下禅与益，益避启于箕山之阳，天下皆去益，而归启以为君。益卒不得立，有扈氏叛，启率六师伐之。"《楚辞·天问》云："有扈牧竖，云何而逢？击床先出，其命何从？"注云："有扈氏本牧竖之人，因何逢遇而得为诸侯乎？启攻有扈之时，亲于其床上击而杀之。"《魏志》注霍性疏云："夏启隐神三年，而扈来享，是又未尝杀也。"又案：《庄子》云："禹伐扈。"《说苑》云："禹与有扈战，三阵而不服，修教一年而请服。"《吕氏春秋》云："相伐扈，六卿请服之。"皆非也。

有扈，夏同姓。《尚书·甘誓》正义。

案：《尚书正义》曰"孔、马、郑、王、皇甫谧皆言有扈，夏同姓"，并依《世本》之文。《国语·楚语》："观射父云：'尧有丹朱，舜有商均，夏有观扈，周有管蔡，是其恃亲而不恭也。'"

扈，至秦改为鄠。宋敏求《长安志》卷十五。

案：姚察《汉书训纂》曰："案：户、扈、鄠三字，一也，古今字不同耳。"马融云："甘，有扈氏南郊地名。"《汉书·地理志》："扶风鄠县有谷亭。"《后汉书·郡国志》有"甘亭"。

钧台在阳翟县西。《后汉书·郡国志二》注。

案：《左传》："夏后启有钧台之享。"杜预云："河南阳翟县南有钧台。"《汉书·地理志》："颍川郡阳翟。"注："孟康曰今钧台在南，师古曰阳翟，本禹所受封。"《连山易》云："夏启筮享神于大陵之上，即钧台也，钧台在阳翟。"《竹书纪年》："元年，又大飨诸侯于钧台，诸侯从帝归于冀都，大飨诸侯于璇台。"《晋书地道记》云："大陵下有钧台，彼俗谓之台陂。"又案：《归藏易》曰："昔者夏后启筮享神于晋之虚，作璇台于晋水之阳。"盖在太原也。

阳城有启母冢。《后汉书·郡国志二》注。

案：阳城有嵩高山，启母冢在嵩高山也。《汉书·武帝纪》："诏曰：'朕用事华山，至于中岳，见夏后启母石。'"应劭云："启生而母化为石。"

夏启元年甲辰，十年癸丑崩。《史记·夏本纪》集解。

案：此所引与《太平御览》引"在位九年，年八十余而崩"不同。

案：《通鉴前编》"九岁王崩，子太康践位"，与《竹书纪年》不合，惟《三统历》及《路史》俱云"在位十六年"，可取以证《竹书纪年》"十六"之说，然亦有不可通者。盖自后启元年癸亥以至太康元年癸未合二十一年，则除去"十六"，不得云"太康居丧四年"，古"九"字多与"六"字混，则所云"十六"当是"十九"之讹，然士安之说与诸人异，不知何本。

太康

太康无道，在位二十九年，失政而崩。《太平御览》卷八十二、《路史·后纪十三》注。

案：孔安国《尚书传》："太康畋于洛表，为羿所拒，不得入国，遂废之。"《竹书纪年》："帝太康元年癸未，帝即位，居斟鄩。畋于洛表，羿入居斟鄩四年，帝陟。"《楚辞》："夏康娱以自纵兮，不顾难以图后。"王逸注："夏王太康不遵禹启之乐而更作淫声，放纵情欲以自娱乐，不顾患难，不顾后世，卒以失国。兄弟五人皆居于闾巷。"《路史》云："太康在位十九岁失政，又十岁而崩。"《通鉴前编》因之。又案：《三统历》云："在位十二年。"《古今刀剑录》云："太康二十九年岁次辛卯春铸一剑，上有八方，面长三尺一寸，头方是陶氏。"用士安说也。刘恕《通鉴外纪》亦从之。

仲康

仲康，太康之弟，羿立之。《太平寰宇记》卷三。

案：孔安国《书传》："羿立仲康。"《古史考》亦云，是士安从古文说也。《竹书纪年》："帝仲康元年己丑，即为居斟鄩。五年秋九月庚戌朔日有食之，命胤侯帅师征羲和。六年锡昆吾，命作伯。七年陟。世子相出居商丘，依邳侯。"又案：《三统历》："仲康立二十八（一作六）年。"《通鉴外纪》云"十三"，《路史》云"十有八岁"。

太康失国，兄弟五人须于洛汭，号五观也。《史记·夏本纪》索隐。

澍据《史记索隐》引《帝王世纪》"号五观也"句，补十二字。郦道元《水经注》云："淇水又北径顿丘县故城西。"《古文尚书》以为观地矣。盖太康弟五君之君，号五观者也。《国语》有"五观"，谓之"奸五观"，盖其名也。所处之邑，其名曰观汲郡。《古本竹书纪年》："帝启十五年，五观以西河叛，彭伯寿帅师征西河，五观来归。"是五观始叛而终服也。《郡国志》："东郡卫公国，本观故国。"【景葵校理】

帝相

帝相，一名相安。自太康已来，夏道凌迟，为羿所逼，乃徙商丘，依同姓诸侯斟灌氏、斟鄩氏，羿遂袭帝号，为羿帝。《太平御览》卷八十三。

案：《北堂书钞》引云："夏帝相为羿所篡，徙于商丘。"

案:《竹书纪年》:"帝相元年戊戌,帝即位,居商丘,征畎夷。二年,征风夷、黄夷。七年,于夷来宾。"《汲冢古文》云:"九年相居于斟灌,盖被逐之,后居于商丘,依二国以为援。"《古琴疏》曰:"帝相元年,条谷贡桐、芍药,帝命羿植桐于云和,命武罗伯植芍药于后苑。武罗伯谏曰:帝方崇厥德,怪草奇木,惧迁厥嗜,宜食驾车之善马。帝不从。于是作谊谏,羿乃伐桐为琴以进帝,善之名曰条谷。帝稍移于音乐,不听政事,为羿所逐,居于商丘。援琴作源水之歌,歌曰:涓涓源水,不壅不塞,毂既破碎,庸大其辐,事以败矣。乃重太息。"又案:马总《意林》、虞世南《北堂书钞》皆云:"羿杀后相。"《路史》云:"二十有二岁,猗豨灭二斟而杀帝,寒浞自立。"《三统历》云:"相羿二十八年。"

夏帝相为羿所逐,相乃都商丘,依同姓诸侯斟灌、斟鄩氏。《汉书·桓帝纪》注。

案:《竹书纪年》注引云:"夏相徙商丘,依同姓之诸侯斟灌、斟鄩氏。"

案:应劭曰:"寿光有灌亭。"杜预曰:"在县东南,斟灌国也。"《地理志》:"北海有斟县,京相璠曰故斟鄩国,禹后西北去灌亭九十。"薛瓒《汉书集注》案:"后郡古文相居斟灌,东郡灌是也。"斟鄩在河南,非平寿也。

有穷后羿

羿有穷氏,未闻其姓,其先帝喾。以世掌射故,以是加赐以弓矢,封之于鉏,为帝司射。历唐及虞、夏,至羿,学射如吉甫,其辞佐长,故亦以善射闻。与吴贺北游,使羿射雀左目,羿引弓射之,误中右目,羿俯首而愧,终身不忘。故羿善射,至今称之。及有夏之衰,羿自鉏迁于穷石。因夏民之不附以代夏政,逼篡帝位,故号有穷氏。《太平御览》卷八十二。

案:"其姓",《史记正义》引"羿"上有"防"字,"其姓"作"何姓"。又引:"帝喾以上,世掌射正,至喾赐以彤弓素矢。"

案:贾逵曰:"羿之先祖为先王射官,帝喾时有羿,尧时亦有羿,羿是善射之号,此羿夏时诸侯有穷之君也。"《史记正义》引《晋地道记》云:"河南有穷谷,盖本有穷氏所迁也,左臂修而善射。"见《随巢子》《淮南子》。

帝羿有穷氏，未闻其先何姓，帝喾以上世掌射正，至喾赐以彤弓素矢，封之于鉏，为帝司射，历虞、夏。羿学射于吉甫，其臂长，故以善射闻。及夏之衰，自鉏迁于穷石，因夏民以代夏政。帝相徙于商丘，依同姓诸侯斟寻。羿恃其善射，不修民事，淫于田兽，弃其良臣武罗、伯姻、熊髡、龙圉而信寒浞。寒浞，伯明氏之谗子，伯明后以谗弃之，而羿以为己相。寒浞杀羿于桃梧，而烹之以食其子。其子不忍食之，死于穷门。浞遂代夏，立为帝。寒浞袭有穷之号，因羿之室，生浇及豷。浇多力，能陆地行舟。使浇帅师灭斟灌、斟寻，杀夏帝相。封浇于过，封豷于戈。恃其诈力，不恤民事。初，浇之杀帝相也，妃有仍氏女曰后缗，归有仍，生少康。初，夏之遗臣曰靡，事羿，羿死，逃于有鬲氏，收斟寻二国余烬，杀寒浞，立少康，灭浇于过。后杼灭豷于戈，有穷遂亡。《史记·夏本纪》正义。

案：《北堂书钞》引云："夏帝相为羿所篡，徙于商丘。"

案：《竹书纪年》："帝相八年寒浞杀羿，至二十八年，帝相被弑。"羿死二十一年矣，而伯靡始奔有鬲，岂因羿死而始奔乎？亦安见其为夏臣事羿者？《史记索隐》云"帝相自被篡弑"，中间经羿浞二氏，盖三数十年。而《禹本纪》总不言之，直云"帝相崩，子少康立"，疏略之甚。张守节云："帝相被篡，历羿、浞二世四十年。"而《河图括地象》云："羿五岁，父母与之入山，处之木下，以待蝉鸣。还欲取之，而群蝉俱鸣，遂捐而去。羿为山间所养，年二十习于弓矢，仰天叹曰：'我将射四方，矢至吾门止。'因捍即射矢靡地，纤草径至羿之门乃随矢去。"

《左传》云："帝羿夷。"杜预注："夷羿，姓也。"士安云不知其姓，盖阙如之义。罗泌则以为偃姓。《淮南子》云："羿左臂修而善射。"《吴越春秋》云："黄帝作弓，后有楚弧父以其道传之，羿以善射著。"张衡《灵宪》："嫦娥，羿妻也，窃西王不死之药服之，奔月，将往枚筮之于有黄，有黄占之曰：吉翩翩归妹，独将西行，逢天晦芒，母惊，母恐后且大昌，嫦娥遂托身于月，是为蟾蜍。"《楚辞补注》："羿因夏衰代之，为政娱乐，田猎不恤民事，信任寒浞，使为相国，浞行媚于内，施赂于外，树之诈慝，而专其权势，羿田将归，使家臣逢蒙射而弑之，贪取其家，以为妻也。羿以乱得政，身即灭亡。"《随巢子》："羿禄山，天赐玉玦于羿，遂残其身，以此为福，而至于祸。"《竹书纪年》："帝相八年，寒浞杀羿。"

　　羿与吴贺北游，贺使羿射雀，羿曰："生之乎？杀之乎？"贺曰："射其左目。"羿引弓射之，误中右目。抑首而愧，终身不忘。《文选·鲍明远拟古诗》注。

　　案：《符子》云："羿事夏王，王命射于方寸之皮、征南之的曰：'中之赏子万金，不中则削十邑。'羿援矢而色荡射之，矢逸；再之，又不中焉。王谓传弥仁曰：'斯羿也，发无不中，而今不中，何以对？'曰：'若羿者，口惧之为灾，而万金之为患也，人能遗其喜惧之私，忘万金之患，则天下无愧于羿矣。'王曰：'善，吾乃今知亡欲之道矣。'"

寒浞

　　寒浞，有穷氏，既篡羿位，复袭有穷之号。浞因羿之室，生浇及豷，多力，能陆地荡舟。浞使奡率师灭斟灌、斟鄩氏，杀夏帝相于过，灭豷于戈。恃其诈力，不恤民事。初，夏之杀帝相也，妃有仍氏女曰后缗，方娠，逃出自窦，归于有仍，生少康焉。初，夏之遗臣曰靡，事羿；羿死，逃奔有鬲氏。收斟鄩二国余烬，杀寒浞而立少康。《太平御览》卷八十二。

　　案：《竹书纪年》："二十六年，寒浞使其子浇帅师灭斟灌。二十七年浇伐斟鄩，大战于潍，覆其舟灭之。二十八年，寒浞使其子浇弑帝皇缗，归于有仍，伯靡出奔有鬲。丙寅年，夏世子少康生。乙酉年，少康自有仍奔虞。甲辰年，伯靡自鬲帅斟鄩、斟灌之师以伐浞，少康使女艾伐过，杀浇。乙巳年，伯子杼帅师灭戈，伯靡杀寒浞，少康自纶归于夏邑。"《楚辞·天问》云："浞娶纯狐，眩妻爰谋。何羿之射革而交吞揆之？"又云："何少康逐犬而颠陨厥首？"王逸注："少康因田猎逐犬袭杀浇，断其首。浞娶纯狐氏女，眩惑爱之，遂与浞谋杀羿，浞取羿妻而生浇，强梁多力，纵放其情，不忍其欲，以杀夏后相，安居无忧，日作淫乐，忘其过恶，卒为相子少康所诛，其头颅陨而坠地。"案：浇即奡也。罗长源云："羿距太康及相立，始逐之而自立八年，夏祚未绝，及寒浞杀羿而代之，盖二十余年始杀相代夏，至是又四十三年。计浞之篡，盖六十余年夏之乱向百载矣。"《三统历》云"浞四十年"，其说为近。《续汉书》："羿浞篡夏数十年泛言之。"而《通历》等云"浞二年"，《通鉴外纪》云"十二年"，晁公迈、《历代纪年》云"十年"，《纪运会图》云"三十年"，其疏甚矣。夫浞之杀羿，因其室而生浇，浇长杀相，相死，少康始生，少康复生四子，逮事而后，又诱豷灭浞以中兴，非数十年可知。《史记·夏本纪》言"相崩，子少康立"，益疏。

少康

浇杀相，后缗方娠，逃出自窦，归于有仍，生少康，为仍牧正，殊才异略，至德宏仁。忌浇能戒之，浇使臣俶求之，奔有虞为之庖正，虞思妻之以二姚而邑，诸纶有邑一，成众一旅，乃布德兆，谋抚其官职，复收夏众而用之，俾女艾谍浇、季杼诱豷，伯靡收斟鄩、斟灌二国之烬，灭浞而立少康。《白氏六帖》。

案：《史记》云："太康崩，仲康立。仲康崩，子帝相立。帝相崩，子少康立。"案：羿浞之乱，帝相被弑，夏统中绝四十年而后少康兴。史直云："相崩，少康立。"不言羿、浞，疏略之甚。

《左传正义》曰："太康失邦，及少康绍国，尚有百载，乃灭有穷也。"《竹书纪年》："少康元年丙午即帝位，诸侯来朝宾，虞公二年方夷来宾，十八年迁于原，二十一年陟。"又案：《博物志》云："汾阴古纶邑为少康邑。"罗泌云："纶，今之虞城也，方多艰之际，何得近舍虞仍而远即汾阴？"又云："在位四十有六岁，陟年八十九，子伯杼嗣。"

帝杼

帝杼，一号后杼，或曰公孙蔓。能率禹之功，夏人报祭之。在位十七年。《太平御览》卷八十二。

案：《路史》注引《帝王世纪》作"后予"，今引作"帝杼"，当是后人改之。

案："杼"即"季杼"，《国语》所谓"季杼，诱豷者是也。少康子四：伯杼、曲列、龙留、季杼。立者是季杼"。而《路史》以为伯杼所纪仍是季杼事，失之。《竹书纪年》："帝杼元年乙巳帝即位，居原，五年自原迁于老丘，八年征于东海，及三寿得一狐九尾，十七年陟。"《世本》云："季杼作甲。"宋衷云："名舆。"罗泌以季杼为无余，少康之庶子，封于会稽，为越侯，非也。《国语》云："帝杼能帅禹者，故夏后氏报焉。"《路史》作"松蔓"，皇甫氏作"公孙"，"蔓"为非。

帝芬

帝芬，一名帝槐，或曰祖武。在位二十六年。《太平御览》卷八十二。

案：《路史》引云："帝槐一曰芬，是为祖武。"《左昭二十七年》疏引《帝王世纪》作"芬"。

案："帝芬"即"帝槐"也，班固《汉书·古今人表》列芬于上下，列槐于中中，失之矣。《竹书纪年》："帝芬元年戊子帝即位，三年九夷来御，三十六年作圜土，四十四年陟。"《通鉴》云"二十六岁崩"，依《帝王世纪》为说也。《路史》云"子芒如立"，陈运衡引《帝王世纪》"二十八年"，误。

帝芒

帝芒，一名和，或曰帝芒。《太平御览》卷八十二。

案：《路史》引云："帝芒又曰和。"

案：《竹书纪年》："帝芒元年壬申，帝即位，以玄圭宾于河，十三年东狩于海，获大鱼，五十八年陟。"又案：《史记》："邹诞音芒为荒。"《史记索隐》于《汉书·古今人表》云："一作'荒'。"《左传疏证》引《帝王世纪》作"芒"也。《路史》作"芒如"，又云"十有八岁陟"。

帝泄

帝泄，一名帝世，或曰世宗，一作泄宗，在位十六年。《太平御览》卷八十二。

二十有六岁陟。《路史·后纪十三下》注。

案：《竹书纪年》："帝泄元年辛未帝即位，二十一年命畎夷、白夷、赤夷、玄夷、风夷、黄夷。二十五年陟。"又案：《三统历》云"十六年陟"，《通鉴》从之。《三统历》亦士安所作，云"十六年"，同《帝王世纪》也。《路史》所引疑误。《左传疏证》引《帝王世纪》作"帝世"，盖脱水旁耳。

帝不降

帝不降，一名帝降，或曰北成。《太平御览》卷八十二。

案："北"字，或作"江"字。

案：《三统历》作"江武"，《通鉴外纪》作"江成"，《竹书纪年》："帝不降元年己亥帝即位，六年伐九苑，五十九年逊位于帝扃。"注：二代之世内禅惟不降，实有圣德。又案：《三统历》云"五十九年陟"，《竹书纪年》云"六十九"，《帝王绍运图》云"六十三"。

帝扃

帝扃，一名帝禹，或名曰高阳，在位二十二年。《太平御览》卷八十二。

案：《路史》引《帝王世纪》云"扃"作"乔"，又引《史记》"二十有一年陟"，《太平御览》引"二十二年"，下二字误。

案：《路史》云"禹"或作"禺"，《三统历》作"禺"字之误，《三统历》云"二十有一年陟"。

芬子帝芒，芒子帝泄，泄子帝不降，不降弟帝乔，乔子帝广。《路史·后纪十三下》注。

案：《竹书纪年》："帝扃元年戊戌即位，十年帝不降陟，十八年扃陟。"《通鉴》："二十一岁崩。"

帝厪

帝厪一名顼，或曰董江，在位二十年。《太平御览》卷八十二。

案：《路史》引《帝王世纪》作"广"，一引《帝王世纪》"一曰量"。

案：《三统历》云"一曰釐，又曰董江"，"董"或作"量"。《三统历》又云："厪，一名顼。"《路史》作"颉"字，讹。《竹书纪年》："帝厪元年乙未帝即位，居西河。八年天有妖孽，十日并出，其年陟。"《通鉴》："二十一岁崩。"《帝王绍运图》云："二十二年。"《汉书·古今人表》："帝厪在孔甲后失之。"

帝孔甲

帝孔甲好方鬼神，事淫乱，夏后氏德衰，诸侯叛之。《太平御览》卷八十二。

案：《史记》："帝廑崩，立帝不降之子孔甲，是为帝孔甲。孔甲立，好方鬼神，事淫乱，夏后氏德衰，诸侯叛之。"

夏后氏孔甲田于东阳，萯山即东首阳山也，遇大风雨，迷惑入于民室。《水经·河水》注。

案：《吕氏春秋》："孔甲游萯山，天大风晦冥，急趋民舍，主人方乳。皆曰：后来不胜往，必殃。后曰以为予子，谁敢殃及？长幕动橑折斧坠中足。后曰有命以为守，为《破斧之歌》，始为东音。萯山即首阳山也，山有九名，曰历山，曰首山，曰薄山，曰襄山，曰甘枣山，曰渠猪山，曰独头山，曰陑山，曰雷首山。"《禹贡》所谓壶口，雷首至于太岳。《尚书大传》："汤放桀，升自陑，皆此也。"

案：《左传》："有刘累者，学扰龙于豢龙氏，以服事孔甲，赐之氏，曰御龙。"《列仙传》云："介登师门者，啸父弟子，能使火，为孔甲御龙，不能顺其心意，孔甲杀而埋之野外，一旦风雨迎之，山木皆焚，孔甲祠之未至而道死。"《三统历》云"在位三十一年"，《竹书纪年》同。《路史》："在位四十年。"

帝皋

帝皋，一名皋苟。《太平御览》卷八十二。

案：《路史》引《帝王世纪》作"简皋"，又引《三统历》作"皋简"，疑《太平御览》引"皋苟"，字讹。

案：《史记》："孔甲崩，子帝皋立。"《竹书纪年》作"帝昊"。《左传》："蹇叔曰殽有二陵，其南陵夏后皋之墓也。"

帝皋生发及桀。《史记·夏本纪》索隐。

案：《路史》注引《帝王世纪》云"癸为发之子"，疑误。

案：《史记索隐》曰："案《世本》，帝皋生发及履癸，一名桀。"皇甫谧同也，今据补。《史记》云："帝皋崩，子发立。发崩，子履癸立，是为桀。"与士安说不同。又案：《路史》注云："《史记》《汉书·古今人表》皆以癸为发之子，故杜预以为皋之孙，非也。"

帝发

帝发在位十三年。《路史·后纪十三下》注。

案：《史记》："帝皋崩，子帝发立。发崩，子履癸立。"《竹书纪年》："发名惠。"《三统历》作"发惠"，《路史》作"敬发"，是为后敬。

帝桀

癸为发之子。《路史·后纪十三下》注。

案：《史记》《汉书·古今人表》皆云"桀"，故士安从之。

帝桀淫虐有才，力能伸钩索铁，手能搏虎，多求美女，以充后宫，为琼室、瑶台，金柱三千，始以瓦为屋，以望云雨。大进侏儒倡优，为烂漫之乐，设奇伟之戏，纵靡靡之声，日夜与妹喜及宫女饮酒。常置妹喜于膝上。妹喜好闻裂缯之声，为发裂缯之以顺适其意。以人驾车。肉山脯林，以为酒池，一鼓而牛饮者三千余人，醉而溺水。以虎入市而视其惊。伊尹举觞造桀，谏曰："君王不听群臣之言，亡无日矣。"桀闻析然，哑然笑曰："子又妖言，天之有日，由吾之有民，日亡吾乃亡耳。"两日斗蚀，鬼呼于国，桀醉不寤。汤来伐桀，以乙卯日战于鸣条之野，桀未战而败绩。汤追至大涉，遂禽桀于焦，放之历山，乃与妹喜及诸嬖妾同舟浮海，奔于南巢之山而死。《太平御览》卷八十二。

案：《新序》作"拍然而作，哑然而笑"。《后汉书·逸民传》注引云："桀以人驾车。"《路史》注引云："桀淫乱，灾异并见，两日斗射，摄提移处，五星错行，伊洛竭，彗星出，鬼哭于国，汤伐之。"《路史》引云："禽之焦门，放之历山，乃与妹喜及嬖妾同舟浮海，奔南巢之山。"

案：《墨子》："桀为天子，生裂兕虎，指画杀人。"《淮南子》："桀之力，制觡伸钩，索铁歙金，椎移大戏，水杀鼋鼍，陆捕熊罴。"《列女传》："末喜者，美于色，薄于德，女子行丈夫心，佩剑带冠。"《荀子》云："桀惑于妹喜斟观。"
《国语》云："桀伐有施，有施人以妹喜女焉。王问云：桀伐蒙山，妹何得焉？"
《楚辞章句》注："桀征伐蒙山之国而得妹喜。"《列女传》云："伐有施得之。"
《国语》云"有施为喜姓国"，颜师古从之，非也。而《河图始开图》云"孔
甲见逢氏抱小女妹喜，说之，以为太子履癸妃"，此以桀为孔甲太子，诞之甚。
《拾遗记》云："董谒曰：'桀媚妹喜，常加于膝，以金簪贯玉螭媚之。'"《吕氏
春秋》云："伊尹奔夏，三年反报于亳，曰：'桀迷惑妹喜，好彼琬琰，不恤其
众，众志不堪，皆曰上天弗恤，夏命其卒。'汤谓尹曰：'若告我旷，夏尽如诗。'
汤与尹盟誓灭夏，诗志也。"《尚书运期授》云："白帝之治六十四世，其亡也，
枉矢参射。"《晏子》云："夏之衰也，其王桀作璇室。"《太平寰宇记》："绛县
璇台琼室，在城南门，夏桀造。"《列女传》："璇台琼室，以临云雨。"《春秋
繁露》云："桀侈宫室，广苑囿，竭山泽之材，困野兽之足，骄溢妄行。"阮籍
《乐论》："桀之末，传慕淫声，晨游达于三衢，闻之悲酸。"《史记》云："大进
倡优漫烂之乐，设奇伟戏，靡靡之音。"伏生《大传》云："《汤誓》曰：'夏人
饮酒，醉者负不醉者，相和而歌曰："盍归乎，薄薄亦大矣。"'伊尹退而闲居，
深听乐音。更曰：'觉兮较兮，去不善而就善，盍乐乎？'入告于王曰：'大命
之亡有日矣。王侗然叹，哑然曰：'天之有日，犹吾之有民，日亡吾乃亡矣。'
尹乃去夏适汤。"《新序》云："桀为酒而足以运舟，糟丘足望，七里一鼓，而牛
饮者三千人。"

桀淫乱，灾异并见。两日斗射，摄提移处，五星错行，伊洛竭，彗星出，
鬼哭于国，汤伐之。《路史·后纪十三下》注。

左师曹触龙谄谀不正，贤良郁怨。《路史·后纪十三下》注。

案：《说苑》："孔子对哀公曰：'桀不修禹之道，毁坏辟法，绝裂世祀，荒
淫于乐，沉酗于酒。其臣太师触龙者谄谀不正，汤诛桀，触龙者身死，四肢不
同，檀墦而尽。'"韩婴、荀况谓触龙事纣，误矣。

桀为肉山脯林，豹獭为池，使可运舟。《太平御览》卷五十七。

案：《新序》云："桀为酒池，足以运舟。糟丘足望，七里一鼓，而牛饮者
三千人。"

雀山之地，一夕为大泽，而深九尺。《太平御览》卷七十二。

案：《竹书纪年》："瞿山崩，聆坠灾。疑雀山当为瞿山也。"《博物志》云："川为陵，山复于下。"太公《金匮》云："桀时，有岑山之水，常以十月发。民凿山穿陵通河，民谏曰：是泄天气，发地藏，天子失之子道，后必有败。桀以为妖言，杀之。期年，一旦岑山崩为大泽，水深九尺，山覆于谷，上反居下，耆老谏而杀之。"《六韬》作"瞿山"，《古今五行记》云："夏末年，瞿山地，一夕为大泽，深九尺，九年，汤放之。"

桀召汤而囚之夏台，地在阳翟。《史记·夏本纪》索隐。

案：《史记》云："囚之夏台，夏台即钧台。"《金匮》云："桀怒汤，以谏臣赵梁计，召而囚之钧台，置之重泉。"《地理志》："重泉在冯翊。"《楚辞·天问》曰："汤出重泉，夫何罪尤？不胜心伐，帝谁使挑之？"朱子亦以重泉在冯翊也。

桀以人驾车。《后汉书·逸民传》注。

案：《通典》："夏氏末代制辇。"傅玄曰："夏名辇曰余车。"《通典》又云："殷曰胡奴车，周曰辎车。"司马法曰："夏后余车二十人而辇，殷胡奴十八人而辇，周辎十五人而辇。"

桀见《箓书》云"亡夏者桀"，于是大诛豪杰。《路史·后纪十三下》注。

在位以来，回禄信于聆隧，百川沸，伊洛竭，泰山走，三日泣。宫中女子化为龙，俄而复为妇人，甚丽而食人，桀命为蛟妾。《太平御览》卷九百三十。

桀败于鸣条之野。案《孟子》"舜卒鸣条，乃在东夷之地"，或言陈留平丘，今有鸣条亭，在安邑之西。《太平御览》卷百九十四。

禽之焦门，放之历山，乃以妹喜及嬖妾同舟浮海，奔南巢之山。《路史·后纪十三下》注。

案：《淮南子》云："汤革车三百乘，困之鸣条，禽之焦门。"《吕氏春秋》云："戊子战于郕，遂禽移大戏，登自鸣条，乃入巢门，遂有夏。"

《孟子》："桀卒于鸣条，乃在东夷之地。"或言陈留平丘，今有鸣条亭也。惟孔安国注《尚书》云："鸣条在安邑西。"考三说之验，孔为近之。《后汉书·逸民传》注。

案：《三统历》"桀在位五十二"，或云五十三，或云十二年，非也。《路史》："桀立四十有三岁，而放三年，死于亭山。"乐彦引《括地图》云："桀放三年死，子淳维妻桀之众妾，居北野，谓之匈奴，盖即獯鬻。"

自禹至桀并数有穷，凡十九王，合四百三十二年。禹一，启二，太康三，仲康四，相五，羿六，寒浞七，少康八，杼九，槐十，芒十一，泄十二，降十三，扃十四，廑十五，孔甲十六，皇十七，发十八，桀十九。《初学记》卷九。

案：《竹书纪年》并穷、寒四百七十二年，《三五历》云"十七主通羿、浞，四百三十二年"，与士安说合。《六韬》云："禹之德流三十一世，至桀为无道。汤得伊尹，一举而放之。"非也。《路史》云："十七世，凡四百八十有三岁。"《左传》："卫彪傒云：孔甲乱夏，十四世而亡。"班固云："禹后十三世孔甲好鬼神。""孔甲后十三世，汤伐桀。"亦误。

帝王世纪卷五

晋孝廉方正皇甫谧　纂
武威介侯　张澍　编辑

商

成汤

　　成汤一名帝乙，丰下锐上，指有胼，倨身而扬声。长九尺，臂四肘。有圣德。诸侯有不义者，汤从而征之，诛其君，吊其民，天下咸服。故东征则西夷怨，南征则北狄怨，曰："奚为而后我。"故《仲虺诰》曰："徯我后，后来其苏也。"凡二十七征，而德施于诸侯焉。及夏桀无道，汤使人哭之。桀囚汤于夏台，而后释之。诸侯由是咸叛桀附汤，同日贡职者五百国，三年而天下悉服。汤自伐桀后，大旱七年，洛川竭，使人持三足鼎祝于山川，曰："欲不节耶？使民疾耶？苞苴行耶？谗夫昌耶？宫室营耶？女谒行耶？何不雨之极也？"殷史卜曰："当以人祷。"汤曰："吾所为请雨者民也，若必以人祷，吾请自当。"遂斋戒，剪发断爪，以己为牲，祷于桑林之社。曰："惟予小子履，敢用玄牡，告于上天后土曰：万方有罪，罪在朕躬；朕躬有罪，无及万方。无以一人之不敏，使上帝、鬼神伤民之命。"言未已而大雨至，方数千里。《太平御览》卷八十三。

　　案："无道"下，一引有"罪谏者"三字。"囚汤"，一引有"使"字，非也。"贡",一作"供"。"悉",一作"咸"。《后汉书》注引云:"成汤大旱七年,斋戒,剪发断爪,以己为牺牲,祷于桑林之野,以六事自责。"《太平御览》又引《帝王世纪》云:"汤时大旱七年,雒川竭,煎沙烂石,乃使持三足鼎教祝曰:'政不节耶?使人疾耶?赂贿行耶?谗夫昌耶?宫室荣耶?女谒盛耶?何不雨之甚耶?'"

案:《晏子春秋》:"景公伐宋,师过泰山,公梦见二丈夫立而怒甚。晏子曰:'是采之先汤与伊尹也,汤质皙而长,颜以髯,兑上丰下,倨身而扬声。'公曰:'然是已,汤出重泉,夫可罪尤。'"《楚辞》注:"桀拘汤于重泉,而后出之,夫何用罪尤之不审也。"《尚书大传》:"桀无道,囚汤,后释之。诸侯入译来朝者六国。"《说苑》:"汤之时,大旱七年,雒坼川竭,煎沙烂石,于是使人持三足鼎,祝山川,教之祝曰:'政不节耶?使人疾耶?苞苴行耶?谗夫昌耶?宫室崇耶?女谒盛耶?何不雨之甚也?'"盖言未已而天大雨。案:《吕氏春秋》"汤立大旱五年",当系字误。《荀子·大略篇》亦言之。《尸子》云:"汤之救旱也,素车白马布衫,身婴白茅,以为牺牲,当此时也,弦歌鼓舞者禁之。"

殷出自帝喾,子姓也。主癸之妃曰扶都,见白气贯月,意感,以乙日生汤,故名履,字天乙,是谓成汤帝。丰下锐上,晰而有髯,倨身而扬声。长九尺,臂四肘,有圣德。诸侯不义者,汤从而征之。将伐桀,先灭韦顾昆吾,遂战于鸣条之野。桀奔于南巢之山,汤乃即天子之位。以水承金,始居亳。为天子十三年,寿百岁而崩。汤娶有莘氏女为正妃,生太子丁、外丙、仲壬。太子早卒,外丙代立。《初学记》卷九。

案:《史记正义》引云:"汤即位十三年而践天子之位,为天子十三年,年百岁而崩。"《太平御览》引云:"汤取有莘为正妃。"

主癸之妃曰扶都,见白气贯月,意感,以乙日生汤,故名履,字天乙,是谓成汤。丰下锐上,晰而有髯,倨身而扬声,长九尺,臂有四肘。《竹书纪年》卷上。

案:《太平御览》引"母扶都,见白气贯月,感生成汤","倨"一作"句"。

案:此说见《尚书中候》,又《洛书灵准听》云:"黑帝子汤长八尺一寸,或曰七尺,连臂二肘珠庭。"《金楼子》:"成汤母感狼星之精,又感黑龙而成。"又云:"丰下兑上,晰而有须,长九尺四寸,八肘。"《春秋元命苞》:"汤臂

（四一引作二）肘，是谓神刚，象月推移，以绥四方。"而《礼含文嘉》云："汤臂四肘，是谓柳翼，攘去不义，万民蕃息。"《晏子春秋》："汤长头而髯鬓。"《论衡·骨相篇》云："汤臂再肘。"

汤退居中野，老幼虚国奔之，同日重职者五百国。《路史·后纪十三下》注。

案：此说本《逸周书》。

汤思贤，梦见有人负鼎抗俎，对己而笑。寤而占曰："鼎为和味，俎者割截，天下岂有人为吾宰者哉？"初，力牧之后曰伊挚，耕于有莘之野，汤闻以币聘。有莘之君留而不进，汤乃求婚于有莘之君。有莘之君遂嫁女于汤，以挚为媵臣。至亳，乃负鼎抱俎，见汤而说之。《太平御览》卷三百九十七。

案："抗"，一作"抱"。《绎史》引"有莘之君"无下"重"四字，"脱鼎"下有"抱"字。《绎史》引无"而说之"三字。"汤"下有"也"字。《太平寰宇记》引云："伊尹居莘野，汤闻其贤，聘以为相。"《路史》注引云："为汤妻有莘氏之媵臣以见。"

案：《墨子》云："伊尹为莘氏女师仆，使为庖人，汤得而举之，立为三公。"《楚辞补注》："汤东巡狩至有莘国，以为婚姻。从有莘氏乞得伊尹，因得善吉之妃，以为内辅。"陆贾《新语》："伊尹负鼎屈于有莘之野，修道德于草庐之下，躬亲农夫之作，意怀帝王之道，身在衡门之内，志图八极之表，故释负鼎之志，为天子之佐。"而《鹖冠子》云"伊尹酒保立为世师者"，妄也。《吕氏春秋》："汤得伊尹，祓之于庙，爝以爟火，衅以牺狠。明日，设朝而见之，说汤以滋味。"《楚辞》："伊尹始仕，因缘烹鹄鸟之羹，修饰玉鼎以事于汤，汤贤之，遂以为相。"《鲁连子》："伊尹负鼎佩刀以干，汤得意，故尊宰舍。"

二十有四祀，大旱，太史卜曰："当以人祷。"汤曰："吾所为请雨者民也，若必以人祷，吾请自当。"遂斋戒，剪发，断爪，以己为牲，祷于桑林之野。以六事自责。言未已，大雨方数千里。遂作桑林之乐，名曰大濩。《艺文类聚》卷十二。

案：《太平御览》引云："汤时大旱，殷史曰：'卜当以人祷。'汤曰：'吾所为自当。'遂斋戒，剪发，断爪，以己为牲，祷于桑林之野（一作社），告于上天，已而雨大至。"案：《史记·张衡传》注引"自成汤十有八祀，至二十有四祀，俱书旱"，《竹书纪年》则云"十九年大旱"。

案：《墨子·三辩篇》："汤放桀于大沙，环天下，自立以为王，事成功立，无大后患。因先生之乐，又自作乐，命曰濩。"《吕氏春秋·古乐篇》："殷汤即位，夏为无道，暴虐万民，侵削诸侯，不用轨度，天下患之。汤于是率九州以讨桀罪，功名大成，黔首安宁，汤乃命伊尹作《大濩》。歌晨露，修九招、六列，以见其善。"据《竹书纪年》，作《大濩》乐，不书于克夏之时，而纪于得雨之后，此《帝王世纪》之所本也。盖汤乐本名《大濩》。《说文解字》云："濩，雨流霤下貌。"作"護"作"頀"，古通用耳。

汤娶有莘为正妃。《太平御览》卷三百十五。

汤天子即位，遂迁鼎于亳，至大坰而有惭德。《艺文类聚》卷十二。

案：《竹书纪年》："汤二十九年，迁九鼎于商邑。"《书序》曰："汤既黜夏命，复归于亳，作《汤诰》。"又案：汤居南亳为最先，居偃师为最后，而其居北蒙特四载耳，故于即位后又从北蒙定鼎偃师，偃师即帝喾之虚，所谓从先王居也。《路史》云"昔汤迁九鼎于亳，至大坰而有惭德"，即用《帝王世纪》为说也。"大坰"，《史记》作"泰卷陶"。

汤令未命之为士者，车不得朱轩。及有飞轸，不得乘饰车骈马，衣文绣，命然后得以顺其德。《绎史》卷十四。

案：《玉海》引作"以顺有德"。

案：《文选》引《尚书大传》云："未命为士，车不得有飞軨。注：如今窗车也。"又云："未命为士，不得朱轩。注：轩舆也，士以朱饰之轩。"又云："未命为士者，不得乘饰车。"见《考工记》引《殷转》。

汤出，见罗者。汤下车，命解其三面而置其一面，更教之祝曰："昔蛛蝥作网，今人学结。欲左者左，欲右者右，欲高者高，欲下者下。取其犯命者。"《太平御览》卷九百四十八。

案：《初学记》引云："成汤出，见罗者。汤问之曰：'尔之祝，何也？'罗者曰：'从天下者，从地出者，从四方来者，皆入吾网。'汤曰：'嘻，尽之矣。非桀其孰能为此？'乃令解其三面而置其一面。"

案:《吕氏春秋》《新序》:“汤见祝网者置四面。其祝曰:‘从天坠者,从地出者,从四方来者,皆罗吾网。’汤曰:‘嘻,尽之矣。非桀其孰能为此?’汤乃解其三面,置其一面。更教之祝曰:‘昔蛛蝥作网,今之人循序,欲左者左,欲右者右,欲高者高,欲下者下,吾取其犯命者。’汉南之国闻工曰:‘汤之德及禽兽矣。’四十国归之,人置四面,未必得鸟,汤去三面,置其一面,以网四十国,非徒网鸟也。”

夏桀无道,罪谏者。汤使人哭之,桀囚汤使于夏台,而后释之。诸侯由是咸叛桀附汤,同日贡职者五百国,三年而天下咸服。《艺文类聚》卷十二。

案:《金匮》云:“桀怒汤,以谀臣赵梁计,召而囚之均台,置之重泉。嫌于死,汤乃行赂。桀遂释之,而赏之赞茅。”《尚书中候》云:“桀杀关龙逢,汤使人哭之,桀怒,囚汤于夏台,已而得释。”今据《竹书纪年》杀龙逢在癸之十年,则汤之囚,非以此矣。《竹书纪年》云:“帝癸二十三年释商侯,履诸侯,遂宾于商。”《尚书大传》云:“桀无道,囚汤,后释之,诸侯入译来朝者六国。汉南诸侯闻之,归之四十国。”

桀囚汤于夏台,地在阳翟。《史记·夏本纪》索隐。

汤时,有人牵白狼衔钩入殷朝,乃东观沉璧于洛,获黄鱼黑玉之瑞,于是始受命称王。《初学记》卷六。

案:“人”,一作“神”。

案:《田俅子》云:“成汤都亳,有神手牵白狼,口衔金钩,而入汤庭。”《璇玑钤》云:“汤受金符。”《帝箓》:“白狼衔环入殷朝。”《尚书中候》:“汤牵白狼,握禹。”《礼纬稽命征》:“天命以白,故殷有白狼衔钩。”《尚书中候》:“天乙在亳,诸邻国襁负归德,东观乎洛,降三分璧,黄龙双跃出济于坛,化为黑玉赤勒白玄精,天乙受神福。伐桀克。三年,天下悉合。”《宋书·符瑞志》云:“汤东至于洛,观帝尧之坛,沉璧退立,黄鱼双踊,黑乌随之止于坛,化为黑玉。又有黑龟并赤文成字,言夏桀无道,汤当代之。”

奇肱民能为飞车,从风远行。汤时西风吹至豫州,汤破其车,不以示民。十年,东风至,汤复作车,遣赐之,去玉门四万里。《事类赋注》卷二。

案:"奇肱"事,张华《博物志》言之。

汤即位十七年而践天子之位,为天子十三年,年百岁而崩。《史记·殷本纪》集解。

案:《史记索隐》引"十三年"作"三十年"。

案:孔安国《尚书传》曰:"桐,汤葬地。"杜预曰:"蒙县西北有亳城,中有汤冢。"《皇览》曰:"汤冢在济阴,亳县北东郭去州三里。"《括地志》:"洛州偃师县东六里有汤冢,近桐宫。"《逸周书》:"殷祝解汤,放桀,而复薄三千诸侯大会。汤退,再拜,从诸侯之位。汤曰:'此天子位,有道者可以处之,天下非一家之有也,有道者之有也。故天下者,惟有道者理之,唯有道者纪之,唯有道者宜久处之。'汤以此让三千诸侯,莫敢即位,然后汤即天子之位。"

伊尹,力牧之后,生于空桑。《史记·殷本纪》索隐。

案:《太平寰宇记》引云:"伊尹生于空桑。"

案:《孙子兵书》:"伊尹名挚。"《古文琐语》云:"齐景公伐宋至曲陵,梦见有短丈夫宾于前。晏子曰:'君所梦者何如哉?'公曰:'其宾者甚短,大上下小,其言甚怒,好俏。'晏子曰:'如是则伊尹也,伊尹甚大上下小,赤色而髯,其言好俏而下声。'公曰:'是矣。'"《荀子》:"伊尹之状,面无须。"《宋书·符瑞志》:"伊挚将应汤令,梦乘舟过日月之旁。"《吕氏春秋》云:"有侁氏女子采桑得婴儿于空桑之中,献之其君,令烰人养之,察其所以然。曰其母居伊水之上,孕梦有神告曰:'白出水而东走,毋顾。'明日,视白出水,告其邻。东走十里,而顾其邑,尽为水,身因化为空桑,故命之曰伊尹。此伊尹生空桑之故也。"

伊挚丰下锐上,色黑而短,偻身而下声,年七十而不遇。汤闻其贤,设朝礼而见之。挚乃说汤,至于王道。《后汉书·冯衍传》注。

案:冯衍《显志赋》云:"昔伊尹之于汤,号七十说而乃信。"

白马县南有韦城,故豕韦国也。《史记·曹相国世家》正义。

案:《竹书纪年》:"帝癸二十八年,商会诸侯于景亳,遂征韦商师取韦。"

《郑语》："彭姓，豕韦则商灭之是也。"《续汉书·郡国志》："白马县有韦城。"又案：白马即滑县，有白马津，在黎阳也。戴延之《西征记》云："白马城在卫之漕邑。"《路史·国都记》云："豕韦氏，彭姓之国，祝融后。陆终第五子曰翦，封于彭。"《世本》云："豕韦，防姓。"

河东安邑县有昆吾亭。《后汉书·郡国志一》注。

案：《竹书纪年》："帝癸二十八年，昆吾氏伐商，盖为桀而伐商也。三十年商师取昆吾，东郡濮阳是昆吾国。昆吾，己姓。"颜师古以为姒姓，非也。《太平寰宇记》"昆吾亭在解之安邑"，是用士安说。盖汤伐桀之时，昆吾以兵助桀，同时而灭，故有亭右面国于此也。

殷时，仙女名昌容，隔玉见骨。《太平御览》卷三百七十五。

案：《列仙传》："昌容，殷时女子，自称商王女，食蓬藜根，往来上下，见之者二百余年，颜色如二十许人，能致紫草卖与染家得钱，以遗孤寡。"《女仙传》："常行日中，不见其影。或云昌容能炼骨也。"

汤来伐桀，以乙卯日战于鸣条之野，桀未战而败绩，汤追至于大涉，遂禽桀于焦，放之历山，乃与妹喜及诸嬖妾同舟浮海（一作江），奔南巢之山而死。《太平御览》卷八十二。

案：《列女传》同《艺文类聚》引云："汤败桀于历山，与妹喜众妾同舟浮江，奔南巢之山而死。"

案：《尸子》云："革车三百乘，伐之南巢，放之历山，收之夏宫。"《淮南子》云："革车三百乘，困之鸣条，禽之焦门。"《吕氏春秋》云："汤良车七十乘，必死六千人，以戊子战于郕，遂禽[推]移大牺，登自鸣条，乃入巢门，遂有夏。桀既奔赴，于是行大仁慈，以恤黔首。"孔安国《尚书传》云："伐桀升陑，出其不意。"《竹书纪年》："成汤二十年，桀死于亭山，禁弦歌舞，即今焦湖中之山也。"而吕不韦言："未接刃而桀走，逐之至大沙，身体离散，为天下戮。"直以汤为杀桀者，谬甚。又案：《周书》："戊子战桀于郕。"《左传》："桀与昆吾同以乙卯日亡。昭公十八年二月乙卯，毛得杀毛伯，苌弘曰：'此昆吾稔之日也。'"则非戊子。士安作乙卯，是。《吕氏春秋》云："商涸旱，犹发师以申尹之盟，故合师自东方，出国西以进，未接刃而桀走，逐之至大沙。"《山海经·大荒西经》云："成汤伐夏桀于章山，克之。注：章山，名大沙。"《墨子》云："汤放桀于大沙。"

商契始封于商，在《禹贡》太华之阳，上洛商是也。《世本》云："契居蕃，相土徙商丘。"本颛顼之墟，故陶唐氏之火正阏伯之所居也。故《春秋传》曰："阏伯居商丘，祀大火，相因之，故商主大火。谓之辰，故辰为商星。"今濮阳是也。然则契之所封商丘，商洛是也。商土，于周为卫商是也。而学者以商丘为契封，谬也。汤始居亳，学者咸以亳本帝喾之墟，在《禹贡》豫州洛河之间，今河南偃师西二十里尸乡之阳亭是也。以经考之事实，甚失其正。《孟子》称："汤居亳，与葛为邻。"案《地理志》："葛，今梁国宁陵之葛乡是也。"汤地七十里，葛又伯耳，封域有制；葛伯不祀，汤使亳众为之耕，有童子饷食，葛伯夺而杀之。计宁陵至偃师八百里，而使亳众为之耕，有童子饷食，非其理也。今梁自有二亳，南亳在谷熟，北亳在蒙，非偃师也。故古文《仲虺之诰》曰："乃葛伯仇饷，初征自葛。"即《孟子》之言是也。汤又盟诸侯于景亳，然则二亳皆在梁矣，《春秋》"会于亳"是也。太甲既立，不明，伊尹放诸桐。《世本》又言"太甲徙上司马，在邺西南"。案《诗》《书》太甲无迁都之文，桐宫其在斯乎！仲丁徙嚣，或曰今河南之敖仓是也，故《书序》曰："仲丁徙于嚣。"河亶甲徙相，在河北，故《书序》曰"河亶甲居相"是也。祖乙徙耿，为河所毁，故《书序》曰"祖乙圮于耿"，今河东有耿乡是也。及盘庚立，复南居亳之殷地，故《书序》曰"将治亳殷"，今偃师是也。然则殷有三亳，二亳在梁国，一亳在河南。南亳谷熟，即汤都也；蒙为北亳，即景亳，汤所盟地；偃师为西亳，即盘庚所徙者也。故《立政篇》曰"三亳坂尹"是也。武丁徙朝歌，于周为卫，今河内县也。纣自朝歌北筑沙丘台。沙丘，《地理志》："在巨鹿东北七十里。"邯郸国，属赵，于《禹贡》在冀州大陆之野、昴毕之分，大梁之次。至今民俗歌谣"男女淫纵，犹有纣之余风，世称赵女之美"是也。《太平御览》卷百五十五。

案：《路史》注引云："契始封商，今上洛商是也。"《郡国志》注引云："偃师，帝喾所都殷，盘庚复南亳，是为西亳，尸乡在偃师县西二十里。蒙有北亳，即景亳，汤所盟处，谷熟有南亳。"《史记正义》引云："殷汤都亳，在梁，又都偃师，至盘庚徙河北，又徙偃师。"《初学记》引云："殷有三亳，二亳在梁国，一亳在河南也。"《太平寰宇记》引云："相徙商丘，本颛顼之墟，陶唐氏火正阏伯之所居。"《左传》："阏伯居商丘，祀大火，相土因之，商主大火，故辰为商星，于周为卫，卫为帝丘。"

郑国在祝融墟，黄帝之所都。《后汉书·郡国志一》注。

汤亭偃师，又曰夏，太康五弟须于洛汭，在县东北三十里。《后汉书·郡国志一》注。

安邑县西有鸣条陌，汤伐桀，战昆吾亭。《左传》："昆夷与桀同日亡。"商，契所封也。《后汉书·郡国志一》注。

案：《史记》引皇甫谧云："今上洛商是也。"谧原文当曰："契封于商，商在商洛，今上洛是也。"故《路史》引云："商在商洛，故世谓之上洛。"

案：郑玄云："商国在太华之阳。"《括地志》云："商州东八十里，商洛县本商邑，古之商国，帝喾之子契所封也。"

微，字上甲，其母以甲日生故也。商家生子，以日为名，盖自微始。《史记·殷本纪》索隐。

案：谯周曰："死称庙主曰甲。"《竹书纪年》："武丁十二年，报祀上甲微。"《白虎通》云："殷道尚质，故直以生日名，子微生报丁，报丁生报乙，报乙生报丙，报丙生主壬，主壬生主癸，主癸生天乙，是为成汤。"《鲁语》："展禽曰：'上甲微能帅契者也，商人报焉。'"

帝外丙

文阙

案：《竹书纪年》："外丙名胜，二年陟。"

案：《竹书纪年》："仲壬名庸，四年陟。"又案：《史记》："汤崩，太子太丁未立而卒，弟外丙立，三年卒。弟仲壬立，四年崩。"《书序》："成汤既没，太甲元年。无外丙、仲壬。"而士安有外丙、仲壬，是不从《书序》说也。刘歆、班固、赵岐皆有"外丙、仲壬"，是士安所本。

帝仲壬

文阙

帝太甲

太甲反位，又不怨，故更尊伊尹曰保衡，即《春秋传》所谓"伊尹放太甲，卒为明王"是也。太甲修政，殷道中兴，号曰太宗。《孔丛子》所谓"忧思三年，追悔前愆，起而即政，谓之明王"者也。一名祖甲，享国三十三年，年百岁。有离宫可居，在郏西南。《太平御览》卷八十三。

案：《史记》云："太甲修德，诸侯咸归，殷百姓以宁，伊尹嘉之，乃作《太甲训》三篇，褒帝太甲，称太宗。"《随图经》云："俗以桐乡城为伊尹放太甲于桐宫之所。"孔安国注《尚书》云："桐，汤葬地也。"《太平寰宇记》云："今尸乡有放太甲处，在偃师县界，非此也。"

郏县西南有上司马，殷太甲常居焉。《后汉书·郡国志二》注。

案：一引作"上甲"，是。偃师，帝喾所都，殷盘庚复南亳，是为西亳。《郡国志》注："尸乡在偃师县西二十里。"

案：《左传·昭公二十六年》"刘人败子朝之师于尸氏"，即此地。班固云："尸乡，故殷汤所都，故亦曰汤亭，上甲在汤前。"薛瓒《汉书》注、皇甫谧《帝王世纪》并以为非，以为帝喾都矣。

郏西南有上司马上甲之居，今汤阴有司马泊、司马郏。或云太甲孟康以郏西桐有离宫，商之墓地，谬以为太甲耳。《史记·殷本纪》集解。

帝沃丁

帝沃丁八年，伊尹卒，年百有余岁。大雾三日，沃丁葬以天子之礼，祀以太牢，亲自临丧三年，以报大德焉。《初学记》卷二。

案：《太平御览》引云："伊尹卒，大雾三日，沃丁葬以天子之礼，资之三年，以报大德。"

案：《竹书纪年》："沃丁名绚，元年命卿士咎单，八年祠保衡。"孔氏云："以三公礼葬之。"

又案：伊尹生于帝扃十年，卒于沃丁八年，共得一百有五岁。

伊尹名挚，为汤左相，号阿衡。沃丁八年，伊尹卒，年百有余岁。大雾三日，沃丁葬之以天子之礼，祀以太牢，亲临丧，以报大德。《史记·殷本纪》正义。

案：《水经注》引云："伊尹年百余岁而卒，大雾三日，沃丁葬以天子之礼，亲自临丧，以报大德焉。"

案：崔骃云："殷帝沃丁之时，伊尹卒，葬于薄。"《皇览》云"伊尹冢在济阴己氏平利乡"，亳近己氏。《括地志》云"伊尹墓在洛州偃师县西北八里"，又云"宋州楚丘县西北十五里有伊尹墓"，恐非也。

太戊

桑谷共生于朝，太戊问于伊陟。曰："臣闻妖不胜德，帝之政事有阙，帝宜修德。"太戊退而占之，曰："桑谷野木，不合生于朝，意者朝亡乎。"太戊惧，修先生之政，明养老之礼，三年而远方重译者七十六国。《尚书·咸乂序》正义。

商道复兴，庙为太宗。《太平御览》卷八十三。

案：《吕氏春秋》《韩诗》皆以桑谷记于汤时，《尚书大传》《汉书·五行志》并以为武丁时，《说苑》一以为太戊时，一以为武丁时，殆皆舛误，士安以为太戊，用《书序》说也。司马子长亦同。又案：《史记》："太戊为太甲之孙。"《三代表》云："太戊，小甲弟，则亦是沃丁弟太甲子。"《书序正义》谓《本纪》《世表》必有一误。孔传云"沃丁，太甲之子。太戊，沃丁弟之子"，然则《世表》误也。又案："太宗"，《史记》作"中宗"，是。

仲丁

仲丁徙嚣，或曰仲敖，今河南之敖仓是也。《太平御览》卷百五十五。

案：《水经注》引云："仲丁自亳徙嚣于河上者也，或曰敖矣。秦置仓于其中，故亦曰敖仓城。"《史记集解》引云"或曰敖，河南敖仓"，是。

案：《竹书纪年》"仲丁迁嚣在元年"，盖以河患。故《史记》云："仲丁迁于隞。"《书序》云："仲丁迁于嚣作仲丁是，仲丁迁嚣耳。"而《太平御览》引云"仲丁嚣，或曰仲敖，是以嚣为名也"，文有脱误。郦道元曰"济水东径敖山"，此诗所谓"薄狩于敖"者也，其山上有城，殷帝仲丁之所迁也。《史记》："中宗太戊崩，子帝仲丁立。"《竹书纪年》："仲丁名庄。"又案：自汤十八年即天子位，居西亳偃师，历十二年陟，嗣后外丙二年，仲壬四年，太甲十二年，沃丁十九年，小庚五年，小甲十七年，雍己十二年，太戊七十五年，共一百五十八年，居西亳偃师自是以河患之故迁嚣。十九年迁相，九年迁耿，一年迁庇，四十八年迁奄，二十二年为盘庚，十四年迁于北蒙，而后定。

外壬

文阙

案：《竹书纪年》："外壬名发，十年陟。"

河亶甲

河亶甲居相。《太平御览》卷百五十五、《初学记》卷二十四。

案：《竹书纪年》："河亶甲名整，自嚣迁于相，九年陟。"《书序》："河亶甲居相作河亶甲。"士安用此说。《史记》："河亶甲，外壬弟也。"《孔传》："相，地名，在河北。"《元和志》："河亶甲故城在安阳西北五里，亶甲冢在城外西北隅洹水南岸。"

祖乙

帝祖乙以乙日生，故谓之帝乙。孔子之所谓"五世之外，天之赐命疏，可同名"者也。是以祖乙不为讳，盖殷礼也。《尚书·仲丁序》正义。

案：《周易乾凿度》："孔子曰：'《易》之帝乙为成汤，《书》之帝乙六世王，名同不害以明功。'"此士安所本。《史记》："河亶甲崩，帝祖乙立，殷复兴，

巫咸任职。""咸"宜作"贤"。《竹书纪年》:"祖乙名滕,十九年陟。"《书序》
"祖乙圮于耿",作祖乙,《史记·殷本纪》"祖乙迁于邢",《史记正义》曰:"郑
玄云祖乙去相居耿,而国为水所毁,于是修德以御之,不复徙也。"

祖辛

文阙

案:《史记》:"祖乙崩,子祖辛立。"《竹书纪年》:"名旦,十四年陟。"

沃甲

文阙

案:《史记》:"帝祖辛崩,沃甲立。"《竹书纪年》:"开甲名逾,五年陟。"

祖丁

文阙

案:《史记》:"帝沃甲崩,立沃甲兄祖辛之子祖丁。"《竹书纪年》:"祖丁
名新,九年陟。"

南庚

文阙

案:《史记》:"帝祖丁崩,立沃甲之子南庚。"《竹书纪年》:"南庚名更,三
年迁于奄,六年陟。"

阳甲

文阙

案:《竹书纪年》:"阳甲名和,四年陟。"《史记》:"南庚崩,立祖丁之子
阳甲。阳甲之时,殷衰,自中丁以来废适,而更立诸弟子,弟子或争相代立者

九世乱。"《皇王大纪》曰："以其世考之，自沃丁至阳甲立弟者九世，中丁之名误也。"

盘庚

帝盘庚徙都殷，改商曰殷，又曰帝殷，今偃师是也。然则殷有三亳，二亳在梁国，一亳在河南谷熟，为南亳，即今都也。蒙为北亳，即景亳，汤所盟地。偃师为西亳，即盘庚所徙者。《太平御览》卷八十三。

案：《史记》："阳甲崩，弟盘庚立。"《竹书纪年》："盘庚名旬，十四年自奄迁于北蒙，曰殷。"

盘庚以耿在河北，迫强山川。自祖辛以来，奢淫不绝，乃度河，将徙都亳之殷地。人咨嗟相怨，不欲徙。盘庚乃作书三篇，以告谕之。今《尚书·盘庚》三篇是也。亳在偃师。《后汉书·杜笃郎颛传》注。

案："奢淫不绝"，《绎史》引云"民皆奢侈，故盘庚迁于殷"。

案：郑玄云："祖乙居耿以后，奢侈逾礼，土地迫近，山川常圮焉。至阳甲立，盘庚为之臣，乃谋徙居汤居旧都。民居耿久，奢淫成俗，故不乐徙。"王肃云："自祖乙五世至盘庚元兄阳甲，宫室奢侈，下民邑居挚隘，水泉泻卤不可以行，故徙都于殷。"士安见《古文尚书》，故其说与《书序》合。

小辛

文阙

案：《史记》："盘庚崩，弟小辛立。"《竹书纪年》："小辛名颂，三年陟。"又案：《史记》："帝盘庚崩，弟小辛立，是为帝小辛。小辛立，殷复衰，百姓思盘庚，乃作《盘庚》三篇。"《史记索隐》云："此以盘庚崩，小辛立，百姓思之，乃作《盘庚》。"由不见古文也，考士安以《盘庚》二篇为迁时告谕之作，是矣。

小乙

文阙

案:《史记》:"小辛崩,弟小乙立。"《竹书纪年》:"小乙名敛,十年陟。"

武丁

武丁即位,谅暗居凶庐。百官总己,听于冢宰,三年不言。既免丧,犹不言。群臣谏,武丁于是思建良辅。梦天赐贤人,姓傅名说,乃使百工写其像,求诸天下。见筑者胥靡,衣褐带索,执役于虞虢之间、傅岩之野,名说,登以为相。享国五十九年,年百岁。《太平御览》卷八十三。

《帝王世纪》云:"武丁梦天赐己贤人,使百工写其像,求诸天下。见筑者胥靡,衣褐于傅岩之野,是为傅说。"

案:《史记》:"帝小乙崩,子武丁立。"《竹书纪年》:"武丁名昭,元年丁未命卿士。"《熹平石经》云:"肆高宗之享国百年。"汉杜钦亦云:"高宗享百年之寿。"此士安所本也。

初高宗有贤子孝己,其母早死,高宗惑后妻之言,放之而死,天下哀之。《太平御览》卷八十三、《世说新语·言语篇》注。

案:"高宗",《世说新语》引作"武丁"。

案:《秦策》:"陈轸曰:'孝己孝其亲,天下欲以为子。'"《尸子》曰:"殷高宗之子曰孝己,有孝行事亲,一夜五起,视衣之厚薄,枕之高下也。其母早死,高宗惑后妻言,放之而死。"《竹书纪年》:"武丁二十五年,王子孝己卒于野。"

高宗梦天赐贤人,衣胥靡蒙之而来。曰:"我徒也,姓傅名说,天下得我者,其徒也哉。"武丁寤,而推之曰:"傅者,相也;说者,欢说也。天下当有傅而说民者哉?"明,以梦视百官,百官皆非也。乃使百工写其形象,求其天下。果见筑者胥靡衣褐带索,执役于虞虢之间,傅岩之野,名说。以其得之傅岩,故谓之傅说。《尚书·说命》正义。

案：《书序》云："高宗梦得说，使百工营求诸野，得诸傅岩，作《说命》三篇。"《孔传》曰："傅氏之岩在虞虢之界，通道所经有涧水坏道，常使胥靡刑人，筑护此道。说贤而隐，代胥靡筑之以供食。"《墨子》："傅说居北海之洲，圜土之下，衣褐带索，庸筑于傅岩之城，武丁得而举之，立为三公。"《拾遗记》："傅说赁为赭衣者，春于深岩以自给，梦乘云绕日而行，筮得利建侯之卦。岁余，汤以玉帛聘为阿衡也。"案：王子年以伊尹事为傅说事，舛矣。

祖庚

文阙

案：《史记》："武丁崩，子祖庚立。"《竹书纪年》："祖庚名曜，十一年陟。"

祖甲

《春秋外传》所谓"玄王勤商，十有四年，帝祖甲乱之，七世而陨"是也。《太平御览》卷八十三。

案：《史记》："帝祖庚崩，帝祖甲立，帝甲淫乱，殷复衰。"《竹书纪年》："祖甲名载，六年丁巳，三十三年陟。"又案：《书序》《无逸》称祖甲为迪哲之主，与《国语》说不同，士安据《国语》、卫彪俣说为言耳，要当以周公之言为正。

凭辛

文阙

案：《史记》作"廪辛"，《史记索隐》曰："《汉书·古今人表》及《帝王世纪》皆作'凭辛'。"又案：《史记》作"廪辛"，《史记》："帝甲崩，子廪辛立。"《竹书纪年》："凭辛名先，四年陟。"《世本》作"祖辛"。

庚丁

文阙

案：《史记》："帝廪辛崩，弟庚丁立。"《竹书纪年》："庚丁名嚣，八年陟。"

武乙

文阙

案:《史记》:"帝庚丁崩,子武乙立,殷复去亳徙河北,此即纣都朝歌也。武丁自邺南复迁于亳,至武乙则又自亳迁于朝歌。"《竹书纪年》:"武乙名瞿,三十五年大雷震死。"

文丁

文阙

案:《史记》:"武乙震死,子太丁立,不作文丁。"《帝王世纪》作"文丁",是也。《竹书纪年》:"文丁名托,十三年陟。"

帝乙

帝乙有二妃,正妃生三子,长曰微子启,中曰微仲行,小曰受。庶妃生箕子,年次启,皆贤。初,启母之生启及行也,尚为妾。及立为后,乃生辛。帝乙以启贤且长,欲以启为太子。太史据法争之,帝乙乃立辛为太子。帝乙即位三十七年。《太平御览》卷八十三。

案:《史记》以启与纣异母,郑玄称为同母,依《吕氏春秋》,士安本之。《史记》:"帝文丁崩,子帝乙立。"《竹书纪年》:"帝乙名羡,九年陟。"

太丁之世,王季伐诸戎。《通鉴前编》注。

案:《竹书纪年》:"文丁七年,季历伐,始呼之,我克之。十一年伐翳,徒之戎,获其三大夫来献捷。"

帝乙后济河北,徙朝歌,其子纣乃都焉。《史记·周本纪》正义。

案:自帝乙而后,遂名朝歌为殷矣。然《竹书纪年》则帝乙仍居盘庚之殷也。纣都朝歌,在卫州东北七十三里朝歌故城是也,本妹邑,武丁始都之。

帝辛

帝纣能倒曳九牛，抚梁易柱。有苏氏叛，纣因伐苏。苏人以美女妲己奉纣，纣大悦，赦苏而纳妲己为妃，常与沉醉于酒。所誉者贵，所憎者诛。淫纵愈甚，始作象箸。箕子为父师，叹曰："象箸不必更于土轨，必将犀玉之杯，食熊蹯豹胎。必不衣短褐，处茅屋之下。必将衣文绣之衣，游于九层之台，居于广室之中矣。"居五年，纣果造倾宫，作琼室、瑶台，饰以美玉，七年乃成。其大三里，其高千丈，其大宫百，其小宫七十三处。宫中九市，车行酒，马行炙，以百二十日为一夜。六月发民行猎于西山。居期年，天下大风雨，飘牛马，坏屋树，天火烧其宫，两日并出，或鬼哭，或山鸣。纣不惧，愈慢神，诛谏士，为长夜之饮，七日七夜，失忘历数，不知甲乙。问于左右，左右莫知。使问箕子，箕子谓其私人曰："为天下主，而一国皆失日，天下危矣。一国不知，而我其危矣。"亦乱以醉。熊蹯不熟，纣怒杀宰人。斫朝涉之胫而视其髓，刳孕妇之腹而观其胎。又杀人以食虎。诸侯或叛，妲己以罚轻，纣欲重刑，乃先为大熨斗，以火熨之。使人举，辄烂手，不能胜。纣怒，乃更为铜柱，以膏涂之，加于爇炭之上，使有罪者缘焉，足滑，跌堕火中，纣与妲己笑为乐，名曰炮烙之刑。武王乃率诸侯来伐纣，纣有亿兆夷人，起师自容间至浦水，与同恶诸侯五十国，凡七十万人，拒周于商郊之牧野。纣师皆倒戈而战。纣即位三十二年，正月甲子败绩，赴宫登鹿台，蒙宝衣玉席，自投于火而死。周武王封其子武庚为殷后。《太平御览》卷八十三。

案："必不羹"一作"必不加"，《史记》注引作"有苏氏"。又，"使人举"下有"不能胜"三字。

案：《论衡》："纣力能缩铁申钩，抚梁易柱。"《竹书纪年》："帝辛九祀，伐有苏，获妲己以归。"《列女传》："妲己嬖幸于纣，妲己之所誉贵之，妲己之所憎诛之。"《淮南子》："纣为天子，赋敛无度，戮杀无止，康乐沉湎，宫中成市，天下同志而苦之。"《新序》："纣为鹿台，七年而成，其大二里，其高千尺，临望云雨，作炮烙之刑。戮无辜，夺民力，冤暴于百姓，惨毒加于大臣，天下叛之，愿臣文王。"《韩非子》："纣为长夜之饮，惧以失日。问其左右，尽不知也。乃使问箕子，箕子谓其徒曰：'为天下主而一国皆失日，天下其危矣。一国皆不知而我独知之，吾其危矣。'辞以醉而不知。"《缠子》："纣熊蹯不熟而杀庖人。"《韩非子》："昔者纣为象箸，而箕子怖以为象箸，必不加于土铏，必将为犀玉之杯。象箸、玉杯，必不羹，菽、藿则必旄象豹胎，旄象豹胎必不衣短褐而食于茅屋之下，则锦衣九重广室高台，吾畏其卒，故怵其始。居五年，纣为肉脯，设炮烙，登糟丘，临酒池，纣遂以亡。"《水经注》："老人晨将渡水，而沉吟难济，纣问其故，左右曰：'老者髓不实，故晨寒也。'纣乃斫胫而视髓。"《金匮》："纣尝以六月猎于西土，发民逐禽，民谏曰：'今六月天务覆施地，务长养盛夏，发民逐禽而元元，县于野君践一日之苗，而民百日不食，天子失道，后必无福。'纣以为妖言诛之，数日天暴风雷，雨发屋折树。"《淮南子》："纣师起容关至于浦水，上亿有余万。"

《逸周书》："纣取天智玉琰五，环身以自焚而死。"

纣二年，纳妲己。《初学记》卷九。

案：《竹书纪年》："帝辛九年获妲己。"《通鉴前编》："纣八祀，伐有苏获妲己。"与《帝王世纪》俱不同，妲其字，己姓也。

散宜生献纣黑豹。《太平御览》卷八百九十二。

案：《六韬》云："商五拘周伯昌于羑里，太公与散宜生以金千镒，求天下珍物，以免君之罪，于是得犬戎氏，文马驳身朱鬣，目如黄金，项下鸡毛，名曰鸡，斯之乘以献商王。"《淮南子》："散宜生乃以千金求天下之珍怪，得骊虞鸡斯之乘玄玉，百工大贝百明玄豹，黄熊青豻白虎文皮千合以献于纣，因费仲而通。纣见而悦之，乃免其身，杀牛而赐。"又案：《史记》云："求有莘氏美女。"《琴操》云："历丰土，得美女二人。"

邢侯事纣，以忠谏死。《太平寰宇记》卷五十九。

澍案：《尸子》："邢侯，纣之三公也，以直谏纣，纣大怒杀之。"又案：文王、鄂侯、鬼侯为三公也，若加邢侯，则四公矣，故近人以鄂侯即邢侯，然徐广言"鄂侯"一作"邢侯"，是非邢侯也，邢侯当别一人。

纣囚文王。文王之长子曰伯邑考，质于殷，为纣御，纣烹以为羹，赐文王。曰："圣人当不食其子羹。"文王得而食之。纣曰："谁谓西伯圣者，食其子羹，尚不知也。"《史记·殷本纪》正义。

澍案:《檀弓》云"昔文王舍伯邑考而立武王",当是未遭烹时,文王已立武王为太子,非伯邑考死乃立武王也。

纣二十年,囚文王。《初学记》卷九。

案:《竹书纪年》:"纣二十三年,囚西伯于羑里。"《帝王世纪》少三年。

纣自朝歌北筑沙丘台,多取飞鸟野兽置其中。《太平寰宇记》卷五十九。

案:一引末有云:"沙丘在钜鹿东北七十里。"《地理志》:"沙丘在钜鹿东北七十里。"

案:《庄子》云:"卫灵公卒,卜葬沙丘,吉穿冢得石椁。铭曰:'不凭其子,灵公夺我里。'"即此沙丘也。

纣糟丘酒池肉林,在朝歌城西。《后汉书·郡国志一》注。

澍案:《论衡》:"纣沉湎于酒,以糟为丘,以酒为池,牛饮者三千人,为长夜之饮,忘其甲子。车行酒,骑行炙,百二十日为一日夜。"《六韬》云:"纣为酒池,回船糟丘,而牛饮者三十余人为辈。"

纣肆淫虐,王子须务为谄谀,纣深信其言,微子谏,不听。《艺文类聚》卷十二。

案:《尸子》:"鲁哀公问孔子曰:'鲁有大忘,徙而忘其妻有诸。'孔子曰:'此忘之小者也,昔商纣有臣曰王子须,务为谄谀,使其君乐。须臾之乐而忘终身之忧,弃黎老之言而用姑息之谋。'"此士安所本。

纣政弥乱,殷太史向挚载其图书而归周。《艺文类聚》卷十二。

案:《竹书纪年》:"帝辛四十七年,内史向挚出奔周。"《吕氏春秋》云:"殷内史向挚见纣之愈乱迷惑也,于是载其图法出亡之,周武王大说,以为内史。"而士安作"太史",与《淮南子·氾论训》同。然刘安以为向挚归文王,则舛错。

殷纣时六月雪,或雨赤血,鬼哭山鸣。《太平御览》卷八十三。

案：《论衡》："纣时灾异繁多，七十卜而皆凶。故祖伊曰：'格人元龟，罔敢告吉。贤者不举，大龟不兆。灾变丕至，周武受命。'"《述异记》："殷纣时大龟生毛，而兔生角，是甲兵将兴之兆。"《墨子》："纣时雨土于薄，九鼎迁止，妇妖宵出，有鬼宵吟，有女为男，天雨肉棘，生乎国道。"《竹书纪年》："女子化为丈夫，嶕山奔夷羊，见二日并出。"《六韬》："武王伐殷，得二大夫而问之：'殷将亡，亦有妖乎？'一人曰：'殷国常雨血雨灰雨石，常六月雨雪深尺余。'"

纣剖比干妻，以视其胎。《尚书·泰誓上》正义。

案：《尚书》曰"刳剔孕妇"，即谓比干妻也，盖与比干同日见杀。

九侯入女于纣，女不善淫，纣杀之，而醢九侯、鄂侯等之力而并脯之。《路史》。

案：《春秋繁露》云："刑鬼侯之女，取其环。"《吕氏春秋》："杀鬼侯，脯之，以礼诸侯于庙，鬼侯即九侯也。"《明堂位》云："脯鬼侯以享诸侯。""鄂侯"一作"邢"，音于，野王县有邢城，见徐广说。

善治宫室，大者百里，中有九市。《太平御览》卷八十三。

案：《六韬》《周书》与此文同，士安本之。

商之享国也，三十一王，是见居位者实三十王，而言三十一者，兼数太子丁也。自汤得位至纣，凡六百二十九年。成汤一，外丙二，仲壬三，太甲四，沃丁五，太庚六，小甲七，雍己八，太戊九，仲丁十，外壬十一，河亶甲十二，祖乙十三，祖辛十四，沃甲十五，祖丁十六，南庚十七，阳甲十八，盘庚十九，小辛二十，小乙二十一，武丁二十二，祖庚二十三，祖甲二十四，廪辛二十五，庚丁二十六，武乙二十七，太丁二十八，帝乙二十九，纣三十。《商书》曰："成汤既没，太甲元年。"孔安国注云："太甲，太丁子，汤孙也。太丁未立而卒，及汤没而太甲立，称元年。《谥法》：'残义损善曰纣。'败于牧野，悬首白旗。从黄帝至纣三十六世。纣二年纳妲己，二十年囚文王，三十年武王观兵于孟津。"《初学记》卷九。

案：《晋语》《汉书·律历志》皆作"三十一王"，惟《史记本纪》《竹书纪年》作"三十王"也。

案：黄帝至纣之世次不可考，依史所书，当作"四十七世"，或云"四十六世"，非也。郑环曰："《帝王世纪》自汤己未至纣戊寅，凡六百三十一年。"《竹书纪年》："汤命夏以至于受二十九王，用岁四百九十六年。"商祀不满五百，而内传曰载祀六百，当以《帝王世纪》为正。谯周亦云："殷凡三十一世，六百余年。"

帝王世纪卷六

晋孝廉方正皇甫谧　纂

武威介侯　张澍　编辑

周

后稷

后稷弃恤民勤稼，盖封地方百里，巡都天下，死于黑水之间，潢渚之野。
《太平御览》卷五十五。

案：《路史》注引云："死于黑水、潢渚之野。"

案：《山海经》："后稷死于黑水之山。"《五行书》云："后稷以癸巳日死。"

周后稷始封邰，今扶风是也。及公刘徙于豳，《诗》称"于豳斯馆"，今新
平漆之东有豳亭是也。《太平御览》卷百五十五。

案：《地理志》："古扶风栒邑有豳乡，《诗》豳国，公刘所都栒邑，故城在
三水县东北二十五里。"

周，姬姓也，文王始修政，三年而天下二分归之，入为纣三公。年十五而
生太子发。文王九十七而崩。太子发代立，是为武王。武王二年，观兵至孟津

之上。四年始伐殷，为天子。以木承水，自酆徙都镐。武王崩年九十三，太子诵代立，是为成王。《初学记》卷九。

后稷冢去中国三万里也。《山海经·大荒经》云："黑水、清水之间有广都之野，后稷葬焉。"《史记·周本纪》集解。

案：《山海经》云："后稷生于巨迹。"《列女传》云："后稷性敏而仁，简狄教之，时艺桑麻。"《文子》云："稷为大农师。"《吴越春秋》："尧聘弃，使教民，山居，随地造区，妍菅树之术。三年余，行人无饥乏之色，乃拜弃为农师，封之台。"《春秋元命苞》云："姜原游闷宫，其地扶桑。履大人迹，而生稷。"又云："苍神精感姜原而生，卦之得震，故周苍代商，苍神谓佶木王者也。"又云："稷歧颐自求，是谓好农，盖象角亢，载土食谷。"又案：《山海经》："后稷之弟曰台玺，生叔均，叔均是其父。及稷播百谷，始作耕。"又云："稷之孙曰叔均，是始作牛耕。"其参互如此。《论衡》云："姜原衣帝佶之衣，坐德帝所而妊，故怪之。"

后稷纳姞氏，生不窋。《史记·周本纪》索隐。

案：《山海经》"稷纳姞人是生，玺生叔均，是为田祖不窋"，非稷子明矣，乃夏末时人，而《帝王世纪》本《史记》，遂以不窋为稷生，非也。今庆州有不窋城，即尉李也。司马贞曰："谯周案：《国语》云'世后稷以服事虞夏，言世稷官'，是失其代数也，若不窋亲稷之子，至文王千余岁，惟十四代亦不合事情。"《史记》："不窋末年，夏后氏政衰，去稷不务，不窋失官，奔戎狄之间，不窋卒，子鞠立。鞠卒，子公刘立。"《世本》作"鞠陶"也。鞠陶生公刘，公刘生庆节，庆节生皇仆，皇仆生差弗，差弗生毁隃，毁隃生公非，公非生辟方，辟方生高圉，高圉生侯牟，侯牟生亚圉。亚圉卒，弟云都立，生叔组绀，是为祖类。祖类生诸盩，是为太公，生亶父，是为古公太王。《世本》云"公非辟方，高圉、亚圉、云都、组绀、诸盩、太公"，如是而已，而班固《汉书·古今人表》云："辟方，公非子。高圉，辟方子。"夷侯、亚圉皆高圉子，云都乃亚圉之弟，甚世显甚。故杜预《春秋释例》云："高圉仆云九世孙。"而《史记索隐》亦以辟方、侯牟为二人，斯为得之。独《史记》无辟方、侯牟、云都、诸盩。皇甫氏谯以公非、高圉、亚圉、组绀为字，盖牵于单穆公十四世之说，合二人以为一人也。

公非，字辟方。《史记·周本纪》索隐。

案：《世本》云："公非辟方。"《史记》云："毁隃卒，子公非立。"《汉书·古今人表》云："辟方，公非子；高圉，辟方子；夷侯，高圉子；云都，亚圉弟。"是士安说非也。

云都，亚圉字。《史记·周本纪》索隐。

案：《世本》云："亚圉、云都。"《史记》云："高圉卒，子亚圉立。"《汉书·古今人表》："云都，亚圉弟。"实二人非一人。

公祖，一名组绀、诸盩，字叔类，号曰太公。《史记·周本纪》索隐。

案：《世本》云："太公、组绀、诸盩三代，世表称叔类，凡四名。"《竹书纪年》："祖甲十三年，命邠侯组绀。"案：公祖祖类，《史记》文也。《汉书·古今人表》作"公祖类"，《竹书纪年》作"组绀"，《世本》作"太公、组绀、诸盩"。《国语》韦注依《汉书·古今人表》作"公祖"，宋庠《国语补音》云"本或作'公组'"，《稽古录》作"公叔祖赖"。《史记索隐》引《世表》作"叔类"，而《礼记·中庸》引《史记》作"太公叔颖"，盖组绀即公叔祖类，《史记》以为亚圉之子，误。《汉书·古今人表》"亚圉"后有"云都"，《路史》从之，以为亚圉卒，弟云都立，生叔组绀，窃疑云都是亚圉之子，不当为亚圉弟。《竹书纪年》盘庚十九年命亚圉至祖甲十三年命组绀，共一百六年，而亚圉尚有未命以前年岁，组绀尚有既命以后年岁，则以云都为亚圉之子，以组绀为云都之子，方为符合。又《路史》组绀下有诸盩，金仁山以诸盩为另一人，亦非。案：《竹书纪年》"祖甲十三年命组绀"，"武乙二十二年亶父薨"，相去只四十三年，而亶父已称古公，则其年寿必大。《六韬》谓古公百二十岁，是已安得其中另有诸盩一代耶？诸盩当为祖类之转。盖绀是其名，而盩则其字也，盩绿色，绀青赤色，与绿相似，古人取字与名相仿，则绀之字盩义正取此，又与诸组音相近，盩与类音相近，原名当是祖绀，一曰祖盩，后人讹为组绀，又讹为诸盩及祖类耳。《礼记·中庸》引《帝王世纪》作"叔颖"，则尤讹矣，其称公叔者亦犹后世季历称公季耳。《汉书·古今人表》以公祖为亚圉子，又即以公祖为名，非是。周家以亶公为古公，故以组绀为太公。一曰公祖乃子孙追崇其先世之称，非公祖即其名也。皇甫谧因谓公祖，一名组绀，诸盩字叔类，号曰太公，盖牵于《世本》《世表》及《汉书·古今人表》之说也。

古公亶父，是为太王，以修德为百姓所附，狄人攻之。以皮弊事之，不得免焉；又事之以玉帛，不得免焉；又事之以犬马，不得免焉。遂策杖而去，止于岐山之阳，邑于周地，故始改国曰周。豳人闻之曰："仁人不可失也。"东循而奔，从之者如归市焉。一年而成三千户之邑，二年而成都，三年五倍其初。王于是改戎俗，筑城郭，立宗庙，设官司，即《诗》所谓"乃召司空，乃召司徒，俾立室家""其绳则直，作庙翼翼""筑之登登，削屡冯冯"者也。周道之端，盖自此始。宋敏求《长安志》卷二。

案：《后汉·陈龟传》注引云："古公亶父，是为太王，为百姓所附，狄人攻之，事之以皮币，不能免焉。王遂杖策而去，逾梁山，止于岐山之阳，邑于周地，豳人从者，如归市。一年成邑，二年成都，三年五倍其初也。"《史记》注引云："邑于周地，故始改国曰周。"

案：《史记》云："周道之兴，自此始谓公刘也。"而士安则谓古公，与太史公异说也。

南山有王季冢。《后汉书·郡国志一》注。

案：《史记·周本纪》注引云："王季葬鄠县之南山。"

案：《吕氏春秋》云："王季葬于涡山之尾，栾水啮其墓。"《战国策》云："昔王季历葬于楚山之尾，栾水啮其墓。见棺之前，和文王曰：'嘻，先王必欲一见群臣百姓也，故使栾水见之。'于是出而为之，张朝百姓皆见之，三日而后烧葬。"

南山曰商山，又名地肺山，亦谓楚山。《太平寰宇记》卷百四十一。

案：《史记》言周公奔楚者即此山也。《季妇鼎铭》云："王在成，周王徙于楚麓。"《括地志》："终南山，一名楚山，在雍州万年县南五十里。武王墓在万年县西南三十里，周公葬楚。"当是因流言出，居依于王季、武王之墓地。

楚山，一名滫山，鄠县之南山也。盛宏之《荆州记》。

老聃，初生而发白，故号老子。《太平御览》卷三百七十三。

文王

文王昌，龙颜虎肩，身长十尺。胸有四乳。晏朝不食，以延四方之士。文王合六州之诸侯以朝纣，纣以崇侯之谗而怒，诸侯请送文王弃于程。十年正月，文王自商至程。太姒梦见商庭生棘，太子发取周庭之梓，树之于阙间，梓化为松柏柞棫。觉而惊，以告文王。文王不敢占，召太子发，命祝以币告于宗庙群神，然后占之于明堂，及发并拜吉梦，遂作《程寤》。始，文王继父为西伯，都于雍州之地。及受命，复兼梁、荆二州，化被于江汉之域。于是诸侯归附之者六州，而文王不失臣节。先是，文王梦日月之光著身，又鸑鷟鸣于岐，作武象之乐。神农氏始作五弦之琴，以其宫、商、角、徵、羽之音。历九代，至文王复增其二弦曰少宫、少商。文王嗣位五十年，即《周书》所谓“文王受命，享国五十年”是也。《太平御览》卷八十四。

案：“虎肩”，《史记正义》引作“虎眉”。《太平御览》又引云：“文王梦日月著其身。”《初学记》云：“季历之妃生文王昌，身长十尺。”

案：《逸周书·程寤解》：“文王去商在程，正月既生魄，太姒梦见商之庭产棘，小子发取周庭之梓树于阙，代为松柏械柞。寤惊，以告文王，乃召太子发占之于明堂，王及太子发并拜吉梦，受商之大命于皇天上土帝。”《尚书帝命验》云：“季历妃曰太任梦长人，感己深于豕牢而生昌，是为文王，龙颜虎肩，身长十尺，胸有四乳。”《白虎通》云：“文王四乳是谓至仁天下所归，百姓所亲。”《春秋元命苞》云：“文王四乳是谓合良，盖法酒旗布恩舒明。”又云：“文王龙颜柔肩望羊。”又云：“姬昌苍帝之精，位在房心。”《洛书灵准听》云：“苍帝姬昌日角鸟鼻，高长八尺二寸，圣智慈理。”其言尺寸与长十尺者又不同。《困学纪闻》曰：“《史记》云‘诗人道西伯盖受命之年称王，而断虞、芮之讼’，欧阳公以为妄说。刘道原曰：‘迁不见《古文尚书》，以文王受命七年而崩。’孔安国见《武成篇》，故《秦誓》传曰：‘周自虞芮质厥成，诸侯并附以为受命之年，至九年文王卒。’”刘歆《三统历》以为“九年”。

崇，夏鲧封，虞、夏、商、周皆有崇国，盖在丰、镐之间。《诗》云“既伐于崇，作邑于丰”，是虞国之地也。《史记·周本纪》正义。【景葵校理】

文王受命四年周正月丙子朔，昆夷氏侵周，一日三至国之东门，文王闭门修德而不与战。《诗·采薇》正义。

案：《诗序》："《采薇》，遣戍役也，文王之时，西有昆夷之患，北有猃狁之难，以天子之命，命将帅遣戍役以守卫中国，故歌《采薇》以遣之。"《尚书大传》云："文王伐昆夷，《采薇》为伐昆夷而作。"盖文王于帝乙之三年，承王命，命南仲伐。至是阅四十四年，而昆夷侵周，所以报南仲之役也。

文王晏朝不食，以延四方之士，是以太颠、闳夭、散宜生、南宫适之属咸至，是为四臣。文王虽在诸侯之位，袭为西伯，纣既囚文王，文王之长子曰伯邑考，质于殷，为纣御。纣以为羹，赐文王曰："圣人当不食其子羹。"文王得而食之。纣曰："谁谓西伯圣者，食其子羹，尚不知也。"《太平御览》卷八十四。

案：一引"晏朝"上有"敬老慈幼"四字。

案：《荀子》："闳夭之状，面无见肤。"《史记》："西伯善养老，太颠、闳夭、散宜生、鬻子、辛甲大夫之徒皆归之。"《尚书大传》："散宜生、闳夭、南宫适三子，俱学乎太公，太公见三子为贤人，遂酌酒切脯，约为朋友，约曰：'嗟乎，西伯贤君也。'四子遂见西伯于羑里。"又案：《墨子》："赤鸟衔圭，降周之歧，社曰天命。周文王代殷有国，泰颠来宾，河出绿图，地出乘黄，此以泰颠为国名。"亦异文王长子伯邑考为纣御。

《周书》称："文王受命九年，惟莫之春，在镐召太子发作文传。"《尚书正义》卷十一。

文王即位四十二年，岁在鹑火，文王于是更为受命之元年，年八十九也。《史记·周本纪》正义。

案：张守节曰："《易纬》云：'文王受命，改正朔，有王号于天下。'郑玄信而用之，言文王称王已改正朔布王号矣。"案：天无二日，土无二主，岂殷纣尚存而周称王哉？若文王自称王，改正朔，则是功业成矣，武王何得复云大勋未集，欲卒父业也。《礼记大传》云："牧之野，武成大事而退追王，大王亶父王、季历、文王昌。"据此文乃是追文王为王，何得文王自称王，改正朔也？是以文王受命改元为妄说，而士安为此说，盖本司马迁、郑康成之言。又案：《诗序·文王》："文王受命作周也。"《尚书大传》："文王受命一年断虞芮之讼，二年伐邘，三年伐密须，四年伐犬夷，五年伐耆，六年伐崇，七年而崩。"据《尚书大传》则受命之元年，年当九十一，与《史记·周本纪》及《史记·帝王世纪》又异。

西伯至仁，百姓襁负而至。《后汉书·陈龟传》注。

周文王徙宅于程。《诗·皇矣》正义。

案：《毛诗正义》："《周书》称'文王在程，作《程寤》《程典》'"，盖自程而迁丰也。又《逸周书·大匡解》："维周王宅程三年。"孔晁注云："程，地名，在岐周左右，后以为国初王季之子文王因焉，而遭饥馑乃徙丰焉。"《雍录》云："丰在鄠县，程在咸阳东北。"《汉书·地理志》"安陵隶扶风"，阚骃云"古程"，是。

文王居程，徙都丰，故此加为上程。《后汉书·郡国志一》注。

案：《寰宇记》引云"文王徙居于程"，"居"一引作"宅"。

案：《诗》云："既伐于崇，作邑于丰。"郑笺："丰邑在丰水之西。"《周书》云："惟王季宅于程。"《孟子》云"文王卒于毕郢"，即此地。《汉书·地理志》："安陵故邑，周之程邑，洛阳有上程聚，程伯休父之国也。"

文王徙都丰，季秋之月甲子，赤雀衔丹书入丰，止于文王之户，言天命归周之意。先是，文王梦日月之光著身。《太平御览》卷三百九十八。

文王曰："吾欲用兵，孰可？"太公曰："密须氏疑于我，我可先伐之。"管叔曰："不可。其君，天下之明君，伐之不义。"太公曰："臣闻先王之伐也，伐逆不伐顺，伐险不伐易。"文王曰："善。"遂伐密须氏，灭之。《诗·皇矣》正义。

案：此《说苑·指武篇》之文，而士安本之。

密人自缚其君而归文王。《诗·皇矣》正义。

案：《竹书纪年》："帝辛三十一年，密人侵阮，西伯帅师伐密。三十三年，密人降于周师，遂迁于程。"

阮、徂、共为密人之党，故文王伐之。《诗·皇矣》正义。

案：《毛传》以阮、共、旅为国名，而徂为往，郑以莒、阮、徂、共为四国名，而徂旅为徂国之旅，盖郑说出《鲁诗》，而士安从郑氏也。又案：太史公言文王征伐之国无所谓徂者，则徂非国名，审矣。

纪，周文王妃，国姜姓。《路史·国名纪甲》注。

召公为文王庶子。《诗·甘棠》正义。

案：召公名奭，一作名奭，《史篇》名"丑"。《路史》云"名愿"，《风俗通》谓"召公寿百九十余"。《论衡·气寿篇》："召公，周公之兄也，至康王之时，尚为太保，出入百有余岁矣。"又云："召公百八十。"《公羊传》："召公，文王之分子也。"

虢有三焉，周兴，封虢仲于西虢，此其地也。封虢叔于东虢，即成皋也，今陕郡平陆县是北虢，此谓三虢焉。《太平御览》卷百五十九。

案：《太平寰宇记》引云："故虢有三焉，周兴，封虢仲于西虢，封虢叔于东虢，今成皋也，今陕郡平陆县是北虢也，此谓三虢焉。"

案：《左传·僖公五年》："晋国上阳。"杜预注："上阳，虢国都，在弘农陕县东南。"《汉书·地理志》："陕县，故虢国，北虢在大阳，东虢在荥阳，西虢在雍州。"【景葵校理】

文王葬毕。《括地志》卷一。

案：《汉书·刘向传》："文、武、周公，葬于毕。"臣瓒曰："《汲郡古文》'毕西于丰三十里'"，师古非之，曰："毕阪在长安西北四十里也。"《通典》曰："文王葬毕，初王季都之，后毕公高封焉。"《后汉·苏竟传》："武王上祭于毕。"注以为古无墓祭，此盖上祭于毕星耳。若然，文王初禴于毕，亦可谓上禴于毕星乎，知不然矣。

武王

武王自盟津还，反于周，见喝人。王自左拥而右扇之。四年，起师至鲔水。甲子，至于商郊牧野，王袜系解，五人侍于前，莫肯为王系袜，皆曰："臣所以事君王，非为系袜也。"王乃释旄而系之。与纣战，纣师败绩，擒费仲、恶来。纣赴于京，自燔于宣室而死。乃以大旗麾诸侯入殷都。百姓咸行于郊。王使告曰："上天降休。"商人皆拜，王亦答拜。以兵人造纣及妲己，王亲射，射之三发，然后下车以剑击之。周公为司徒，使以黄钺斩纣头。召公为司空，又使以玄钺斩妲己。明日，天雨。王命除道修社，入商宫，朝成汤之庙。登堂见美玉，入室见美女，王皆取而归之诸侯。天下闻之，以廉于财色矣。置旌于商容之闾，释箕子之囚，散鹿台之财，发钜桥之粟，以赈贫民。命南宫括、伯达、史佚迁九鼎于洛邑，命闳夭封比干之墓。殷民咸喜。十年冬，王崩于镐，殡于岐。时年九十三岁矣。太子诵立，是为成王。《太平御览》卷八十四。

案：《史记集解》引云："武王在位六年崩。"《后汉书》注引云："纣作倾宫，多采美女以充之，武王伐殷，乃归倾宫之女于诸侯矣。"

案：《白虎通》云："武王望羊，是谓摄扬，盱目陈兵，天下富昌。"《春秋元命苞》云："武王骈齿，是谓刚强，取象参房，遂命诛害，以从天心。"《乐纬稽耀嘉》云："武王承命，兴师诛于商，万国咸喜，军渡孟津，前歌后舞，克殷之后，民乃大安，家给人足，酌酒郁摇。"《鬻子》："武王率兵车以伐纣，纣虎旅百万，陈于商郊，起自黄鸟，至于赤斧，三军之士靡不失色，武王乃命太公把白旄以麾之，纣军反走。"《周书》："周车三百五十乘，陈于牧野，帝辛从。武王使尚父与伯夫致师王，既以虎贲戎车驰商师，商师大败，商辛奔内登于廪台之上，屏遮而自燔于火，武王乃手太白以麾诸侯，诸侯毕拜，遂揖之商，庶百姓咸俟于郊。群宾咸进曰上天降休，再拜稽首，武王答拜，先入，适王所乃克，射之三发，而后下车而击之，以轻吕斩之，以黄钺折悬诸太白，适二女之所，乃既缢，王又射之三发，乃右击之，以轻吕斩之，以玄钺悬诸小白，乃出场于厥军。及期，百夫荷素质之旗于王前，叔振铎奏拜假，又陈常车，周公把大钺，召公把小钺，以夹王。泰颠、闳夭皆执轻吕以奏王，王入即位于社，太卒之左，群臣毕从毛伯。卫叔传礼，召公奭赞采，师尚父牵牲。尹逸筴曰：'殷末孙受，德迷先成汤之明，侮灭神祇不祀，昏暴商邑百姓，其彰显闻于昊天上帝。'周公再拜稽首，乃出。"《吕氏春秋》："武王至殷郊，系堕。五人御于前，莫肯为之系，曰：'吾所以事君者，非系也。'武王左释白羽，右释黄钺，勉而自为系。孔子闻之曰：'此五人者之所以为王者佐也，不肖主之所弗安也。'"《周书》："乃命召公释箕子之囚，命毕，公卫叔出百姓之囚，乃命南宫忽振鹿台之财，巨桥之粟，乃命南宫伯达、史佚迁九鼎三巫，乃命闳夭封比干之墓。"《淮南子》云："柴箕子之门。"《吕氏春秋》云："靖箕子之宫。"

武王命召公释箕子之囚，赐贝千朋。《艺文类聚》卷十二。

案：《逸周书》云："命召公释箕子之囚。"

武王纳太公之女，曰邑姜，修教于内，生太子诵。《太平御览》卷百三十五。

案：贾谊《新书》："周后妃妊成王于身，立而不跛，坐而不差，笑而不喧，独处而不倨，虽怒而不詈，胎教之谓也。成王生，仁者养之，孝者襁之，四贤傍之。成王有知，而选太公为师，周公为傅。前有与计，而后有与虑也。是以封于泰山，而禅于梁父，朝诸侯，一天下。由是观之，立左右不可不练也。"

武王五男二女，元女妻胡公。《诗·何彼秾矣》正义。

案：虞阏父为周陶正，武王以元女太姬配其子胡公满，见《左传》。

武王四年，起师而东，遂率戎车至鲔水，甲子至于商郊。《初学记》卷九。

商容及殷民观周军之入。见毕公至，殷民曰："是吾新君也。"容曰："非也，视其为人，严乎将有急色，故君子临事而惧。"见太公至，民曰："是吾新君也。"容曰："非也，视其为人，虎据而鹰趾，当敌将众，威怒自倍，见利即前，不顾其后，故君子临众，果于进退。"见周公至，民曰："是吾新君也。"容曰："非也，视其为人，忻忻休休，志在除贼，是非天子，则周之相国也，故圣人临众知之。"见武王至，民曰："是吾新君也。"容曰："然，圣人为海内讨恶，见恶不怒，见善不喜，颜色相副，是以知之。"《尚书·武成》正义。

案：《通鉴前编》引作"故圣人临众，不恶而严，是以知之"，今本《尚书正义》脱六字，因补之。

武王伐纣之年夏四月乙卯，祀于周庙，将率之士皆封诸侯国四百人，兄弟之国十五人，同姓之国四十人。《诗·贵》正义。

案：《左传·僖公二十四年》："富辰言：'周公封建亲戚，凡二十六国。'"《左传·昭公二十八年》："成鱄言：'武王兄弟之国十有五人，姬姓之国四十人。'"《荀子》谓周公立七十一国，姬独居五十三人。《韩诗外传》谓姬姓五十二人，《汉表》谓周封国八百，同姓五十有余，《后汉书》章和元年诏谓周封爵千有八百，姬姓居半。

武王入殷，登堂见美玉，曰："谁之玉？"或曰："诸侯之玉也。"王取而归之。天下闻之，曰："王廉于财矣。"《初学记》卷二十四。

案：《说苑》："与殷战于牧之野，大败殷人，上堂见玉曰：'谁之玉也？'曰：'诸侯之玉。'即取而归之于诸侯。天下闻之，曰：'武王廉于财矣。'入室见女。'谁之女也？'曰：'诸侯之女也。'即取而归之于诸侯。天下闻之，曰：'武王廉于色矣。'于是发巨桥之粟，散鹿台之金钱以与士民。"《尚书大传》："归倾宫之女。"

武王自孟津还，反于周，见暍人。王自左拥而右扇之。《初学记》卷九。

案：《太平御览》引"周"作"国"。

案：《淮南子》："武王荫暍人于樾下，左拥而右扇之，百姓怀其德。"

吕望欲隐东海之滨，闻文王善养老，故入钓于周。《水经注》卷五。

案：《吕氏春秋》："太公钓于滋泉，文王得而王。"《史记》曰："吕望，东海上人也，老而无遇，以钓于周文王。"又曰："吕望行年五十，卖食棘津，七十则屠牛朝歌，九十身为帝师。"《周书》："文王卜猎渭滨，其兆曰：'非熊非羆，天锡帝师。'乃得吕望而归。"

武王伐纣，营洛邑而定鼎焉，今洛阳西南洛水之北有鼎中观是也。《初学记》卷二十四。

案：《史记正义》引云："武王伐纣，营洛邑而定鼎焉。"

案：《水经注》："洛阳，周公所营洛邑也，故《洛诰》曰：'我卜涯水东，亦惟洛食其城。'方七百二十丈，南系于洛水，北因于郏山，以为天下之凑，方六百里，因西方八百里为千里。"挚虞曰："古之周南，今之洛阳。"《括地志》云："故王城，一名河南城，本郏鄏，周公所筑，在洛州河南县北九里苑中东北隅。"京相璠云："卜年定鼎为王之东都，谓之新邑，是为王城，其城东南名曰鼎门，盖九鼎所从入也，故谓是地为鼎中。"

武王自丰居镐，诸侯宗之，是为宗周。今沣水之东，长安之南三十里，去丰二十五里，镐池即其故都也。《括地志》卷一。

案：一引云"武王都镐"，《太平寰宇记》引云："镐池，即周之故都也。"

案：宗周亦谓之西周，洛邑为东都，镐京为西都也。《庙记》云："长安城西有镐池，在昆明池北，周匝二十五里，溉地三十三顷。"《三辅决录》注云："镐在沣水东。"

周公营成周，居邙墉之众。《史记·刘敬传》正义。

案：《公羊传》云："成周者何？东周也。"何休曰："名为成周者，周道始成，王所都也。"张守节云："刘敬说周之美，岂言居顽民之所，以此而论，《汉书》非也。"

自殷都以东为卫，管叔监之。殷都以西为墉，蔡叔监之。殷都以北为邶，霍叔监之。是为三监。《史记·周本纪》正义。

案：《地理志》云："河内，殷之旧都，周既灭殷，分其畿内为三国，《诗》邶、墉、卫是。邶，以封纣子武庚。墉，管叔尹之卫。蔡，叔尹之，以监殷民，谓之三监。郑诗并云：'武王以纣之京师封武庚，三分其地，置三监，自纣城而北谓之邶，南谓之墉，东谓之卫，使管叔、蔡叔、霍叔尹而教之。'"与士安说异。

武王定位元年，岁在乙酉，六年庚寅崩。《史记·周本纪》集解。

案：《皇览》云："文王、武王、周公冢，皆在京兆长安镐聚东社中。"《括地志》云："武王墓在雍州万年县西南二十八里毕原上。"

武王葬毕，今安陵西毕陌。《史记·秦始皇本纪》集解。

案:《括地志》:"武王墓在雍州万年县西南二十八里毕原上。"又案:《逸周书·作雒解》:"乃岁十二月崩镐,殡于岐,周元年夏六月葬武王于毕。"

萧周封子姓之别为附庸也。《史记·项羽本纪》正义。

成王

周,姬姓也,文王始修政,三年而天下二分归之,入为纣三公。年十五而生太子发。文王九十七而崩。太子发代立,是为武王。武王二年,观兵至孟津之上;四年始伐殷,为天子。以木承水,自酆徙都镐。武王崩,年九十三,太子诵代立,是为成王。《初学记》卷九。

成王元年,周公为冢宰摄政,成王年少,未能治事,故号曰"孺子"。八年,王始躬亲王事,以周公为太师,封伯禽于鲁。父子并命,周公拜于前,鲁公拜于后。王以周公有勋劳于天下,故加鲁以四等之上,兼二十四附庸,地方七百里,革车千乘。王既营都洛邑,复居丰镐。淮夷、徐戎及商奄又叛,又乃大蒐于岐阳,东伐淮夷。七年,王崩,年十六矣。太子钊代立。《太平御览》卷八十四。

案:《周书》:"岁十二月,武王崩镐,殡于岐周。周公立,相天子,三叔及殷、东、徐、奄及熊盈以畔,周公、召公内弭父兄,外抚诸侯。"《大戴礼记》:"周武王崩,成王十三嗣立,周公居冢宰,摄政。明年六月,既葬,周公冠成王而朝于祖,以见诸侯,祝雍作颂。"《竹书纪年》:"七年,周公复政于王,八年,王初莅阼亲政。"《书序》:"成王在丰,欲宅洛邑,使召公先相土作《召诰》。"《竹书纪年》:"六年大蒐于岐阳。"《左传》:"楚椒举曰'成有岐阳之蒐'是也。"《汉志》云:"成王十三年四月庚戌朔,十五日甲子哉生魄,其说谓周公摄政七年,成王即政三十年,共三十七年。郑康成谓此年为成王之二十八年。"章子平《编年通载》谓成王在位四十七年。今据《竹书纪年》成王在位三十七年陟,是《汉志》不误也。又《通鉴前编》云:"三十有七年四月甲子,王命太保奭、芮伯彤伯、毕公卫侯、毛公保元子钊,乙丑王崩,癸酉元子钊受命,诸侯朝于应门之内。"与《竹书纪年》合,盖是年成王四十九矣。《新书》谓成王年六岁即位,仅得年四十二,与武王崩成王年十岁之说并误,士安以为年十六岁,当有脱字。

武王妃，太公之女，曰邑姜，修教于内，生太子诵。《艺文类聚》卷十五。

成王时，肃慎氏来献楛矢石砮，长尺有咫。《北堂书钞》卷百六十。

《国都城记》云："唐叔虞之子燮居晋水傍，今并理故唐城。唐者，即燮父初徙之处也。"《毛诗谱》云："叔虞子燮父，以尧墟南有晋水，故改号曰晋。"《史记正义》。

案：一引作"改曰晋侯"，误。

康王

康王元年，释丧冕，作诰申诸侯，命毕公作策，分民之居里于成周之郊。王在位二十六年崩。子瑕代立，是谓昭王。《太平御览》卷八十五。

案：《书序》："康王即尸天子位，遂朝诸侯，作《康王之诰》。"《史记》："康王即位，遍告诸侯，宣告以文武之业以申之，作《康诰》，故成康之际天下安宁，刑错四十余年不用。"《书序》："康王命作册毕，分居里成周郊，作《毕命》。"

昭王

昭王在位五十一年，以德衰，南征及济于汉，船人恶之，乃胶船进王。王御船至中流，胶液解，王及祭公俱没水而崩。其右辛游靡长臂且多力，拯得王。周人讳之，王室于是乎大微。王娶于房，曰房后，生太子满代立，是谓穆王。《太平御览》卷八十五。

案："乃"，《史记正义》引作"以液"，下有"船"字，"没"下有"于"字，"左"作"右"，"力"下有"游"字，"拯"作"振"。

案：《竹书纪年》："昭王末年，有星孛见光五色，贯于紫微，荆人卑词致于王曰：'愿献白雉。'乃密使汉滨之人胶船以待王，遂南巡狩。将抵于汉，天大曀，雉兔皆震，丧六师于汉。时王至中流，胶液船解，王及祭公辛余靡皆溺。"《吕氏春秋》："周昭王将征荆，辛余靡长多力，为王右，还反涉汉梁，败王及蔡公抎于汉中，辛余靡振王，北济又反振蔡公，周公乃侯之西翟，实为长公殷，整甲徙宅，西河犹思，故处实始作西音。"案：此以船解为梁败，辛余靡振王得济，是昭王不死矣，所记不同，当如《皇王大纪》，拯出，因发疾而崩也。《尚书中候》："昭王之时，钟鼓之诗所为作。"

穆王

穆王征犬戎，得炼刚赤刀，用之割玉，如割泥焉。《太平御览》卷七十四。

案：《龙鱼河图》："流州在西海中，地方三千里，上多山川，积石名为昆吾石，冶其石为铁，作剑光明，照润如水精，以割玉如土。"《竹书纪年》："十三年，西戎来宾。"《墨子》曰："周穆王征西戎，西戎献昆吾之赤刃，切玉如泥。"《孔丛子》："周穆王大征西戎，西戎献火浣之布。"《列子》："周穆王大征西戎，西戎献昆吾之剑，火浣之布。其剑长尺有咫，练刚赤刃，用之切玉，如切泥焉。火浣之布，浣之必投于火；布则火色，垢则布色；出火而振之，皓然疑乎雪。"《十洲记》："周穆王时，西胡献昆吾割玉刀及夜光常满杯，刀长一尺，杯受三升，刀切玉如泥，杯是白玉之精，光明夜照。"

昆仑之北玉山之神，人身，虎首，豹尾，蓬头。《太平御览》卷三十八。

案：西王母乃西方国名，如《逸周书·王会解》东方姑妹国。《后汉书》勒姐、彡姐之类，故《竹书纪年》言"帝舜有虞氏，西王母之来朝，献白环玉玦"，即《穆天子传》叙王母与曹奴巨蒐诸国无异。《竹书纪年》亦言王西征见西王母，其年来朝，宾于昭宫。自《山海经·西山经》有豹尾、虎齿、蓬发、戴胜之说，亦不过纪外国形状之异。而相如《大人赋》谓西王母必皓然白首，"长生若此而不死兮"，而至《汉武内传》，则有天姿绝世之语。嗣后神仙家递相附会，诡设姓名，不可究诘矣。士安以为玉山之神以虎齿为虎首，蓬发为蓬头，不知何据。

穆王修德教，会诸侯于涂山。命吕侯为相，或谓之甫侯。五十一年，王已百岁老耄，以吕侯有贤能之德，于是乃命吕侯作《吕刑》之书。五十五年，王年百五岁，崩于祗宫。《太平御览》卷八十五。

案：《穆天子传》："宿于黄竹，天子梦羿射于涂山。"《竹书纪年》："三十九年，王会诸侯于涂山。五十一年作《吕刑》，命甫侯于丰。"而《通鉴前编》记载："五十年作《吕刑》，以诰四方。"《书说》云："周穆王以吕侯为相。"《尚书·吕刑》孔氏注："吕侯后为甫侯，故或称《甫刑》。"《晋书》："非穆王寿百岁也。"《书序》："穆王训夏赎刑，作《吕刑》。"《史记·周本纪》："诸侯有不睦者，甫侯言于王，作修刑辟，命曰甫刑。"《左传》："（子革）对曰：'臣尝问焉，昔穆王欲肆其心，周行天下，将皆必有车辙马迹焉。祭公谋父作《祈招》之诗，以止王心，王是以获没于祇宫。'"而后子革又言："其诗曰：'祈招之愔愔，式明德音。思我王度，式如玉，式如金。形民之力，而无醉饱之心。'"《论衡·所寿篇》言"周穆王享国百年，并未享国之时，皆出百三十四十岁矣"，妄也。

穆王在位百年。《太平御览》卷八十五。

案：《竹书纪年》言"自武王至穆王，享国百年，穆王以下，都于西郑"，而《尚书》言"穆王享国百年"，士安从《古文尚书》说也。《史记》："穆王即位，春秋已五十矣。立五十五年。"《书正义》曰"《孔传》云'穆王即位之时，已年过四十矣'"，不知出何书，迁若在孔后，或当各有所据。

共王

共王能庇昭王之阙，故《春秋》称之周。自共王至夷王四世，年纪不明，是以历依鲁为正。王在位二十年崩，子艰代立。《太平御览》卷八十五。

案：《世本》："穆王崩，子共王伊扈立。"《史记》作"繄扈"。"昭王"一作"穆王。"又案：《竹书纪年》作"十二年王陟"。

康王

案：《齐》《鲁》《韩》三家诗皆云《关雎》为"康王政衰诗也"，扬雄亦云："周康之时，颂声作乎下，《关雎》作乎上。"陈睦云："康王晚朝，《关雎》作刺。"

懿王

懿王二年，王室大衰。自镐徙都犬邱，生非子，因名犬邱，今槐里是也。《长安志》卷十四、《太平寰宇记》卷二十五。

案：《御览》引云"懿王二年，徙都犬邱"，无"生非子，因居犬邱"七字，而《太平寰宇记》引亦有脱文，宜云："大骆生非子，居犬丘，因名犬丘。"

案：《三辅决录》云："汉平陵县犬丘城，一名槐里城，一名废丘。"乐史云："秦仲之子庄公伐西戎，复其地为西垂大夫，即此周懿王所都，项羽封章邯为雍王，都废丘，亦此城。"又案：《竹书纪年》："懿王名坚，元年天再旦于郑。"《皇王大纪》云："王室始衰，徙都槐里。"犬丘即槐里也。

周之纪国，姜姓也，纪侯谮齐哀公于周懿王，王烹之。《括地志》。

案：《外传》云："纪侯入为周士。"《竹书纪年》云："齐襄公灭纪、邧、鄑、郚。"又云："夷王三年，王致诸侯，烹齐哀公于鼎。"《郑氏诗谱》云："周武王伐纣，封太师吕望于齐。后五世哀公政衰，荒淫怠慢，纪侯谮之于周懿王，使烹焉。齐人变风始作。"徐广以为夷王烹之，是皇甫士安用康成说也。

孝王

阙

夷王

夷王即位，诸侯来朝，王降与抗礼，诸侯德之。三年，王有恶疾，愆于厥身，诸侯莫不并走群望，以祈王身。十六年王崩。《太平御览》卷八十五。

案：《竹书纪年》："夷王名燮。"《汉书·古今人表》："夷王名折。"《史记》："懿王太子燮，是为夷王。"《礼记》有言，夷王始"下堂而见诸侯"。《竹书纪年》："夷王二年，蜀人、吕人来献琼玉，宾于河，用介珪。八年，王有疾，诸侯祈于山川，王陟。"又案：《左传》："至于夷王，王愆于厥身，诸侯莫不并走其望，以祈王身。"士安据左氏为说。李善曰："夷王立四年薨。"与《帝王世纪》说异。《春秋释例》云："古人有祭祀，无祈祷，禳禬则有之，今据'夷王八年，王有疾，诸侯祈于山川'，则是祈祷之事自夷王始也。"然案《竹书纪年》太戊十一年，命巫咸祷于山川，又《周官》太祝掌六祈，则祈祷之事自古有之，不始夷王。

厉王

厉王荒沉于酒，淫于妇人。《太平御览》卷八十五。

案:《史记》:"夷王子名胡。"《毛诗序》:"《十月之交》刺幽王也。"郑玄《毛诗传笺》以为刺厉王，颜师古注《鲁诗·小雅·十月之交》言"厉王无道，内宠炽盛，政化失理，故致灾异"，士安云"淫于妇人"，盖用《鲁诗》说，诗内有阎妻煽方处也。

共伯和干王位。《史记·三代世表》索隐。

案: 鲁连子云:"共伯名和，好行仁义，诸侯贤之，请立焉。后归于国，得意共山之首。"《庄子·让王》及《吕氏春秋·开春》并言:"共伯得志于共首，即其人也。"而司马彪云:"共伯和修行而好贤，厉王之难，天子旷绝，诸侯知共伯贤，请立为天子，共伯不听，弗获免，遂即王位。一十四年，天下大旱，舍屋焚卜于太阳，兆曰:'厉王为祟。'召公乃立宣王，共伯还归于宗，逍遥得意于共丘山之首。"故《竹书纪年》云:"共伯和摄行天子事。"士安之说盖用《竹书纪年》也。《汉书·古今人表》"厉王后有共伯和孟康"，谓其入为三公，盖周室无君，和以三公摄政耳，太史公谓周、召二公为政，号曰共和，则《路史》辩之明矣。

帝王世纪卷七

晋孝廉方正皇甫谧　纂
武威介侯　张澍　编辑

宣王

宣王元年以邵穆公为相，秦仲为大夫，诛西戎。是时，天大旱，王以不雨遇灾而惧，整身修行，欲以消去之，祈于群神，六月乃得雨。大夫仍叔美而歌之，今《云汉》之诗是也。是岁，西戎杀秦仲，王于是进用贤良，樊侯仲山父、尹吉父、程伯休父、虢文公、申伯、韩侯显父、南仲、方叔、仍叔、邵穆公、张仲之属，并为卿佐。自厉王失政，猃狁、荆蛮交侵中国，官政隳废，百姓离散，王乃修复宫室，兴贤人，纳规谏，安集兆民。命南宫仲、邵虎、方叔、吉父并征定之，复先王境土，缮车徒，兴畋狩，礼天下，喜王化复行，号称中兴。《太平御览》卷八十五。

案：《文献通考》："宣王名静，厉王子。"《竹书纪年》："春正月，王即位，周定公召穆公辅政。二年锡太师皇父、司马休父命，三年王命大夫仲伐西戎。王命蹶父如韩，韩侯入朝。五年夏六月尹吉甫帅师伐猃狁。八月方叔帅师伐荆蛮。六年召穆公帅师伐淮夷。皇父、休父从王伐徐戎，次于淮。七年王命樊侯仲山甫城齐，八年初考室。十五年王锡虢文公命。"又案：《诗序》："《斯干》，宣王考室也"，"《云汉》，仍叔美宣王也。宣王承厉王之烈，内有拨乱之志，遇灾而惧，侧身修行，欲销去之，天下喜于王化复行，百姓见忧，故作是诗也"，"《车攻》，宣王复古也。宣王能内修政事，外攘夷狄，复文武之境土，修车马，备器械，复会诸侯于东都，因田猎而选车徒焉。《吉日》，美宣王田也，能慎微接下，无不自尽以奉其上焉"。士安皆本《诗序》为说。《列女传》

云："（宣王）卒成中兴之名，为周世宗。"

宣王元年，不藉千亩，虢文公谏而不听，天下大旱，二年不雨，至六年乃雨。《诗·云汉》正义。

案：《竹书纪年》："厉之末年，频年大旱，庐舍俱焚，会其陟也。卜于太阳，兆曰：'汾王为祟。'周定王召穆公乃立太子靖为王，共伯和归其国，遂大雨，然则雨不系新王所祷明矣。"而《竹书纪年》："（宣王）二十五年大旱，王祷于郊庙，遂雨。《云汉》之作，意在此时，观其诗曰'祈年孔夙，方社不莫'，则苙政盖亦有年。"孔疏疑士安之说无据，然合之《诗序》，非谬也。《竹书纪年》："（宣王）二十九年初，不藉千亩。"而《国语》则云"即位，不藉千亩"，是士安用《国语》为说也。

西郑为郑桓公友之始封。《水经注》卷十九。

案：《世本》："周宣王二十二年，封庶弟友于郑。"而《春秋》《国语》《史记》亦与《世本》同，惟薛瓒《汉书》注言："自穆王以下，都于西郑，不得以封桓公也。幽王既败，虢桧又灭，迁居其地，国于郑父之丘，是为郑桓公。"无封京兆之文。然班固、应劭、郑玄、裴頠、王隐、阚骃皆与士安同，则薛瓒单词不可依据。《竹书纪年》称"王子多父为桓公"，盖其字。

或言郑故有熊氏之墟，黄帝之所都也，郑氏徙居之，故曰新郑。《水经注》卷二十二。

案：新郑之名亦始于桓公，《竹书纪年》云"宣王命居洛"，是矣，盖桓公初封京兆，后乃命之居洛也。

幽王

幽王三年，王嬖褒姒，年十四。《诗·白华序》正义。

案：郑笺云："褒姒，褒人所入之女，姒，其字也。"然司马迁云"禹为姒姓，其后分封，以国为姓，故有褒氏"，盖褒姒为褒人所入，因冒褒姓，非其字也。又案：《国语》《竹书纪年》皆云："幽王三年，始嬖褒姒。"而《搜神记》云："宣王三十三年，幽王生，有马化为狐。"如是年幽王始生，下距嬖褒姒之岁仅十三年，岂有十三岁孩稚已知废后。立后如此者，即云在宣王三十三年，亦止十六岁耳，是《帝王世纪》言"年十四"者，指褒姒，非指幽王也。以幽王之三年加宣之十年，正十四年矣，以所生尚有一岁故也。然则马化为狐，其为褒姒之兆明矣。孔颖达在《春秋左传正义》疏中云"若然则宣王立四十六年崩"，是先幽王之立十二年而生，其生在宣王三十六年也，厉王流彘之岁为共和十四年，而后宣王立。自宣王三十六年，上距流彘之岁为五十年，流彘时童妾七岁，则生女时母年五十六，凡在母腹五十年，其母共和九年而笄，年十五而孕，自孕后尚四十二年而生。作为妖异，故不与人道同。

幽王三年纳褒姒，八年立以为后。《诗·白华序》正义。

案：《白华》，诗人刺幽后也。幽王取申女以为后，又得褒姒而黜申后。

戏在新丰东三十里，幽王死焉。《路史·国名纪甲》注。

案：韦昭云："有戏山。"

平王

平王之时，周室衰微，诸侯强并弱。齐、楚、秦、晋始大，政由方伯。五十一年。平王崩，太子洩父早死，立其子林，是为桓王，平王孙也。《太平御览》卷八十五。

案：《史记》："平王立，东迁于雒邑，避戎寇。平王之时，周室衰微，诸侯强并弱，齐、楚、秦、晋始大，政由方伯。"士安用史迁说。

平王元年，郑武公为司徒，与晋文侯股肱周室，夹辅平王，率诸侯戮力一心，东迁洛邑。《太平御览》卷八十五。

案：《史记》："犬戎杀周幽王，武公将兵往佐周平戎，甚有功，周平王命武公为公。"

桓王

桓王既失于信，礼义陵迟，男子淫奔，谗伪并作，诸侯背叛，构怨连祸，九族不亲，故诗人刺之。《太平御览》卷八十五。

案:《节南山》《十月之交》，桓王、庄王之诗也。

周桓王时，自有亳王号汤，非殷也。《史记·封禅书》索隐。

案：徐广云："京兆杜县有亳亭。"《秦本纪》："（宁公）三年与亳战，亳王奔戎，遂灭荡社。"徐广曰："'荡'一作'汤'，'社'一作'杜'。"亳号汤，西夷之国，即士安所说亳王汤也。傅瓒以亳为成汤之邑，在济阴，非也。《说文》云"亳，京兆杜陵亭"，即此亳地。《史记·封禅书》于杜亳有三杜主之祠，盖京兆之亳也。

庄王

阙

僖王

僖王自即位以来，变文武之制，作玄黄华丽之饰，宫室峻而奢侈，故孔子讥焉。五年王崩，子凉洪代立。《太平御览》卷八十五。

案：僖王即《竹书纪年》之釐王，名胡齐也。

惠王

二十四年，惠王崩。《史记·十二诸侯年表》集解。

案：惠王名母凉，见《世本》，《汉书·古今人表》同，《竹书纪年》注："名阆。"《竹书纪年》："二十五年，王陟。"《史记·周本纪》："二十五年，惠王崩。"林氏曰："（惠王）实以前年闰七月崩，以今年十二月丁未告。"《左传》："闰月，惠王崩。襄王恶太叔带之难，惧不立，不发丧，而告难于齐。八年春，盟于洮，谋王室也。郑伯乞盟，请服也。襄王定位而后发丧。冬王人来告丧难故也，是以缓。"

襄王

周襄王十五年，秦晋迁陆浑之戎于伊川，果验辛有之言。《太平御览》卷百五十八。

晋赵鞅纳王使，汝宽守阙塞。服虔曰："阙塞，南山伊阙也。"《太平御览》卷百五十八。

案：《水经注》："伊水东北过伊阙，昔大禹疏龙门以通水，两山相对望之如阙，伊水历其间，谓之伊阙。"

顷王

阙

匡王

阙

定王

案：《周谱》言："王五年，河徙故道。"

简王

阙

灵王

案：《皇览》云："周灵王葬于河南城西南周山上，盖以王生而神，故谥曰灵。其冢，人祠之不绝。"

景王

景王遇心疾，崩于荣锜氏。单穆公与刘文公立太子猛，是为悼王。景王在位二十五年。《太平御览》卷八十五。

景王葬于翟泉，今东阳门内有大街，北有太仓，中有景王陵，西南望步广里，北眺翟泉，二处相距远近约略相同也。《太平寰宇记》卷三。

案：《水经注》引《帝王世纪》云："悼王葬景王于翟泉，今洛阳太仓中大冢是也。"郦善长云："《春秋》：'定公元年，晋魏献子合诸侯之大夫于翟泉，始盟城周。'"班固、服虔、皇甫谧咸谓"翟泉在洛阳东北，周之墓地"。今案：周威烈王葬洛阳城内东北隅，景王冢在洛阳太仓中，翟泉在两冢之间，侧广莫门，道东建春门，路北即东宫街也，于洛阳为东北。后秦封吕不韦为洛阳十万户侯，大其城，并得景王冢矣。

悼王

悼王以景王二十五年四月始即位，十一月崩，王立凡二百日。故《春秋》称王子猛卒，不成丧，故不言天王崩也。立王母弟丐，是为敬王。《太平御览》卷八十五。

案：《竹书纪年》不载悼王，亦《春秋》之义也。《水经注》："（洛水）东北径三王陵谷水东北出焉，三王，或言周景王、悼王、定王也。"魏司徒公崔浩注《西征赋》云："定王当为敬子，朝作乱，西周政弱人荒，悼、敬二王与景王俱葬于此，故世以三王名陵。"

敬王

敬王四十四年，元乙卯，崩壬戌也。《史记·周本纪》集解。

案：《竹书纪年》："敬王元年壬午，又四十四年。"《史记·周本纪》作"四十二年"，《汉书·古今人表》作"四十三年"，误。《春秋左传》亦作"四十四年"。

敬王三十九年《春秋经》终，四十四年敬王崩，子贞定王立，贞定王崩，子元王立。《左传·哀十九年》正义。

案：《史记·周本纪》："敬王崩，子元王仁立，元王八年崩，子定王立。"徐广于《史记·六国年表》集解中言："（定王元年）癸酉，《左传》尽此。"《左传正义》曰"杜世族谱云'敬王三十九年、鲁哀公十四年，获麟之岁也，四十二年而敬王崩，敬王子元王十年，《春秋》之传终矣'"，与《史记》不同，《史记》世代年月，事多舛错。

元王

元王，贞王子。《史记·周本纪》索隐。

案：《世本》："敬王崩，贞王介立。贞王崩，子元王赤立。"《史记·周本纪》："元王八年崩，子定王介立。"《竹书纪年》："贞定王乃元王子。"

元王十一年癸未，三晋灭智伯。二十八年崩，三子争立，立应为贞王。《史记·周本纪》集解。

案：据《史记·六国年表》，三晋灭智伯在周定王十六年，上距获麟二十七年。

元王元年癸酉，二十八年庚子崩。《史记·六国年表》集解。

案：《竹书纪年》："元公三年，鲁季孙会晋幽公于楚丘，取葭密，遂城之。"《史记·六国年表》："周考王元年，岁辛丑，十四年甲寅，当鲁元公嘉之二年，晋幽公柳之十年。"而《鲁世家》注徐广曰"皇甫谧云'元公元年辛亥，终辛未，得二十一年'"，与《世表》参校差二岁，此云三年，又差一岁。

贞定王

贞定王名应。《史记·周本纪》集解。

贞定王元年癸亥，十年壬申崩。《史记·六国年表》集解。

案：《史记集解》引云："贞定王十年元癸亥，崩壬申。"

案：《世本》作"贞王"，《竹书纪年》《汉书·古今人表》均作"贞定王"，士安从之。《太平御览》引《史记》亦作"贞定"，则两字谥也。今《史记》作"定王"。《史记·周本纪》："敬王崩，子元王仁立，元王八年崩，子定王介立。"《史记索隐》曰："《世本》云：'元王赤。'"皇甫谧云："贞定王。"考据二文，则是元有两名，一名仁，一名赤也。如《史记》则元王为定王父，定王即贞王也。依《世本》则元王是贞王子，必有一乖误。然《史记》"定"当为"贞"字误耳，岂周家有两定王，代数又非远乎？皇甫谧见此，疑而不诀，遂弥缝《史记》《世本》之错谬，因谓为贞定王，未为得也。郑环云："《史记》作'定王'，《世本》作'贞王'，即《竹书纪年》'贞定王'也，周家不当有两定王。惟东周惠公父子同谥，乃是乱政，此时来孙不当以七世祖同谥，且父子大伦，定与元犹不可颠倒，皇甫谧作'贞定王'，是也。古'真''贞'字通。"

哀王

阙

思王

阙

考哲王

考哲王元辛丑，崩乙卯。《史记·周本纪》集解。

案：《竹书纪年》作"考王名嵬"。

考哲王封弟揭于河南，续周公之官，是为西周桓公。《史记·周本纪》正义。

案：士安本《史记》为说也，《世本》云："西周桓公名揭，居河南；东周惠公名班，居洛阳。"《史记·赵世家》："（成侯）七年与韩攻周，八年与韩分周以为两。"《括地志》云："《史记》周显王二年，西周惠公封少子班与巩为东周，其子武公为秦所灭。"《史记正义》据此以东周之封在显王二年，即《赵世家》分周为两者，《史记·周本纪》无此事，是史迁疏也。

威烈王

威烈王元丙辰，崩乙卯。《史记·周本纪》集解。

案：《竹书纪年》："威烈王名午，二十四年陟。"宋衷云："威烈王葬洛阳城中东北隅。"《吕氏春秋》曾记载周威公问于屠黍，屠黍曰晋与中山亡后，"君次之"。"威公惧，求国之长者，得义莳、田邑而礼之，得史骍、赵骈以为谏臣，去苛令三十九物，以告屠黍。威公薨，殡，九月不得葬，周乃分为二。"

安王

安王元庚辰，崩乙巳。《史记·周本纪》集解。

案：安王名骄，《竹书纪年》："二十六年陟。"

安王子喜立，是为烈王。《太平御览》卷八十五。

案：《汉书·古今人表》作"夷烈王喜，元安王子"。

烈王

阙

显王

显王元年，赵成侯、韩哀侯来攻周。二年，西周威公之嗣，曰惠公，始封惠公少子班于巩，以奉王，号东周惠公。周于是始分为东西，王室微弱，政在西周。《太平御览》卷八十五。

案：《广弘明集》："《破邪论》谓烈王弟显王篡立，以为出《史目》《年纪》二书，不知何据而言篡也。"

慎靓王

阙

赧王

赧王二十七年冬十月，秦昭襄王乃僭号西帝，齐闵王称东帝。十一月，齐、秦复去帝号为王。四十五年，王如秦，得罪于秦，秦攻周。或说秦王，乃止。王号虽居天子之位，为诸侯之所侵逼，与家人无异，多贳于民，无以归之，乃上台以避之，故周人因名其台曰逃债之台。洛阳南宫谉台（谉音夷，又音尸移切。）是也。五十九年，秦攻韩、魏、赵，大破之。王惧，乃背秦与诸侯合从，将天下锐师出伊门攻秦，秦昭襄王大怒，使将军樛（音虬）攻周王，王恐，乃入秦，顿首受罪，尽献其邑，秦尽纳其献，使赧王归于周，降为庶人，以寿终。《太平御览》卷八十五。

案：此事皆依《史记》为文也。"侵"，《史记正义》引作"役"。"异"下有"多贳于民"，《史记正义》引作"负责于民"。"无以归之"，《史记正义》引作"无以得归"。"谉"一引作"簃"。

赧王名诞，赧非谥，《谥法》无赧。正以微弱，窃铢逃债，赧然惭愧，故号曰赧耳。《史记·周本纪》索隐。

案：《尚书中候》以"赧"为"然"，郑玄云"'然'读为'赧'"，《竹书纪年》则作"隐王"。

赧王尽献其邑三十六于秦，秦昭襄王纳其献，立为三川郡。初理洛阳，后徙荥阳。自平王东迁至赧王，凡二十世，而周氏灭矣。《太平御览》卷八十五、《太平寰宇记》卷三。

案：《汉书·地理志》："初，洛邑与宗周通封畿，东西长而南北短，短长相覆为千里，至襄王以河内赐，晋文公为诸侯所侵，故其分地亦小。"王伯厚曰："周赧王卒于乙巳。明年丙午，秦迁西周公，而东周君犹存也。壬子，秦迁东周君，而周遂不祀。作史者当自丙午至壬子系周统于七国之上，乃得《春秋》存陈之义。"

秦昭王五十一年，赧王卒。是岁高祖生。《困学纪闻》卷十一。

案：臣瓒曰"高帝为汉王，年四十二"，则生于庄襄王四年甲寅。

周凡三十七王，八百六十七年。《史记·周本纪》集解。

伯禽以成王元年封，四十六年，康王十六年卒。《史记·鲁周公世家》集解。

案：徐文靖曰："据《竹书纪年》'成王三十七年陟'，加以康王十六年，是封五十三年也。"《史记·鲁周公世家》云："伯禽卒，子考公酋立，考公四年卒，立弟熙，是谓炀公。炀公以康王二十一年筑茅阙门。"则从前尚有四年，宜属考公伯禽之薨，不得在康王十九年也。

鲁献公立三十六年。《史记·鲁周公世家》集解。

案：《史记》："献公具立，献公三十二年卒。"徐广引刘歆作"五十年"。

又案：《尚书·周书·洛诰》云："予小子其退即辟于周，命公后。"周公留相周，成公封其子于鲁明矣。陶潜作《诸侯孝传赞》以为武王封之于鲁，非也。《汉书》鲁公伯禽推即位四十六年，至康王十六年而薨，故《左传》曰"燮父、禽父并事"，言晋侯燮、鲁公伯禽事康王也，子考公就（一作酋），士安依《汉志》以成王三十崩也。然《竹书纪年》谓成王三十七年崩，禽父薨于康王十九年，疑莫能定矣。

后稷以配天宗，祀文王于明堂，以配上帝，宗庙血食八百六十余年，西周已亡，犹幸东周能守其祀，东周又为秦所灭，则尽不祀矣。《资治通鉴》卷六。

周后稷始封邰，今扶风斄是也。及公刘徙邑于豳，今新平漆之东北有豳亭是也。故《诗》称"笃公刘，于豳斯馆"。至太王避狄，循漆水，逾梁山，徙邑于岐山之阳，西北岐城旧址是也。故《诗》称"率西水浒，至于岐下"。南有周原，故始改号曰周。王季徙郢，故《周书》曰"维周王季宅程"是也。故《孟子》称"文王生于毕郢，西夷人也"。暨文王受命，徙都于鄷，在今京兆之西是也。故称"伐戎于崇，作邑于鄷"。及武王伐纣，营洛邑而定鼎焉，今洛阳西南洛水之北有鼎中观是也。周公相成王，以鄷、镐偏处西方，贡道不均，乃使邵公卜居洛水之阳，以即土中。故《援神契》曰："八方之广，周洛为中。"

于是遂筑新邑，营定九鼎，以为王之东都之洛邑。故《周书》称"我乃卜涧水东，瀍水西，唯洛食"。是为王城，名曰东周。故《公羊传》曰："王城者何？东周也。"《地理志》："王城本郏鄏之地，是以或谓之郏鄏。"故《春秋传》曰"成王定鼎于郏鄏"，河南是也。今郏鄏东门名鼎门，盖九鼎所从入也。成王即卜营洛邑，建明堂，朝诸侯，复还酆、鄗。故《书序》曰："成王既黜殷命，还归在酆。"至懿王徙大丘，秦谓之废丘，今京兆槐里是也。《世本》曰："懿王居大丘，厉王淫乱出于彘。今河东永安是也。"平王即位，徙居洛，《洛诰》所谓新邑也。《国语》曰："幽王灭，周乃东迁，本殷之畿内。"在《禹贡》豫州外方之域，河洛尘涧之间。周于南柳七星张之分，鹑火之次也。及敬王避子朝之乱，东居成周，故《春秋经》曰"天王入于成周"是也。后六年，王室定，遂徙都成周，是后晋又率诸侯之徒，修缮其城，以成周城小，不受王都。故坏翟泉而广焉，翟泉地在成周东北，今洛阳城中有周王冢是也。至赧王又徙居西周而失位。《御览》卷百五十五。

案：《太平寰宇记》引云："太王避狄，循漆水，逾梁山，徙邑于岐山之阳，今扶风美阳西北有岐阳城，旧周地也。"《太平寰宇记》引云："周公相成王，以酆镐偏在西方，职贡不均，乃使召公卜居涧水东、瀍水之阳，以即中土而为洛邑，而为成周王都，今王城是也。"又一引云："成王定鼎于郏鄏，其南门名曰定鼎门，盖九鼎所从入也。"

案：《括地志》云："故王城一名河南城，本郏鄏。周公新筑，在洛州河南县北九里苑内东北隅，自平王以下十二王皆都此城。至敬王乃迁都成周，至赧王又居王城也。"河南城疑宜作河内城。

哀公元甲辰，终庚午。《史记·鲁周公世家》集解。

悼公四十年，元辛未，终庚戌。《史记·鲁周公世家》集解。

元公元辛亥，终辛未。《史记·鲁周公世家》集解。

穆公元壬申，终甲辰。《史记·鲁周公世家》集解。

共公元乙巳，终丙寅。《史记·鲁周公世家》集解。

康公元丁卯，终乙亥。《史记·鲁周公世家》集解。

景公元丙子，终甲辰。《史记·鲁周公世家》集解。

平公元乙巳，终甲子。《史记·鲁周公世家》集解。

文公元乙丑，终丁亥。《史记·鲁周公世家》集解。

顷公元戊子，终辛亥。《史记·鲁周公世家》集解。

自克殷至秦灭周之岁，凡三十七王，八百六十七年，武王一，成王二，康王三，昭王四，穆王五，恭王六，懿王七，孝王八，夷王九，厉王十，宣王十一，幽王十二，平王十三，桓王十四，庄王十五，厘王十六，惠王十七，襄王十八，顷王十九，匡王二十，定王二十一，简王二十二，灵王二十三，景王二十四，悼王二十五，敬王二十六，贞定王二十七，元王二十八，哀王二十九，思王三十，考王三十一，威烈王三十二，元安王三十三，夷烈王三十四，显圣王三十五，慎靖王三十六，赧王三十七。《初学记》卷九。

周凡三十七王，八百六十七年。

河南城西有郏鄏陌，太康畋于有雒之表，今河之南。《后汉书·郡国志一》注。
案：《史记正义》引作"王城西有郏鄏陌"。
案：许氏《说文解字》云："郏鄏，河南县直城门官陌地也。"杜预《释地》曰："河南县西有郏鄏陌。"京相璠《地名》云："郏，山名。鄏，邑名。"

东南门，九鼎所从入。又云：武王定鼎雒阳西南，雒水北鼎中观是也。《后汉书·郡国志》注。
案：《后汉书·郡国志》："王城东城门名鼎门。"

岐山有周城，周太王所徙，南有周原。《后汉书·郡国志一》注。
案：《汉书·郊祀志》云："大王建国于岐梁。"《郑诗》并云："周原者，岐山阳，地属杜阳，地形险阻，而原田肥美。"

王城西有郏鄏陌，《左传》曰："成王定鼎于郏鄏。"《括地志》卷三。

案："王城"，一名"河南城"，本郏鄏，周公所筑。在洛州河南县北（一作南）九里苑内（一作中）东北隅，自平王以下十二世王皆都此城，至敬王迁都成周，至赧王又居王城。

成周城，东西六里十一步，南北九里一百步。《后汉书·郡国志一》注、《玉海》卷十六。

案：《公羊传》云："成周者，东周也。"何休曰："周道始成，王之所都也。"晋元康《地道记》云："城内南北九里七十步，东西六里十步，为地三百顷一十二亩有三十六步，城东北隅有周威烈王冢。"

狄泉本殷之墓地，在成周东北，今城中有殷王冢是也。又太仓中大冢，周景王也。《后汉书·郡国志一》注。

案：《左传·僖公二十九年》："盟于狄泉。"杜预曰："城内太仓西南池水，或日本在城外，定元年城成周乃绕之。"

帝王世纪卷八

晋孝廉方正皇甫谧　纂

武威介侯　张澍　编辑

秦

高阳生大业，又以大业之妻女华为大业之子，女华之妻名曰扶始，扶始生皋陶，皋陶生伯益。《路史·后记一》注。

案：《史记》："秦之先，帝颛顼之苗裔，孙曰女修，女修织，玄鸟陨卵，女修吞之，生子大业。"又案：他书言少昊裔子取乔阳氏之女曰修，生大业。大业取少典氏曰女华，生皋繇。班固《汉书·古今人表》则又以女修为男子矣。大业者，皋陶之父也，而《史记音义》即以为皋陶兄，误甚。《列女传》："皋子生五岁而佐禹。"曹大家注云："皋子者，皋陶之子伯益也。"《诗补传》并云："伯翳实皋陶之子。"

大费，帝舜赐之玄玉，妻以姚姓之女也。《史记·秦本纪》集解。

案："圭"一作"玉"。

案：《路史·后记》："大费能驯鸟兽，乃赐之皂斿、玄玉、姚女，而封之费。"

蜚廉为纣作石椁于北方。《史记·秦本纪》集解。

案：飞廉字处父，仲漓所生。武王伐纣时，飞廉为纣作石椁于北方，还，无所报，为坛霍太山而报，得石椁，铭曰："帝令处父不与殷乱，赐尔石椁，以华氏。"死，遂葬于霍太山。

蜚廉死，葬于霍太山，去彘县十五里有冢，常祠之。《史记·秦本纪》集解。

秦，嬴姓也。昔伯翳为舜主畜，畜多息，故有土，故赐姓嬴氏。孝襄公始修霸业，坏井田，开阡陌，天子命为伯。至昭襄王，自称西帝，攻周，废赧王，取九鼎。至庄襄王，灭东、西周。庄襄王崩，政立为始皇帝，并天下，置三十六郡。自以水德，故以十月为正，色尚黑。使蒙恬筑长城，焚《诗》《书》、百家之言，坑儒士四百六十人。三十七年，崩于沙邱平台，年五十。《初学记》卷九。

秦改镐曰咸阳，都焉。为汉驱除，不求五运，别以水德王。秦自始封至灭，三十六世，合六百五十年。秦，颛顼之后也，世造父之为穆王御，有功，封之于赵城，国为赵氏也。与简子同祖，嬴姓也，秦亦在水火之间。《初学记》卷九。

秦自非子受封至昭王灭周之岁，在大梁，前后七迁，皆在《禹贡》雍州之域，荆山终南敦物之野，东井舆鬼之分，鹑火之次也。《太平御览》卷五十五。

自昭襄王灭周至子婴，凡四王二帝，合四十九年，昭襄王一，孝文王二，庄襄王三，始皇帝四，胡亥五，子婴六。《初学记》卷九。

秦非子始封于秦，故《秦本纪》称周孝王曰"朕分之土邑秦，本陇西秦谷亭"是也。玄孙庄公徙废丘，周懿王之所都，今槐里是也。及襄公始受酆之地，列为诸侯。文公徙汧，故《秦本纪》曰："公东猎至汧，乃卜居之。"今扶风郿县是也。宁公又都平阳，故《秦本纪》曰："宁公二年，徙居平阳。"今扶风郿之平阳亭是也。秦德公徙都雍，故《秦本纪》曰："德公元年，初居雍。"今扶风雍是也。至献公即位，徙治栎阳，今冯翊万年是也。孝公自栎阳徙咸阳，《秦本纪》曰："作为咸阳，筑冀阙，徙之。"及汉元年，更名新城，属扶风，后并于长安。故《太史公传》曰："长安，故咸阳也。"元鼎三年，复别为渭城，今长安西北渭水阳有故城，故《西京赋》曰"秦里其朔，实为咸阳"是也。《太平御览》卷百五十五。

案：一引云："及汉元年，更名新城，属扶风，后并于长安，故《太史公传》曰：'长安，故咸阳也。'"

文公葬于西山，在今陇西之西县。《史记·秦本纪》集解。

宁公与亳王战，亳王号汤，西夷之君也。《史记·秦本纪》集解。

秦宁公都平阳。《史记·秦本纪》正义。

案：《史记》："秦宁公二年徙平阳。"徐广曰："故郿之平阳亭也。"张守节云："岐山县有阳平乡，乡内有平阳聚。"《括地志》："平阳故城，在岐州岐山县西四十六里，秦宁公徙都之处。"

秦宁公葬西山大麓，故号秦陵山也。《史记·秦本纪》正义。

案：《长安志补》引云："秦宁公徙居平阳，葬西山。"注云："都之平阳。"

案：《括地志》："秦宁公墓在岐州陈仓县西北三十七里。"

秦武王好多力之士，乌获、齐孟贲之徒并归焉。孟贲生拔牛角，秦王于洛阳举周鼎，乌获两目血出。《孟子·告子下》正义。

案：《论衡》："秦武王与孟说举鼎，不任，绝脉而死，举鼎用力，力由筋脉，筋脉不堪，绝伤而死。"《韩非子》："孟贲过于河，先其伍，船人怒，而以楫虢其头，顾不知其孟贲也。中河，孟贲瞋目而视船人，发植，目裂，鬓指，舟中之人尽扬播入于河。"《史记》："武王有力，好戏力士，任鄙、乌获、孟说皆至大官。王与孟说举鼎，绝膑。八月，武王死，族孟说。"案：孟说当即孟贲也，为有二名。

案：宋敏求《长安志图》云："襄公、文公葬西垂（秦始立国在岐之西，今陇西之西县），宁公出子葬衙（冯翊有衙县记曰宁公徙居平阳，葬西山，注曰郿之平阳），武公葬宣阳聚东南，德公、宣成公葬阳，缪公葬雍（《皇览》曰冢在橐泉宫，祈年观下从死者一百七十七人）。康公葬竘社，共公葬康公南，桓公葬义丘里北，景公葬丘里南（一作僖公），毕公葬车里北（即哀公），夷公葬左宫，惠公葬车里（一云兰公予葬陵园），悼公葬僖公西城雍，龚公葬入里（一作人里），躁公葬悼公南，怀公葬栎，囷氏、灵公葬悼公西，简公葬僖公西，出公葬雍，献公葬嚣，囷孝公葬弟，囷惠文王始都咸阳，葬公陵，悼武王葬永陵（《皇览》云："秦武王冢在扶风安陵西北毕陌大冢是也，人以为周文王冢，非也，周文王冢在杜中。"）。昭襄王葬芷阳（今霸陵也，自郦以西皆芷阳）。孝文王葬寿陵，庄襄王葬芷阳（今东门外呼韩生冢者是也），始皇葬郦邑（扶风冢亦在焉），二世葬宜春。"

秦德公徙都雍。《后汉书·郡国志一》注。

案：《史记·秦本纪》："德公元年，初居雍城大郑宫。"《晋书地道记》以为西虢地，《汉书·地理志》以为西虢县。《太康记》曰："虢叔之国有虢宫。"《括地志》："雍县南七里，故雍城是也。"

悼武王葬毕，今安陵西毕陌。《史记·秦始皇本纪》集解。

案：《史记》："悼武王享国四年，葬永陵。"《括地志》："秦悼武王在雍州咸阳西十里，俗名周文王陵，非也。"《皇览》："秦武王冢在扶风安陵县西北毕陌中，大冢是也，人以为周武王冢，非也。"

昭襄王葬芷阳，今霸陵也，自郦以西皆芷阳。《长安志补》。

案：《史记·秦始皇本纪》："重叙《秦世系》云昭襄享国五十六年，葬茝阳。"《索隐》云："十九年而立，葬芷陵也。""芷"与"茝"同，此昭襄王之陵。而其孙庄襄王亦葬芷阳，即所谓子楚陵。

秦献公都栎阳，今万年是也。《后汉书·郡国志一》注。

案：《史记》："（献公）二年，城栎阳。十一年，周太史儋见献公曰：'周故与秦国合而别，别五百岁复合，合（七）十七岁而霸王出。'十八年，雨金栎阳。"至孝公徙咸阳，筑冀阙而都之。

秦出公徙平阳，今郿之邰亭是也。《后汉书·郡国志一》注。

秦襄公二年，徙居汧。《史记·秦本纪》正义。

案：汧城在陇州汧源县南三里也，汧山在县之六十里，汧水出焉。

秦庄王葬于芷阳之骊山，京兆东南霸陵山。《水经注》卷十九。

案：刘向曰："庄王大其名立坟者也。"《战国策》曰："庄王，字异人，更名子楚，故世人犹以子楚名陵。"《史记》："始皇之父为庄襄王。"《索隐》以为葬于阳陵，《太平寰宇记》"雍州万年县"下云："霸岸在通化门东二十里，秦襄王葬于其坂，谓之霸，上有城，即秦穆公所筑。"

始皇时，彗星见。《史记·秦始皇本纪》集解。

案：始皇三十三年，明星出西方也。罗泌以始皇生于邯郸，故号曰赵政，其说非。嬴与赵本同姓。

四皓，始皇时隐于商山。作歌曰："英英高山，深谷逶迤。晔晔紫芝，可以疗饥。唐虞时远，吾将安归。"《太平御览》卷百六十八。

案：皇甫谧《高士传》云："四皓者，皆河内轵人也，或在汲，一曰东园公，二曰角里先生，三曰绮里季，四曰夏黄公，皆修道洁己，非义不动。始皇时，秦政方虐，四士避世于商山。作歌曰：'英英高山（一作漠漠商洛）。深谷逶迤。晔晔（一作烨烨）紫芝，可以疗饥。唐虞时（一作邈）远，吾将何（一作安）归。驷马高盖，其忧甚大。富贵之屈人（一作而畏人），不如贫贱之肆志（一作而轻世）。'乃共入商岭上雒，隐居地肺山，以待天下安定。"

秦凡四王二帝，合四十九年。《太平御览》卷八十六。

汉

汉出自帝尧，刘姓也，丰公生执嘉，即太上皇也。太上皇之妃曰媪，是为昭灵后。生子邦，字季，是为汉高皇帝。秦二世元年，诸侯叛秦，沛人共立为沛公。二年，入武关，至灞上，秦王子婴降。项羽自立为西楚霸王，立沛公为汉王，王巴蜀。汉元年，还攻雍，遂定三秦。五年，破楚王羽于垓下，追斩于东城，天下始定。春正月，楚王韩信等请尊为皇帝。二月，即位于定陶氾水之阳，都长安。十二年，崩于长乐宫，年六十二。初，纳吕公之女，谓之高皇后，生太子盈，代立。《初学记》卷九。

丰公家于沛之丰沛邑中阳里，其妻梦赤乌若龙戏已而生执嘉，是为太公，即太上皇也。太上皇之妃曰媪，是为昭灵后，名含始。游于洛地，有玉鸡衔赤珠出。刻曰："玉英，吞此者王。"含始吞之，生邦，字季。《太平御览》卷八十七。

案：《初学记》引云："昭灵后名含始，游于洛池，有玉鸡衔赤珠，刻曰：'玉英，吞此者王。'含始吞之，生汉祖刘季，是为丰公，即太上皇也。"一引云："是为太公太上皇。"生高祖之"玉鸡"，引作"宝鸡"。

案：《河图》云："帝刘季，日角戴胜，斗胸，龟背，龙骨股，长七尺八寸。"《合诚图》云："赤帝体为朱鸟，其表龙颜，多黑子。"案：在阳也，七十二黑子者，赤帝七十二日之数也，木火土金水，各居一方，一岁三百六十日，四方分之，各得九十日，土居中央，并索四季，各十八日，俱成七十二日，故高祖七十二黑子者，应火德七十二日之征也。《陈留风俗传》："沛公起兵野战，丧皇姊于黄乡。天下平定，使使者以梓官招幽魂。于是丹蛇在水，自洒濯入梓官。其浴处有遗发，谥曰'昭灵夫人'。"王符曰"太上皇名端"，与湍同音。《春秋纬握诚图》云："刘媪梦赤鸟如龙戏己，生执嘉。"项岱云："高祖小字季，即位易名邦，后因讳邦不讳季。"

高祖以秦昭王五十一年生，至汉十二年，年六十三。《史记·高祖本纪》集解。

案：臣瓒曰："（高）帝年四十二即位。"则生于秦庄襄王四年甲寅。王伯厚《困学纪闻》引《史记》"昭王五十一年，赧王卒"。皇甫谧曰："是岁高祖生。"袁文《瓮牖闲评》曰"秦始皇初即位，汉高祖以是年生"，非矣。

高祖为氾水亭长，送徒骊山，徒多道亡。自度比至，皆失尽，到丰西泽中，止饮，夜乃解纵所送徒。高祖即自疑，亡匿于芒砀山泽岩石之间。《初学记》卷九。【景蕘校理】

媪，盖姓王氏。《史记·高祖本纪》索隐。

案：司马贞云："近有人云'母温氏'，贞时打得班固泗水亭长古碑文，其字分明作温字，云'母温氏'。贞与贾膺复、徐彦伯、魏奉古等执对反覆沉叹。古人未闻，聊记异说于何取实也。"又案："温氏"一作"汤氏"，字相近而易。

张良，韩之公族，姬姓也。《史记·留侯世家》索隐。

案：《史记·留侯世家》《说苑·复恩》并云："张良，其先韩人，大父开地，父平。"而不冠以姓氏。王符《潜夫论·志氏姓》："张良，韩公族，姬姓。"此据受姓之初而言。皇甫谧《高士传》："张良易姓为张也。"《荀子·臣道》："韩之张去疾。"注云"盖张良之祖似其先，即以张为氏者"，杨倞说必有据。

惠帝

汉初，置长安城，本狭小，惠帝更筑广大。吕大防《长安志》卷五。

案：《长安志》又引云："汉初，置长安城，嫌其狭小，至惠帝增广筑之。"

案：大防云："以是而推，恐初置者为小城，惠帝所筑乃是外城，即今故城是也。但历代变迁，其迹不存耳，不然岂有王者之都无外郭耶？"《汉旧仪》云："长安城，方六十里，经纬各长十五里，一十二门，城中地九百七十三顷，八街九陌，三宫九府三庙。"

孝惠帝以秦始皇三十七年生，崩时年二十三。《史记·吕后本纪》集解。

张敖女为孝惠皇后，名嫣。《史记·外戚世家》索隐。

案：《史记集解》："张敖谥武侯，张偃之孙有罪绝。"颜师古曰："皇后张氏，张敖之女也。《史记》及《汉书》无名字。皇甫谧作《帝王世纪》皆为惠帝张后及孝文薄后，已下别制名焉，至于薄父之徒亦立名字，何从而得之乎？虽欲示博闻，不知陷于穿凿。"

武帝

汉武帝元鼎四年，车巡河洛，思周德，乃封姬嘉三千户，地方三十里，为周子南君，以奉周祀。元帝初元五年，嘉孙延年进爵为承休侯，在此城也。平帝元始四年，进为郑公。光武建武十三年，封于观，为卫公。封姬观为卫公。
《史记·周本纪》正义。

案：颜师古曰："南，其封邑之号，故总言周子南君。"案：自嘉以下皆姓
姬氏，著在史传。傅瓒言"子南"为氏，恐非。又案：《括地志》云："周承休
城，一名梁雀坞，在汝州梁县东北二十六里。"【景葵校理】

雍初有五畤坛，汉武帝获麟处。《太平御览》卷八百五十。

窦太后名猗房。《史记·外戚世家》索隐。

案：据士安说，"猗房，窦太后名也"，"猗"一作"倚"，而《太平御览》
引《三辅决录》云："窦后父名猗，清河人也。"《索隐》引当是误脱文字。窦后
父少翁，名青，见《隋图经》及《旧唐书》，亦误，盖少翁于观津入坠渊而死，
后遣使填以葬父，起大坟，故民号曰青山也。

王太后名娡。《史记·外戚世家》索隐。

案：《史记》："王太后，槐里人，母曰臧儿。臧儿者，故燕王臧荼孙也。臧
儿嫁为槐里王仲妻，生男曰信，与两女（《索隐》云："即后及儿姁也。"），而
仲死，臧儿更嫁长陵田氏，生男蚡胜。臧儿长女嫁为金王孙妇，生一女矣。乃
内之太子宫。太子幸爱之。孝景帝即位，王夫人生男（《索隐》曰："即武
帝也。"）。"

越王赵佗以建元四年卒，尔时汉兴七十年，佗盖百岁矣。《史记·南越尉佗列
传》集解。

按前汉十二帝，高祖一、惠帝二、高后三、文帝四、景帝五、武帝六、昭
帝七、宣帝八、元帝九、成帝十、哀帝十一、平帝十二，王莽立孺子婴居摄
三年，篡位十五年，更始立二年，自高祖元年至更始二年，凡得二百三十年。
《初学记》卷九。

光武帝

后汉光武皇帝出自景帝也，名秀，字文叔，更始元年为偏将军，破王邑，杀王寻，诛王郎，更始二年立为萧王。建武元年四月更始降赤眉。六月，光武即帝位于常山郡之阳千秋亭，都洛阳。在位三十三年。中元二年二月崩于洛阳南宫，年六十三。太子庄代立，是为孝明皇帝。《初学记》卷九。

玄晏先生曰：《左氏春秋》称夏少康之起，"有田一成，有众一旅"。若汉之再命世祖，不阶成旅之资，平暴反正，遂建中兴，夏少康同美矣。《艺文类聚》卷十二。

孺子婴

婴为孺子，三年而废为安定公，十五年而失国。更始二年，平陵方望等将婴聚众为天子，数月，更始乃杀之。《太平御览》卷八十九。

更始

春陵戴侯熊渠生苍梧太守利，利生子张，纳平林何氏女，生更始。《后汉书·刘玄传》注。

案：刘玄字圣公，光武族兄。王莽四年，诸将立为天子，改元更始。

更始名玄，字圣公，即位凡三年。《太平御览》卷九十。

孝和帝

玄晏先生曰：孝和之嗣世，正身履道，以奉大业。宾礼耆艾，动式旧典。宫无嫔嫱郑卫之燕，囿无般乐游畋之豫。躬履至德，虚静自损，是以屡获丰年，远近承风。《艺文类聚》卷十二。

献帝

孝献帝名协，字伯和。《后汉书·献帝纪》。

案：张璠《汉记》："灵帝以帝似己，故名曰协。"

献帝闻关东兵起，董卓迁帝都长安，见未央等宫，遭赤眉之乱，宫室废驰，故居京兆府舍。宋敏求《长安志》卷五。

帝以尚书郎郭溥喻（郭）汜，汜以屯部未定，乞须留之，溥因骂汜曰："卿真庸人贱夫，为国上将，今天子有命，何须留之？吾不忍见卿所行，请先杀我以章卿恶。"汜得溥言切意，乃少喻。《后汉书·董卓列传》注。

案：袁宏《后汉纪》："诏尚书郎郭浦喻汜曰：'朕遭艰难，越在西都，感惟宗庙灵爽，何日不叹，天下未定，厥心不革，武夫宣威，儒德合谋，今得东移，望远若近，视险如夷，弘农近郊庙，勿有疑也。'"

曹腾封为费亭侯，沛郡鄚县有费亭。《后汉书·郡国志二》注。

案：《隶释·汉费亭侯曹腾碑阴》："建和元年七月二十二日己巳，皇帝若曰其遣费亭侯之国。"又案：《续汉志注》以为湖陆费亭，郦道元曰："腾封鄚县之费亭也。"

文帝

文帝时，日中有王字，与日合德之象。《事类赋注》卷一。

案：《春秋潜潭巴》云："君道应阳，君臣得道，叶度则日含王字。"注："含王字者，日中有王字也。王者德象，日光所照，无不及也。"士安之说本此。

汉高帝元年始为汉王，都南郑，属关中。秦厉王所置，在《禹贡》梁州之域，北达雍南，跨巴蜀，与秦同分。二年，北徙栎阳，故秦献公之所居。后居万年，故属冯翊，今京兆县也。都长安，秦咸阳之地，今京兆所治县也。其城狭小，至惠帝元年，始更筑广，五年乃成。光武以武信侯进封萧王，在《禹贡》

徐州之域，于周以封子姓之别附庸，事在《春秋》；于汉属豫州，今沛国萧是也。及即位于鄗，更名高邑。建武元年，始都洛阳，故成周之旧基，城东西六里一十步，南北九里一百步。是以时人谓洛阳为东京，长安为西京。《太平御览》卷百五十五。

高帝葬长陵山，东西广百二十步，高十三丈，在渭水北，去长安城三十五里。《史记·高祖本纪》集解、宋敏求《长安志》。

案：《长安志》引"百"上有"一"字，"去"下有"汉"字。《括地志》："长陵在雍州万年咸阳县东三十里。"《太平寰宇记》"长陵故城在今县东北四十里"，与此不同。《关中记》云："高祖陵在西吕，后陵在东，汉帝后同茔，则为合葬，不合陵也，诸陵皆如此。"又云："长陵城有南北西三面，东面无城，陪葬者皆在东，徙关东大族万家以为陵邑，长陵令秩禄千钟，诸陵皆六百石。"

吕后（与高祖）合葬长陵。《史记·吕后本纪》集解。

案：《史记·外戚世家》曰："高后崩，合葬长陵。"《皇览》云："高帝、吕后，山各一所也。"

孝惠帝葬安陵，去长陵十里，长安北三十五里。《史记·吕后本纪》集解。

案：《楚汉春秋》："惠帝崩，吕太后欲为高坟，使从未央宫坐而见之。诸将谏。东阳侯垂泣曰：'日夜见惠帝冢，悲哀流涕无以，伤生也，臣窃哀之。'于是太后乃止。"《汉书》注臣瓒曰："安陵在长安北三十五里。"《皇览》云："山高三十二丈，广袤百二十步，居地六十亩。"又云："安陵有果园鹿苑。"《三辅黄图》云："去长陵十里。"《关中记》云："徙关东倡优乐人五千户以为陵邑，善为啁戏，故俗称女啁陵也。"

文帝葬霸陵，去长安七十里。《史记·孝文帝本纪》集解。

案：《三辅黄图》云："文帝霸陵在长安城东七十里，因山为藏，不复起坟，就其水名，因以为陵号。"《关中记》："陵上为池，池有四出，道以泻水。"《史记》："薄太后葬南陵。"《庙记》："云在霸陵南十里，故谓之南陵。"《括地志》："南陵故县在雍州万年县东南二十四里。汉南陵县，本薄太后陵邑，陵在东北，去县六里。"

孝景帝以孝惠七年生，年四十八，葬阳陵山，方百二十步，高十四丈，去长安四十五里。《史记·景帝本纪》集解。

案：宋敏求《长安志》引云"阳陵山方一百二十步，高四十丈"，西去咸阳县十五里。

案：臣瓒曰："阳陵在长安东北四十五里。"又案：景帝五年作阳陵邑，后三年葬阳陵，阳陵山方一百二十步，高十丈。

孝桓帝葬宣陵，陵高十二丈，周三百步，在洛阳东南三十里。《后汉书·桓帝纪》注。

孝质帝葬静陵，陵高五丈五尺，周百三十八步，在洛阳东北三十里。《后汉书·桓帝纪》注。

孝冲帝葬怀陵，陵高四丈六尺，周百三十八步，在洛阳西北十五里。《后汉书·顺冲质帝纪》注。

孝顺帝葬宪陵，陵高八丈四尺，周三百步，在洛阳西十五里。
孝安帝葬恭陵，陵高十五丈，周二百六十丈，在洛阳东北二十七里。《后汉书·顺冲质帝纪》注。

孝和帝葬慎陵，陵在洛阳东南三十里。《后汉书·和殇帝纪》注。

孝章帝葬敬陵，陵周三百步，高六丈二尺，在洛阳城东南三十九里。《后汉书·和殇帝纪》注。

孝明帝葬于显节陵，方三百步，高八丈，其地故富寿亭也，西北去洛阳三十七里。《后汉书·章帝纪》注。

光武帝葬于原陵，原陵方三百二十步，高六丈，在临平东南，去洛阳十五里。《后汉书·明帝纪》注。

案：《水经注》引云："光武葬临平亭南，西望平阴者也。"

孝文帝即位二十三年，年四十七，葬霸陵，因山为体，庙名顾城。《太平御览》卷八十八。

案：《汉书》："文帝四年，作顾成庙。"服虔曰："庙在长安城南。"应劭曰："文帝自为庙，制度卑狭，若顾望而成，犹文王灵台不日成之，故曰顾成。"《古今注》："顾成庙有三玉鼎、二真金炉。"《十道四蕃志》云："在万年县北苑内。"《读史方舆纪要》云："在金坞北大道南。"

孝景帝即位十六年，年四十八，葬阳陵，庙名德阳。《太平御览》卷八十八。

案：《史记》："（孝景帝）中四年三月，置德阳宫。"瓒曰："是景帝庙也，帝自作之，讳不言庙，故言宫。"《西京故事》云："鸿嘉二年八月乙卯，孝景帝庙北阙灾。"

孝武皇帝，庙名龙渊。《太平御览》卷五百三十一。

案：《三辅黄图》："今长安西茂陵东有其处，作铜飞龙，故以冠名。"又案：元光三年正月起，《水经注》云："渠北故坂北即龙渊庙。"

宣帝庙名乐游。《太平御览》卷八十九。

案：《关中记》云："宣帝许后葬长安县乐游里，立庙于曲江池北，名曰乐游庙，因葬为名。"又案：庙神爵三年春起。

孝元皇帝庙名长寿。《太平御览》卷八十九。

案：《汉书》：王莽"[堕]坏孝元庙，更为文母太后起庙，独置孝元庙，故殿[以]为文母篹食堂"。

昭帝庙名徘徊。《太平御览》卷五百三十一。

案：宋敏求《长安志》云："二庙内，武昭子孙分葬其中。"

成帝庙名池阳。《太平御览》卷八十九。

案：一作"阳池"，《玉海》《长安志》皆作"阳池"。

孝章皇帝以中元二年生于京师，其母姓秘不出号，其墓曰长信冢。《太平御览》卷九十一。

案：《蔡邕集》曰"中水侯弟伏波将军女在淑媛，作合孝明，诞生孝章"，盖当时臣子不敢斥言间帝为贾贵人所生，以未受尊号故也。

孝冲皇帝即位一年，年三岁。《太平御览》卷九十二。

孝献帝葬禅陵，陵在浊鹿城西北十里，在今怀州修武县北二十五里，陵高二丈，周回二百步。《后汉书·献帝纪》注。

案：刘澄之《地记》云："以汉禅魏故以名焉。"又案：《献帝传》曰："帝变服，率群臣哭之，使使持节行司徒、太常和洽吊祭，又使持节行大司空、大司农崔林监护丧事。诏曰：'盖五帝之事尚矣，仲尼盛称尧、舜巍巍荡荡之功者，以为禅代乃大圣之懿事也。山阳公深识天禄永终之运，禅位文皇帝以顺天命。先帝命公行汉正朔，郊天祀祖以天子之礼，言事不称臣，此舜事尧之义也。昔放勋殂落，四海如丧考妣，遏密八音，明丧葬之礼同于王者也。今有司奏丧礼比诸侯王，此岂古之遗制而先帝之至意哉？今谥公汉孝献皇帝。'使太尉具以一太牢告祠文帝庙，曰：'叡闻夫礼也者，反本修古，不忘厥初，是以先代之君，尊尊亲亲，咸有尚焉。今山阳公寝疾弃国，有司建言丧纪之礼视诸侯王。叡惟山阳公昔知天命永终于己，深观历数，允在圣躬，传祚禅位，尊我民主，斯乃陶唐懿德之事也。黄初受终，命公于国行汉正朔，郊天祀祖礼乐制度率乃汉旧，斯亦舜、禹明堂之义也。上考遂初，皇极攸建，允熙克让，莫朗于兹。盖子以继志嗣训为孝，臣以配命钦述为忠，故《诗》称："匪棘其犹，聿追来孝。"《书》曰："前人受命，兹不忘大功。"叡敢不奉承徽典，以昭皇考之神灵。今追谥山阳公曰孝献皇帝，册赠玺绶。命司徒、司空持节吊祭护丧，光禄、大鸿胪为副，将作大匠、复土将军营成陵墓，及置百官群吏，车旗服章丧葬礼仪，一如汉氏故事；丧葬所供群官之费，皆仰大司农。立其后嗣为山阳公，以通三统，永为魏宾。'于是赠册曰：'呜呼，昔皇天降戾于汉，俾逆臣董卓，播厥凶虐，焚灭京都，劫迁大驾。于是六合云扰，奸雄熛起。帝自西京，徂唯求定，臻兹洛邑。畴咨圣贤，聿改乘辕，又迁许昌，武皇帝是依。岁在玄枵，皇师肇征，迄于鹑尾，十有八载，群寇歼殄，九域咸乂。惟帝念功，祚兹魏国，大启土宇，爰及文皇帝，齐圣广渊，仁声旁流，柔远能迩，殊俗向义，乾精承祚，坤灵吐曜，稽极玉衡，允膺历数，度于轨仪，克厌帝心。乃仰钦七政，俯察五典，弗采四岳之谋，不俟师锡之举，幽赞神明，承天禅位。祚建[逮]朕躬，统承洪业。盖闻昔帝尧，元恺既举，凶族未流，登舜百揆，然后百揆时序，内平外成，授位明堂，退终天禄，故能冠德百王，表功嵩岳。自往迄今，弥历七代，岁暨三千，而大运来复，庸命底绩，纂我民主，作建皇极。念重光，绍咸池，继韶夏，超群后之遐踪，邈商周之惭德，可谓高朗令终，昭明洪烈之懿盛者矣。非夫汉、魏与天地合德，与四时合信，动和民神，格于上下，其孰能至于此乎？朕惟孝献享年不永，钦若顾命，考之典谟，恭述皇考先灵遗意，阐崇弘谥，奉成圣美，以章希世同符之隆，以传亿载不朽之荣。魂而有灵，嘉兹弘休。呜呼哀哉！'八月壬申，葬于山阳国，陵曰禅陵，置园邑。葬之日，帝制锡哀弁经，哭之恸。适孙桂氏乡侯康，嗣立为山阳公。"又案：《通典》："魏文帝封后汉帝协为山阳县公，邑万户，位在诸侯王上，奏事不称臣，受诏不拜，以天子车服，郊祭天地，宗庙祖腊如汉制，都山阳浊鹿城。青龙二年薨，谥曰孝献皇帝，以汉天子礼仪葬于禅陵。"

原陵，在临平亭之南，西望平阴，东南去洛阳十五里。《后汉书·明帝纪》注。

案：光武原陵，山方三百二十三步，高六丈六尺，垣四出司马门，寝殿、钟虡皆在周垣内，堤封田十二顷五十七亩八十五步。

显节陵山，故富寿亭也，西北去洛阳三十七里。《后汉书·章帝纪》注。

案：明帝显节陵，山方三百步，高八丈，无周垣，为行马，四出司马门，石殿、钟虡在行马内，寝殿、园省在东园寺，吏舍在殿北，堤封田七十四顷五亩。

敬陵在洛阳东南，去洛阳三十九里。《后汉书·礼仪志下》注。

案：章帝敬陵山，凡三百步，高六丈二尺，无周垣，为行马，四出司马门，石殿、钟虡在行马内，寝殿、园省在东园寺，吏舍在殿北，堤封田二十五顷五十五亩。

慎陵在洛阳东南，去洛阳四十里。《后汉书·礼仪志下》注。

案：和帝慎陵，山方三百八十步，高十丈，无周垣，为行马，四出司马门，石殿、钟虡在行马内，寝殿、园省在东园寺，吏舍在殿北，堤封田三十一顷二十亩二百步。

康陵高五丈四尺，去洛阳四十八里。《后汉书·礼仪志下》注。

案：殇帝康陵山周二百八步，高五丈五尺，行马四出司马门，寝殿、钟虡在行马中，因寝殿为庙，园吏寺舍在殿北，堤封田十三顷十九亩二百五十步。

恭陵高十一丈，在洛阳西北十五里。《后汉书·礼仪志下》注。

案：安帝恭陵山周二百六十步，高十五丈，无周垣，为行马，四出司马门，石殿、钟虡在行马内，寝殿、园吏舍在殿北，堤封田一十四顷五十六亩。

宪陵在洛阳西北，去洛阳十五里。《后汉书·礼仪志下》注。

案：顺帝宪陵山方三百步，高八丈四尺，无周垣，为行马，四出司马门，石殿、钟虡在司马门内，寝殿、园省寺吏舍在殿东，堤封田四十八顷十九亩三十步。

怀陵在洛阳西北，去洛阳十五里。《后汉书·礼仪志下》注。

案：冲帝怀陵山方百八十三步，高四丈六尺，为寝殿行马，四出门，园寺吏舍在殿东，堤封田五顷八十亩。

静陵在洛阳东，去洛阳二十二里。《后汉书·礼仪志下》注。

案：质帝静陵山方百三十六步，高五丈五尺，为行马，四出门，寝殿、钟虡在行马中，园寺吏舍在殿北，堤封田十二顷五十四亩，因寝为庙。

宣陵在洛阳东南，去洛阳三十里。《后汉书·礼仪志下》注。

案：桓帝宣陵山凡三百步，高十二丈。

文陵在洛阳西北，去洛阳二十里。《后汉书·礼仪志下》注。

案：灵帝文陵山方三百步，高十二丈。

献帝禅陵，不起坟，深五丈，前堂方一丈八尺，后堂方一丈五尺，角广六尺。在河内山阳之浊城西北，去浊城直行十一里，斜行七里，去怀陵百一十里，去山阳五十里，南去洛阳三百一十里。《后汉书·礼仪志下》注。

案：蔡质《汉官典职仪式选用》云："十二陵，今在河南尹无敬也。"

《长安志》曰："昭帝平陵在（咸阳）县东北一十三里。"《汉书》云："帝[初]作[寿]陵，制令流水而已，石椁广一丈二尺，长二丈五尺，无得起坟（陵东北作庑，长三丈五步，外为小厨，裁足祠祀）。万年之后，扫地而祭。"又见《三辅黄图》，臣瓒曰："陵在长安西北。"毕氏沅曰："当云在长安西北七十里。"《河南通志》："汉昭帝陵，在洛阳县。"非也。

《长安志》云："元帝渭陵在（咸阳）县东北一十三里。"《元和郡县图志》云："在县西北七里。"臣瓒曰："陵在长安北五十六里，王莽遣使坏渭陵园门罘罳，曰无使民复思汉氏也。"

《长安志》曰："成帝延陵，在（咸阳）县西北十五里。"《元和郡县图志》云："在县西北十三里。"《汉书》注臣瓒曰："成帝葬延陵，在扶风，去长安六十二里。"《关中记》曰："延陵，在长安西北四十里，渭陵之东，延陵是也。成帝起延陵，城邑已成，言事者以为不便，乃更造昌陵，在霸城东二十里，运沙渭滨，取东山土。东山土与粟同价，所费巨亿，[数年]而陵不成。谷永等奏昌陵积土为高山，樟村犹在实土之上，浮土之下，非永年之基。延乡之地，居高临下，道贯二州二十余县，宜还就延[乡]，乃遣卫尉淳于长行视，长奏宜如永等议，乃徙延陵。而弃初言者将作大匠郭（当作解）万年于敦煌配役。"《三辅旧事》曰："成帝作延陵，及起庙，窦将军有青竹田在庙南，恐犯蹈之，言作陵不便，乃徙作昌陵，取土十余里，土与粟同价。"

《长安志》云："哀帝义陵，在（咸阳）县西八里。"《元和郡县图志》云："在县北。"《汉书》注臣瓒曰："义陵在右扶风，去长安四十六里。"

《长安志》曰："平帝康陵，在咸阳县西二十五里。"《元和郡县志》："在县西北九里。"《汉书》注臣瓒曰："在长安北六十里。"《旧图经》曰："康陵在兴平原口。"案：《三辅黄图》亦同。

《长安志》曰："武帝茂陵，在（咸阳）县东北十七里，武帝建元二年，置茂陵邑，后元二年葬。"师古曰："本槐里之县茂乡，故曰茂陵。"臣瓒曰："茂陵在长安西北八十里。"元帝初元三年乙未，孝武园白鹤馆灾。园中五里驰逐走马之馆，不当在山陵昭穆之地。

《关中记》云："汉诸陵皆高十二丈，方一百二十步，惟茂陵[高]十四丈，方百四十步。徙民置县者凡七陵，长陵、茂陵各万户余，五陵各五千户，陵县属太常，下隶郡也。守陵、溉树、扫除凡五千人，陵令属官各一人，寝庙令一人，园长一人，门吏三十三人，侯四人。元帝时，三辅七十万户，始断不复徙人陪陵。渭陵、延陵、义陵皆不立铭[邑]。汉帝诸陵自各立庙，或在城内，或在城外，或在陵旁。又陵下园有寝室，有便殿，日祭于寝，月祭于庙，时祭于便殿，寝日四上食，庙岁二十五祠于便殿，又月一游衣。时至元帝始正迭毁禘祫之制，惟祖宗之庙世世不毁，余五庙亲尽而毁；四时祭于庙，除诸寝园，不除衣冠之游，其后或废或兴，至于王莽。"

《太平御览》引《皇览·冢墓记》："太上皇葬万年，高帝父也。高帝葬长陵，孝惠帝葬霸陵（《帝王世纪》作安陵）。诸陵皆用瓦器，不为坟。王莽之乱，天下无道，独无灾害。景帝葬阳陵，孝武皇帝葬茂陵，孝昭皇帝葬平陵，孝宣皇帝葬杜陵，孝元皇帝葬渭陵。元帝下诏曰：无置徙民，令天下无骚动之忧。自是园陵不置邑。孝成帝葬延陵，孝哀帝葬义陵，孝平帝葬原陵。"

《后汉书·礼仪志》补注引《皇览》云："汉家之葬，方中百步。已穿筑为方城，其中开四门，四通只[足]放六马，状[然]后错浑杂物，捍漆、缯绮、金宝、米谷及埋车马、虎豹、禽兽，发近郡卒徒，置将军尉侯，以后宫贵幸者皆守园陵。元帝葬，乃不用车马、禽兽等物。"【景葵校理】

魏

魏，曹姓也。武皇帝讳操，字孟德。崩年四十。《初学记》卷九。

黄初元年追尊号，谥曰武皇帝，庙号曰太祖。《太平御览》卷九十三。

魏武为魏公，都邺，今魏郡是也。后文帝因汉之旧，复都洛阳，以谯为先人本国，许昌为汉之所居，长安为西京之遗迹，邺为王业之本基，与洛阳凡五处，故号曰五都。《太平御览》卷百五十五。

案：《水经注》有此文，不云是《帝王世纪》，当用《帝王世纪》也。

魏文帝登禅于曲蠡之繁阳亭，为县曰繁昌，亦《禹贡》豫州之域，今许之封内，今颍川繁昌是也。《后汉书·郡国志二》注。

案：《北征记》云："城在许之南七十里，东有台，高七丈，方五十步，台南有坛，高二丈，方三十步，即受终之坛也。"

高贵乡公为太子舍人成济所害，年二十，以公礼葬之。《太平御览》卷九十四、《初学记》。

案：陈留王既禅位晋，封陈留王就国治邺，奉魏宗祀。

案：陈留王名奂，字景明。《魏世谱》云："晋封帝为陈留王，年五十八，太安元年崩，谥曰元皇帝。"

自黄初元年至禅晋之岁，凡五帝四十五年。文帝一，明帝二，废帝齐王三，废帝高贵乡公四，元帝五。案：魏文帝初立，号黄初元年。黄初二年，刘备于蜀称帝，号章武元年。立三年而崩，年六十三。子禅嗣位。二主合四十三年，为魏所灭。黄初三年，孙权称吴王于武昌，号黄武元年，后称帝。立二十一年而崩，年七十。子亮嗣位。自权至皓，四主合五十九年，为晋所灭。《初学记》卷九。

分野、田制、户口

自天地设辟，未有经界之制，三皇尚矣。诸子称神农之王天下也，地东西九十万里，南北八十五万里。及黄帝受命，始作舟车，以济不通。乃推分星次，以定律度，自斗十一度至婺女七度，一名须女，曰星纪之次，于辰在丑，谓之赤奋若，于律为黄钟，斗建在子，今吴、越分野。自婺女八度至危十六度，曰玄枵之次，一名天鼋，于辰在子，谓之困敦，于律为大吕，斗建在丑，今齐分野。自危十七度至奎四度，曰豕韦之次，一名娵訾，于辰在亥，谓之大渊献，于律为太蔟，斗建在寅，今卫分野。自奎五度至胃六度，曰降娄之次，于辰在戌，谓之阉茂，于律为夹钟，斗建在卯，今鲁分野。自胃七度至毕十一度，曰大梁之次，于辰在酉，谓之作噩，于律为姑洗，斗建在辰，今赵分野。自毕十二度至东井十五度，曰实沈之次，于辰在申，谓之涒滩，于律为中吕，斗建在巳，今晋、魏分野。自井十六度至柳八度，曰鹑首之次，于辰在未，谓之叶洽，于律为蕤宾，斗建在午，今秦分野。自柳九度至张十七度，曰鹑火之次，于辰在午，谓之敦牂，一名大律，于律为林钟，斗建在未，今周分野。自张十八度至轸十一度，曰鹑尾之次，于辰在巳，谓之大荒落，于律为夷则，斗建在申，今楚分野。自轸十二度至氐四度，曰寿星之次，于辰在辰，谓之执徐，于律为南吕，斗建在酉，今韩分野。自氐五度至尾九度，曰大火之次，于辰在卯，谓之单阏，于律为无射，斗建在戌，今宋分野。自尾十度至斗十度百三十五分而终，曰析木之次，于辰在寅，谓之摄提格，于律为应钟，斗建在亥，今燕分野。凡天有十二次，日月之所躔也；地有十二分，王侯之所国也。故四方方七宿，四七二十八宿，合百八十二星。东方苍龙三十二星，七十五度；北方玄武三十五星，九十八度四分度之一；西方白虎五十一星，八十度；南方朱雀六十四星，百一十二度。周天三百六十五度四分度之一。一度二千九百三十二里，分为十二次，一次三十度三十二分度之十四，各以附其七宿间。距周天积百七万九百一十三里，径三十五万六千九百七十一里。阳道左行，故太岁右转，凡中外官常明者百二十四，可名者三百二十，合二千五百星。微星之数，凡万一千五百二十星。万物所受，咸系命焉。此黄帝创制之大略也。而佗说称日月所照三十五万里。考诸子所载，神农之地，过日月之表，近为虚诞。及少昊氏之衰，九黎乱德，其制无闻矣。洎颛顼之所建，帝喾受定，则孔子称其地北至幽陵，南暨交趾，西蹈流沙，东极蟠木，日月所照，莫不底焉，是以建万国而制九州。至尧遭洪水，分为十二州，今《虞书》是也。及禹平水土，还为九州，今《禹贡》是也。是以其时九州之地，凡二千四百三十万八千二十四顷，定垦者九百三十万六千二十四顷，不垦者千五百万二千顷，民口千三百五十五万三千九百二十三人。至于涂山之会，诸侯承唐虞之盛，执玉帛亦有万国，是以《山海经》称禹使大章步自东极，至于西垂，二亿三万三千五百里七十一步。又使竖亥步[自]南极，北尽于北垂，二亿三万三千五百里七十五步，四海之内，则东西二万八千里，南北二万六千里。出水者八千里，受水者八千里，名山五千三百五十，经六万四千五十六里。出铜之山四百六十七，出铁之山三千六百九，以供财用。俭则有余，奢则不足。以男女耕织，不夺其时，故公家有三十年之积，私家有九年之储。及夏之衰，弃稷弗务，有穷之乱，少康中兴，乃复禹迹。孔甲之至桀行暴，诸侯相兼，逮汤受命，其能存者三千余国，方于涂山，十损其七。民离毒政，将亦如之。殷因于夏，六百余载，其间损益，书策不存，无以考之。又遭纣乱，至周克商，制五等之封，凡千七百七十三国，又减汤时千三百矣。民众之损，将亦如之。及周公相成王，致治刑错，民口千三百七十一万四千九百二十三人，多禹十六万一千人，周之极盛也。其后七十余岁，天下无事，民弥以息。及昭王南征不反，穆王失荒，加以幽、厉之乱，平王东迁，三十余载，至齐桓公二年，周庄王之十三年，五千里内，非天王九嫔之御，自世子公侯以下至于庶民，凡千一百八十四万七千人，除老土老疾，定受田者九百万四千人。其后诸侯相并，当春秋时，尚有千二百国。二百四十二年之中，杀君三十六，亡国五十二，诸侯奔走不得保社稷者，不可胜数。至于战国，存者十余。于是纵横短长之说，相夺于时，残民诈力之兵，动以万计。故峤有匹马之祸，宋有易子之急，晋阳之围，悬釜而炊，长平之战，血流漂卤。周之列国，唯有燕、卫、秦、楚而已。齐及三晋，皆以篡乱，南面称王。卫虽得存，不绝若线。然考苏、张之说，计秦及山东六国，戎卒尚存五百余万，推民口数，尚当千余万。及秦兼诸侯，置三十六郡，其所杀伤，三分居二；犹以余力，行参夷之刑，收大半之赋，北筑长城四十余万，南戍五岭五十余万，阿房、骊山七十余万，十余年间，百姓死没，相踵于路。陈、项又肆其余烈，故新安之坑，二十余万，彭城之战，睢水不流。至汉祖定天下，民之死伤，亦数百万。是以平城之卒，不过三十万，方之六国，五损其二。自孝惠至文、景，与民休息，六十余岁，民众大增，是以太仓有不食之粟，都内有朽贯之钱。武帝承其资畜，军征三十余岁，地广万里，天下之众亦减半矣。及霍光秉政，乃务省役。至于孝平，六世相承，虽时征行，不足大害，民户又息。元始二年，郡、国百三，县邑千四百八十七，地东西九千三百二里，南北万三千三百六十八里，定垦田八百二十七万五百三十六顷，民户千三百二十三万三千六百一十二，口五千九百一十九万四千九百七十八人，多周成王四千五百四十八万五十五人，汉之极盛也。及王莽篡位，续以更始、赤眉之乱，至光武中兴，百姓虚耗，十有二存。中元二年，民户四百二十七万千六百三十四，口三千一百万七千八百二十人。永平、建初之际，天下无事，务在养民。迄于孝和，民户滋殖。及孝安永初、元初之间，兵饥之苦，民人复损。至于孝桓，颇增于前。永寿二年，户千六百七万九百六，口五千六万六千八百五十六人，垦田亦多，单师屡征。及灵帝遭黄巾，献帝即位而董卓兴乱，大焚宫庙，劫御西迁，京师萧条，豪杰并争，郭汜、李傕之属，残害又甚，是以兴平、建安之际，海内凶荒，天子奔流，白骨盈野。故陕津之难，以箕撮指，安邑之东，后裳不完，遂有寇戎，雄雌未定，割剥庶民，三十余年。及魏武皇帝克平天下，文帝受禅，人众之损，万有一存。景元四年，与蜀通计，民户九十四万三千四百二十三，口五百三十七万二千八百九十一人。又案正始五年，扬威将军朱照日所上吴之所领兵户凡十三万二千，推其民数，不能多蜀矣。昔汉永和五年，南阳户五十余万，汝南户四十余万，方之于今，三帝鼎足，不逾二郡，加有食禄复除之民，凶年饥疾之难，见可供役，裁若一郡。以一郡之人，供三帝之用，斯亦勤矣。自禹至今二千余载，六代损益，备于兹焉。《后汉书·郡国志一》注。

自神农以上，有大九州柱州、迎州、神州之等，黄帝以来德不及远，惟于神州之内分为九州，黄帝受命，风后受图割地，布九州，置十二国。《后汉书·郡国志一》注。

案：《月令章句》曰："周天三百六十五度四分度之一，分为十二次日月之所躔也。地有十二分，王侯之所国也，每次三十二度，三十三分之十四日，至其初为节，至其中为气。自危十度至壁八度，谓之豕韦之次，立春、雨水居之，卫之分野。自壁八度至胃一度，谓之降娄之次，惊蛰、春分居之，鲁之分野。自胃一度至毕六度，谓之大梁之次，清明、谷雨居之，赵之分野。自毕六度至井十度，谓之实沉之次，立夏、小满居之，晋之分野。自井十度至柳三度，谓之鹑首之次，芒种、夏至居之，秦之分野。自张十二度至轸六度，谓之鹑尾之次，立秋、处暑居之，楚之分野。自轸六度至亢八度，谓之寿星之次，白露、秋分居之，郑之分野。自亢八度至尾四度，谓之大火之次，寒露、霜降居之，宋之分野。自尾四度至斗六度，谓之析木之次，立冬、小雪居之，燕之分野。自斗六度至须女二度，谓之星纪之次，大雪、冬至居之，越之分野。自须女二度至危十度，谓之玄枵之次，小寒、大寒居之，齐之分野。"蔡邕分星次度数，与皇甫谧不同，兼明气节所在，故载焉。

案：《汉书·郡国志》注、应劭《汉官仪》云："永和中，户至千七十八万，口五千三百八十六万九千五百八十八。"又，《帝王世纪》："永嘉二年，户则多九十七万八千七百七十一，口七百二十一万六千六百三十六，应载极盛之时，而所殊甚众。舍永嘉多，取永和少，良不可解。"皇甫谧校核精审，复非谬记，未详孰是。岂此是顺朝时书，后史即为本乎？伏无忌所记每帝崩辄最户口及垦田大数今列于后，以见滋减之差焉："光武中元二年，户四百二十七万九千六百三十四，口二千一百万七千八百二十。明帝永平十八年，户五百八十六万五百七十三，口三千四百一十二万五千二十一。章帝章和二年，户七百四十五万六千七百八十四，口四千三百三十五万六千三百六十七。和帝永兴元年，户九百二十三万七千一百一十二，口五千三百二十五万六千二百二十九，垦田七百三十二万一百七十顷八十亩百四十步。安帝延光四年，户九百六十四万七千八百三十八，口四千八百六十九万七千八百八十九，垦田六百九十四万二千八百九十二顷一十三亩八十五步。顺帝建康元年，户九百九十四万六千九百一十九，口四千九百七十三万五百五十，垦田六百八十九万六千二百七十一顷五十六亩一百九十四步。冲帝永嘉元年，户九百九十三万七千六百八十，口四千九百五十二万四千一百八十三，垦田六百九十五万七千六百七十六顷二十亩百八步。质帝本初元年，户九百三十四万八千二百二十七，口四千七百五十六万六千七百七十二，垦田六百九十三万一百二十三顷三十八亩。"又案：杜佑曰："诸国分野具于班固《汉书》及皇甫谧《帝王世纪》，下分区域，上配星躔，固合同时不应前后，当吴之未亡，天下列国尚有数十，其时韩魏赵三卿又未为诸侯，晋国犹在，岂分其土地，自吴灭至分晋，凡八十六年，时既不同，若为分配。"又案：诸国地分，略考所在封疆，详辩隶属，甚为乖互，不审二子依据。《汉书》又云："今之苍梧、郁林、合浦、交趾、九真、南海、日南，皆越分野。夏少康庶子，封于会稽。后二十余代，至勾践灭吴称伯后六代而亡。后十代，至闽君摇。汉复立为越王，都东瓯，则今永嘉郡也。是时秦南海尉赵佗亦称王，五岭之南皆佗所有也。"又案：越之本封，在于会稽，至勾践强盛，有江淮之地，天子致胙，号称霸王。正当战国之时，凡得百四十二岁。后至秦汉，方有闽摇。虽虚引其历代兴亡，而地分星躔，皆不相涉。及赵佗奄有，时代全乖。未知取舍，何所准的。凡为著述，诚要审详也。但编旧文，不加考核，递相因袭，是误后学。只恐本将诸国上配天文，既多舛谬，或无凭据。然已载前史，历代所传，今且依其本书，别其境土，盖备一家之学，示无阙也。

帝王世纪（潘介祉辑本）

〔晋〕皇甫谧　撰

〔清〕潘介祉　辑

安正发　整理

帝王世纪序

　　自天地设辟，未有经界之制，三皇尚矣。诸子称神农之王天下也，地东西九十万里，南北八十五万里。及黄帝受命，始作舟车，以济不通。乃推分星次，以定律度，自斗十一度至婺女七度，一名须女，曰星纪之次，于辰在丑，谓之赤奋若，于律为黄钟，斗建在子，今吴、越分野。自婺女八度至危十六度，曰玄枵之次，一名天鼋，于辰在子，谓之困敦，于律为大吕，斗建在丑，今齐分野。自危十七度至奎四度，曰豕韦之次，一名娵訾，于辰在亥，谓之大渊献，于律为太蔟，斗建在寅，今卫分野。自奎五度至胃六度，曰降娄之次，于辰在戌，谓之阉茂，于律为夹钟，斗建在卯，今鲁分野。自胃七度至毕十一度，曰大梁之次，于辰在酉，谓之作噩，于律为姑洗，斗建在辰，今赵分野。自毕十二度至东井十五度，曰实沈之次，于辰在申，谓之涒滩，于律为中吕，斗建在巳，今晋、魏分野。自井十六度至柳八度，曰鹑首之次，于辰在未，谓之叶洽，于律为蕤宾，斗建在午，今秦分野。自柳九度至张十七度，曰鹑火之次，于辰在午，谓之敦牂，一名大律，于律为林钟，斗建在未，今周分野。自张十八度至轸十一度，曰鹑尾之次，于辰在巳，谓之大荒落，于律为夷则，斗建在申，今楚分野。自轸十二度至氐四度，曰寿星之次，于辰在辰，谓之执徐，于律为南吕，斗建在酉，今韩分野。自氐五度至尾九度，曰大火之次，于辰在卯，谓之单阏，于律为无射，斗建在戌，今宋分野。自尾十度至斗十度百三十五分而终，曰析木之次，于辰在寅，谓之摄提格，于律为应钟，斗建在亥，今燕分野。凡天有十二次，日月之所躔也；地有十二分，王侯之所国也。故四方方七宿，四七二十八宿，合百八十二星。东方苍龙三十二星，七十五度；北方玄武三十五星，九十八度四分度之一；西方白虎五十一星，八十度；南方朱雀六十四星，百一十二度。周天三百六十五度四分度之一。一度二千九百三十二里，分为十二次，一次三十度三十二分度之十四，各以附其七宿间。距周天积百七万九百一十三里，径三十五万六千九百七十一里。阳道左行，故太岁右转，凡中外官常明者百二十四，可名者三百二十，合二千五百星。微星之数，凡万一千五百二十星。万物所受，咸系命焉。此黄帝创制之大略也。而佗说称日月所照三十五万里。考诸子所载，神农之地，过日月之表，近为虚诞。及少昊氏之衰，九黎乱德，其制无闻矣。洎颛顼之所建，帝喾受定，则孔子称其地北至幽陵，南暨交趾，西蹈流沙，东极蟠木，日月所照，莫不底焉，是以建万国而制九州。至尧遭洪水，分为十二州，今《虞书》是也。及禹平水土，还为九州，今《禹贡》是也。是以其时九州之地，凡二千四百三十万八千二十四顷，定垦者九百三十万六千二十四顷，不垦者千五百万二千顷，民口千三百五十五万三千九百二十三人。至于涂山之会，诸侯承唐虞之盛，执玉帛亦有万国，是以《山海经》称禹使大章步自东极，至于西垂，二亿三万三千五百里七十一步。又使竖亥步南极，北尽于北垂，二亿三万三千五百里七十五步，四海之内，则东西二万八千里，南北二万六千里。出水者八千里，受水者八千里，名山五千三百五十，经六万四千五十六里。出铜之山四百六十七，出铁之山三千六百九，以供财用。俭则有余，奢则不足。以男女耕织，不夺其时，故公家有三十年之积，私家有九年之储。及夏之衰，弃稷弗务，有穷之乱，少康中兴，乃复禹迹。孔甲之至桀行暴，诸侯相兼，逮汤受命，其能存者三千余国，方于涂山，十损其七。民离毒政，将亦如之。殷因于夏，六百余载，其间损益，书策不存，无以考之。又遭纣乱，至周克商，制五等之封，凡千七百七十三国，又减汤时千三百矣。民众之损，将亦如之。及周公相成王，致治刑错，民口千三百七十一万四千九百二十三人，多禹十六万一千人，周之极盛也。其后七十余岁，天下无事，民弥以息。及昭王南征不反，穆王失荒，加以幽、厉之乱，平王东迁，三十余载，至齐桓公二年，周庄王之十三年，五千里内，非天王九嫔之御，自世子公侯以下至于庶民，凡千一百八十四万七千人，除有土老疾，定受田者九百万四千人。其后诸侯相并，当春秋时，尚有千二百国。二百四十二年之中，杀君三十六，亡国五十二，诸侯奔走不得保社稷者，不可胜数。至于战国，存者十余。于是纵横短长之说，相夺于时，残民诈力之兵，动以万计。故嶲有匹马之祸，宋有易子之急，晋阳之围，悬釜而炊，长平之战，血流漂卤。周之列国，唯有燕、卫、秦、楚而已。齐及三晋，皆以篡乱，南面称王。卫虽得存，不绝若线。然考苏、张之说，计秦及山东六国，戎卒尚存五百余万，推民口数，尚当千余万。及秦兼诸侯，置三十六郡，其所杀伤，三分居二；犹以余力，行参夷之刑，收大半之赋，北筑长城四十余万，南戍五岭五十余万，阿房、骊山七十余万，十余年间，百姓死没，相踵于路。陈、项又肆其余烈，故新安之坑，二十余万，彭城之战，睢水不流。至汉祖定天下，民之死伤，亦数百万。是以平城之卒，不过三十万，方之六国，五损其二。自孝惠至文、景，与民休息，六十余岁，民众大增，是以太仓有不食之粟，都内有朽贯之钱。武帝承其资畜，军征三十余岁，地广万里，天下之众亦减半矣。及霍光秉政，乃务省役。至于孝平，六世相承，虽时征行，不足大害，民户又息。元始二年，郡、国百三，县邑千四百八十七，地东西九千三百二里，南北万三千三百六十八里，定垦田八百二十七万五百三十六顷，民户千三百二十三万三千六百一十二，口五千九百一十九万四千九百七十八人，多周成王四千五百四十八万五十五人，汉之极盛也。及王莽篡位，续以更始、赤眉之乱，至光武中兴，百姓虚耗，十有二存。中元二年，民户四百二十七万千六百三十四，口三千一百万七千八百二十人。永平、建初之际，天下无事，务在养民。迄于孝和，民户滋殖。及孝安永初、元初之间，兵饥之苦，民人复损。至于孝桓，颇增于前。永寿二年，户千六百七万九百六，口五千六万六千八百五十六人，垦田亦多，单师屡征。及灵帝遭黄巾，献帝即位而董卓兴乱，大焚宫庙，劫御西迁，京师萧条，豪杰并争，郭汜、李傕之属，残害又甚，是以兴平、建安之际，海内凶荒，天子奔流，白骨盈野。故陕津之难，以箕撮指，安邑之东，后裘不完，遂有寇戎，雄雌未定，割剥庶民，三十余年。及魏武皇帝克平天下，文帝受禅，人众之损，万有一存。景元四年，与蜀通计，民户九十四万三千四百二十三，口五百三十七万二千八百九十一人。又案正始五年，扬威将军朱照日所上吴之所领兵户凡十三万二千，推其民数，不能多蜀矣。昔汉永和五年，南阳户五十余万，汝南户四十余万，方之于今，三帝鼎足，不逾二郡，加有食禄复除之民，凶年饥疾之难，见可供役，裁若一郡。以一郡之人，供三帝之用，斯亦勤矣。自禹至今二千余载，六代损益，备于兹焉。《后汉书·郡国志一》注。

帝王世纪卷第一

晋征士安定皇甫谧士安　撰

三皇纪

太昊庖牺氏

太昊包牺氏，风姓。燧人之世，有大人迹出雷泽，华胥履之，生庖牺于成纪也。蛇身人首，有圣德，都陈。作瑟三十六弦，长八尺一寸。燧人氏没，庖牺氏代之，继天而王，首德于木，为百王先，帝出于震。未有所因，故位在东方，主春，象日之明，是以称太昊（一作皞）。有景龙之瑞，故以龙纪官。制嫁娶之礼，未有文章。烹谷为粥，燔肉为炙，取牺牲以充（一作供）庖厨，食天下，故号曰庖牺氏，是为牺皇。后世音谬，故或谓之伏牺，或谓之密牺。一解云："虑"，古"伏"字，后误以"虑"为"密"，故号曰密牺，一号雄黄氏。在位一百一十年。《北堂书钞》十七，《艺文类聚》十、十一，《初学记》九、三十，《太平御览》七十八、三百六十、九百二十九，《事类赋·龙赋》注。

宓牺氏，以木德王，风姓也。一曰庖牺氏，亦曰太昊。蛇身人首，生有圣德，母号华胥，都于陈。作瑟有三十六弦。其理天下也，仰则观象于天，俯则观法于地，鸟兽之文与地之宜。近取诸身，远取诸物，于是造书契，以代结绳之政，画八卦，以通神明之德，以类万物之情，所以六气、六府、五脏、五行、阴阳、四时、水火、升降，得以有象，百病之理，得以类推。炎黄因斯乃尝味百药，而制九针，以拯天枉焉。《太平御览》七百二十一、张杲《医说》一。

宓羲为天子，都陈，在《禹贡》豫州之域。西望外方，东及明绪。于周陈胡公所封，故《春秋传》曰："陈，太昊之墟也。"于汉属淮阳，今陈国是也。神农氏亦都陈，又营曲阜。故《春秋》称"鲁大庭氏之库"。黄帝都涿鹿，于《周官》幽州之域，在汉为上谷。而《世本》云"涿鹿在彭城南"。然则上谷本名彭城，今上谷有涿鹿县及蚩尤城，阪泉地又有黄帝祠，皆黄帝战蚩尤之处也。或曰"黄帝都有熊，今河南新郑"是也。少昊氏自穷桑登位，故《春秋传》曰："世不失职，遂济穷桑。"穷桑在鲁北，后徙曲阜，于周为鲁。在《禹贡》徐州蒙羽之野，奎娄之分，降娄之次，周以封伯禽，故《春秋传》曰"命伯禽而封少昊之墟"，是以《书叙》称"鲁公伯禽宅曲阜"是也。颛顼氏自穷桑徙商丘，于周为卫。在《禹贡》冀州太行之东北。逾常山及兖州桑土之野，营室东壁之分，豕韦之次，故《春秋传》曰"卫，颛顼之墟也，谓之帝邱"，今东郡濮阳是也。帝喾氏都亳，今河南偃师是也。《禹贡》外方之城，嵩之北。或言在梁，非也。帝尧氏始封于唐，今中山唐县是也。尧山在北，唐水在西北，入唐河。南有望都县，有都山，即尧母庆都之所居也，相去五十里。都山一名豆山。北登尧山，南望都山，故名其县曰望都。而《地理志》"尧山在唐南山中"，张晏以尧山实在唐北。《地理志》："尧之都，后徙涿鹿。"《世本》云："在彭城南。"今上谷郡北，自有彭城，非宋彭城也。后又徙晋阳，今太原县也，于《周礼》在并州之域，及为天子，都平阳，于《诗风》为唐国，武王子叔虞封焉，更名唐。故吴季札闻唐之歌曰："思深哉，其有陶唐氏之遗民乎！"帝舜其所营都，或言蒲阪，即河东县。《史记·五帝本纪》注，《后汉书·郡国志一》注，《太平御览》八十、一百五十五。

帝女娲氏

帝女娲氏，亦风姓也，承庖牺制度，始作笙簧。亦蛇身人首，一号女希，是为女皇。《淮南子》曰："往古之时，四极废，九州裂，天不兼覆，地不周载，火爁炎而不灭，水浩洋而不息。猛兽食颛民，鸷鸟攫老弱。于是女娲炼五色石以补天，断鳌足以立四极，杀黑龙以济冀州，积芦灰以止淫水。"其末诸侯有共工氏，任知刑以强，伯而不王，以木承水，非行次，故《易》不载。及女娲氏没，次有大庭氏、柏皇氏、中央氏、栗陆氏、骊连氏、赫胥氏、尊卢氏、混沌氏、昊英氏、有巢氏、朱襄氏、葛天氏、阴康氏、无怀氏，凡十五世，皆袭庖牺之号。《艺文类聚》十一，《初学记》九，《太平御览》七十八。

皇甫谧以为有巢在女娲之后。《礼记疏》一，《艺文类聚》十一，《初学记》九，《太平御览》七十八。

炎帝神农氏

《易》称："庖牺氏没，神农氏作，是为炎帝。"《孟疏》五下，《史记·五帝本纪》注。

炎帝神农氏，姜姓也。母曰任姒，有乔氏之女，名女登，为少典妃。游于华阳，有神龙首感女登于常（一作尚）羊山，生炎帝，人身牛首，长于姜水，因以氏焉。生有圣德。以火承木，位在南方，主夏，故谓之炎帝。初都于陈，作五弦之琴。始教天下耕种五谷而食之，以省杀生之弊，故人号曰神农氏。尝味草木，宣药疗疾，以救夭伤之命。百姓日用而不知，著《本草》四卷。在位百二十年而崩。帝承、帝临、帝明、帝直、帝来、帝衰、帝榆冈，凡八世，合五百三十年。

本起烈山，或时称之，一号魁隗氏，是为农皇。或曰炎帝时，诸侯夙沙氏叛不用命，箕文谏而杀之。炎帝退而修德，夙沙之民自攻其君，而归炎帝。营都于鲁。重八卦之数，究八八之体，为六十四卦，在位百二十年而崩，葬于长沙。《春秋疏》五十三，《北堂书钞》十，《艺文类聚》十、十一，《初学记》八、九，《太平御览》七十、七十八、七百二十一，《医说》一，《玉海》一百九十五。

神农氏，起列山，渭列山氏，今南阳郡随厉乡是也。《后汉书·郡国志四》注，《玉海》二十四。

炎帝杀蚩尤于中冀，名其地曰绝辔之野。《北堂书钞》十三，《艺文类聚》六，《太平御览》五十五。

蚩尤氏强，与榆冈争王于涿鹿之阿。《太平御览》五十六。

帝王世纪卷第二

晋征士安定皇甫谧士安　撰

五帝纪

黄帝有熊氏

　　黄帝有熊氏，少典之子，姬姓也。母曰附宝，其先即炎帝。母家有蟜（音乔）氏之女，世与少典氏婚，故《国语》兼称焉。及神农氏之末，少典氏又娶附宝，见大电光绕北斗枢星照郊野，感附宝，孕二十五月而生黄帝于寿丘（干宝云："二十五月生"，余同）。长于姬水，龙颜，有圣德，受国于有熊，居轩辕之邱，故因以为名，又以为号。治五气，设五量。与神农氏战于阪泉之野，三战而克之。以风后配上台，天老配中台，五圣配下台，谓之三公。其余知天、规纪、地典、力牧、常先、大鸿、神皇直、封钜人镇大山、稽鬼、奥区、封胡、孔甲等，或以为师，或以为将，分掌四方，各如己视，故号曰黄帝四目。又使岐伯尝味百草，典医疗疾，今《经方》《本草》之书咸出焉。其史仓颉，又取象鸟迹，始作文字之篆。史官之作，盖自此始。记其言行，策而藏之，名曰书契。得宝鼎，兴封禅，有景云之瑞，故以云纪官，以土德王。黄帝亦号帝鸿氏，或曰归藏氏，或曰帝轩。吹律定姓，纪钟甄声。有四妃，生二十五子，元妃西陵氏嫘祖，次妃方雷氏曰女节，次曰彤鱼氏，次曰嫫母。在位百年而崩，年百一十岁。或言寿三百岁，故宰我疑以问孔子。孔子曰："人赖其利，百年而崩；人畏其神，百年而亡；人用其教，百年而移。故曰三百年。"
《史记·五帝本纪》注，《后汉书·张衡传》注，《北堂书钞》十一、十七《初学记》一、十，
《白孔六帖》五十五，《太平御览》七、十二、一百三十五、二百三十五，《事类赋·星赋》
注，《玉海》六、一百二十五、一百三十四，《锦绣万花谷·前集》十八。

及神农氏衰，黄帝修德化（一作抚）民，诸侯咸去神农而归之。黄帝于是
乃扰驯猛兽，与神农氏战于阪泉之野，三战而克之。又征诸侯，使力牧、神
皇直讨蚩尤氏，擒之于涿鹿之野；使应龙杀之于凶黎之邱。凡五十五（一作
二）战，而天下大服。或传以为仙，或言寿三百岁，葬于上郡阳周之桥山。
《艺文类聚》十、十一，《初学记》九，《白孔六帖》三十三，《太平御览》七十九，《玉海》
一百九十五。

黄帝有熊氏，少典之子，姬姓也，长于姬水。龙颜，有圣德，生而能言，
役使百灵。可谓天授自然之体也，犹不能坐而得道，故以地皇元年正月甲子将
游名山，以求神仙。时方明力牧从焉，东到青邱，见紫府先生，受三皇天文，
以效万神，至具茨，而见大隗君，而受神芝图，至盖上见中皇真人，受九茄
散方，至罗霍见黄盖童子，受金银方十九首，适崆峒而问广成子，受以《自然
经》，造峨眉山并会地皇君，受以《真一经》，入金谷问导养质元素二女，著
体诊则问对雷公、岐伯、伯高、少俞之论，备论经脉，傍通问难，以为经教，
制九针，著《内外术经》十八卷。陟王屋山玉阙之下，清斋三日，乃登于玉阙
之上，入琼琳台于金杌之上，得元女九鼎神丹，飞香炉火之道，乃于茅山，采
禹余粮烹之，得铜，遂还荆山之下，鼎湖之上，参炉定药，虎豹万群，为之视
火，九鼎神丹成，有黄龙下，迎黄帝上，升群臣后宫，从上者七十余人，其
小臣不得上，乃悉持龙髯，拔堕帝弓。万姓仰望，帝既上升，乃抱其弓与髯
而号，故后世因名其处为鼎湖，其弓名乌号。《太平御览》七百二十一、张杲《医
说》一。

黄帝采首山铜，铸鼎荆山下。有龙垂胡髯而下，迎黄帝。群臣欲从，持龙
髯，髯拔，遂堕。《太平御览》九百二十九。

黄帝生于寿邱，在鲁城东门之北。《后汉书·郡国志二》注。

黄帝始去皮服，为上衣以象天，为下裳以象地。《北堂书钞》一百二十九。

岐伯，黄帝臣也。帝使岐伯尝味草木，典主医疾，《经方》《本草》《素问》之书咸出焉。《初学记》二十，《太平御览》七百二十一、张杲《医说》一。

黄帝命雷公、岐伯教制九针，著《内外经》，《素问》之书咸出焉。《黄帝内传》曰：帝升为天子，《针经》《脉诀》无不备也，故《金匮甲乙》之类，皆祖黄帝。张杲《医说》二。

黄帝梦大风吹，天下尘垢皆去。又梦人执千钧之弩，驱羊数万群。帝寤而叹曰："风为号令，执政者也。垢去土，后在也。天下岂有姓风名后者哉？夫千钧之弩，异力能远者也；驱羊数万群，是能牧民为善者也。天下岂有姓力名牧者哉？"于是依二梦之占而求之，得风后于海隅，登以为相；得力牧于大泽，进以为将。《太平御览》三十七、三百九十七。

黄帝服斋于中宫，坐于元扈。洛上乃有大鸟，鸡头、燕喙、龟颈、龙形、麟翼、鱼尾，其状如鹤，体备五色，三文成字，首文曰顺德，背文曰信义，膺文曰仁智。不食生虫，不履生草，或止帝之东园，或巢阿阁。其饮食也，必自歌舞，音如箫笙。《初学记》三十，《太平御览》九百十五，《事类赋·凤赋》注，《玉海》一百九十九。

黄帝时，天大雾三日。帝出游洛水（一作川）之上，见大鱼，杀五（一作三）牲以醮之，天乃甚雨，七日七夜。鱼流于海，始得图书焉。今之《河图视萌》之篇即其书也。世传"凡大雾三日，必有甚雨，雨未降，不可冒行"，自此始也。《北堂书钞》一百五十八，《艺文类聚》二、九十九，《初学记》六，《白孔六帖》七，《太平御览》十、十五，《事类赋·海赋》注一百九十九。

黄帝于东海流波山得奇兽，状如牛，苍身、无角，能走，出入水则风雨，光如日月，其音如雷，名曰夔。黄帝杀之，以其皮为鼓，声闻五百里。《初学记》九，《太平御览》八百九十九，《事类赋·鼓赋》注。

黄帝损庖羲之瑟为二十五弦，长七尺二寸。《北堂书钞》一百九。

黄帝使伶伦氏为渡漳之歌。《北堂书钞》一百六。

昔蚩尤无道，黄帝讨之于涿鹿之野。西王母遣道人以符授之。黄帝乃立请祈之坛，亲自受符。视之，乃昔者梦中所见也，即于是日擒蚩尤。《北堂书钞》一百三。

黄帝伐九黎。《北堂书钞》十三。

黄帝时，螾大如虹。《太平御览》九百四十七。

少昊金天氏

少昊帝，名挚，字青阳，姬姓也。母曰女节。黄帝时，有大星如虹，下流华渚。女节梦接意感而生少昊，是为元嚣。降居江水，有圣德，邑于穷桑，以登帝位，都曲阜，故或谓之穷桑帝，以金承土，帝即图谶所谓"白帝朱宣"者也。故称少昊，号金天氏。在位百年而崩。《后汉书·张衡传》注，《北堂书钞》十七，《艺文类聚》十、十一，《初学记》九《太平御览》七十九。

少昊时，有凤鸟之瑞，以鸟纪官。于是修其器用政度，户无淫民，天下大治，作乐曰九渊。《北堂书钞》一百五。

帝颛顼高阳氏

帝颛顼高阳氏，黄帝之孙，昌意之子，姬姓也。母曰景仆，蜀山氏女，为昌意正妃，谓之女枢。金天氏之末，瑶光之星贯月如虹，感女枢幽房之宫，女枢生颛顼于若（一作弱）水（《搜神记》同），首戴干戈，有圣德。父昌意，虽黄帝之嫡，以德劣，降居若水，为诸侯。及颛顼生，十年而佐少昊，十二年而冠，二十而登帝位，平九黎之乱，以水承金，位在北方，主冬，以水事纪官。命南正重司天以属神，北正黎司地以属民。于是民神不杂，万物有序。始都穷桑，后徙商邱，命飞龙效八风之音，作乐五英，以祭上帝。纳胜坟氏女娽（娽，音禄），生老童。世有才子八人，号八凯。颛顼在位七十八年，年九十一岁。岁在鹑火而崩，葬东郡顿邱广阳里。《礼记疏》十七，《北堂书钞》十七、一百五十四，《艺文类聚》十一，《初学记》九，《太平御览》七十九、一百三十五，《锦绣万花谷前集》十八，《玉海》一百三。

帝喾高辛氏

帝喾高辛氏，姬姓也。其母不见，生而神异，自言其名曰夋。骈齿，有圣德。年十五而佐颛顼，三十而登帝位，都亳。以木承水，以人事纪官，故以句芒为木正，祝融为火正，蓐收为金正，元冥为水正，后土为土正，五行之官，分职而治诸侯，于是化被天下。遂作乐六茎，以康帝位。世有才子八人，号曰八元。亦纳四妃，卜其子皆有天下。元妃有台氏女，曰姜嫄，生后稷。次妃有娀氏女，曰简翟，生卨；次妃陈丰氏女，曰庆都，生放勋；次妃娵訾氏女，曰常仪，生帝挚。帝喾在位七十五年，年一百五岁而崩，葬东郡顿邱广阳里。陶弘景云："在位六十三年，年九十二。"《史记·五帝本纪》注，《北堂书钞》九十二，《艺文类聚》十一，《初学记》九，《太平御览》八十，《资治通鉴》注一百六，《玉海》一百三。

帝喾命倕作鞞。《玉海》百十。

帝喾击磬，凤凰舒翼而舞。《白孔六帖》九十四。

帝挚

帝挚之母娵訾，于四人之中，其班最下，而挚年兄弟最长，故得登帝位，封异母弟放勋为唐侯。挚在位九年，政软弱，而唐侯德盛，诸侯归之。挚服其义，乃率其群臣造唐朝而致禅，因委至心愿为臣。唐侯于是知有天命，乃受帝禅，而封挚于高辛氏。事不经见，汉故仪郎东海卫宏所传云尔。《太平御览》八十、一百三十五。

帝王世纪卷第三

晋征士安定皇甫谧士安　撰

唐纪

帝尧陶唐氏

　　帝尧陶唐氏，伊祁姓也，母曰庆都，生而神异，常有黄云覆其上，观河渚，遇有赤龙，感而孕，怀十四月而生尧于丹陵，名曰放勋。鸟庭荷胜，眉有八采，丰下锐上，或从母姓伊祁氏。年十五而佐帝挚，受封于唐，为诸侯。身长十尺。尝梦攀天而上之，故年二十而登帝位，以火承木，都平阳。置敢谏之鼓，天下大和。命羲和四子羲仲、叔、和仲、和叔，分掌四时、方岳之职，故名曰四岳也。诸侯有苗氏，处南蛮而不服，尧征而克之于丹水之浦，乃以尹寿、许由为师，命伯夔放山川溪谷之音，作乐大章。天下大和，百姓无事。有八十老人击壤于道，观者叹曰："大哉，帝之德也。"老人曰："吾日出而作，日入而息，凿井而饮，耕田而食，帝何力于我哉？"于是景星耀（一作曜）于天，甘露降于地，朱草生于郊，凤皇止于庭，嘉禾孳于亩，澧泉涌于山。有僬侥氏来贡没羽，厨中自生肉脯，其薄如翣形，摇鼓则生风，使食物寒而不臭，名曰翣脯。又有草夹阶而生，随月而生死。每月朔日生一荚，至月半则生十五荚，自十六日后，日落一荚，至月晦而尽。若月小则余一荚，厌而不落，王者以是占日月之数，惟盛德之君，应和气而生，故尧有之，名曰蓂荚（一名历荚，一名仙茆，一名瑞草）。始封稷、契、咎繇，褒进伯禹，纳舜于大麓。后年二月，又率群臣刻璧为书，东沉于洛水，言天命当传舜之意，今《尚书中候·运衡》《握河纪》之篇是也。始尧在位五十年登舜，二十年始老，使舜摄政二十八年。尧与方回游阳城而崩，《尚书》所谓"二十有八载，放勋乃殂落"是也。百姓如丧考妣，三载，四海遏密八音。凡尧即位九十八年，年百一十八岁，葬于济阴之成阳西北，是为谷林。《墨子》以为"尧堂高三尺，土阶三等"。尧取散宜氏女，曰女皇，生丹朱（《汉书》亦云女莹），又有庶子九人，皆不肖，故以天下命舜，曰："咨尔舜，天之历数在尔躬，允执其中，四海困穷，天禄永终。"及尧三年丧毕，舜践天子位。《北堂书钞》一百五十七，《艺文类聚》一、四十一，《初学记》一、四、九，《太平御览》四、八十、一百三十五，《事类赋·月赋》注《事类赋·风赋》注，《玉海》八十七、一百九十七，《锦绣万花谷前集》十八，《后集》二。

尧以甲申岁生，甲辰即帝位，甲午征舜，甲寅舜代行天子事，辛巳崩，年百一十八，在位九十八年。《史记·五帝本纪》注。

中山国有左人乡。《后汉书·郡国志二》注。

尧时，日月如合璧。《北堂书钞》一百五十。

请不死之药。《北堂书钞》十二。

虞纪

帝舜有虞氏

帝舜有虞氏，姚姓也。其先出自颛顼。颛顼生穷蝉，穷蝉有子曰敬康，敬康生勾芒。勾芒有子曰桥牛，桥牛生瞽瞍。瞽瞍之妻曰握登，陶唐之世，握登见大虹，意感而生舜于姚墟，故姓姚氏，目重瞳，故名重华，字都君。龙颜大口，黑色，手中有褒文，身长六尺一寸，有圣德。始迁于负夏，贩于顿邱，债于傅虚。家本冀州，每徙则百姓归之。其母早死，瞽瞍更娶，生象。象傲而父顽母嚚，咸欲杀舜。舜能和谐，大杖则避，小杖则受。年二十始以孝闻。尧以二女娥皇、女英妻之，耕于历山之阳，耕者让畔，渔于雷泽，渔者让渊，陶于河滨，陶者器不窳。尧于是见舜处于贰宫，设飨礼，迭为宾主，南面而问政，然后赐以缔衣琴瑟，必筑宫室，封之于虞，乃命舜为司徒、太尉。试以五典，遂举八凯，使佐后土，以揆百事，举八元，使布五教于四方，四恶除而天下咸服，遂纳于大麓，烈风雷雨弗迷，舜于是有大功二十，故梦眉长与发等，尧乃赐舜以昭华之玉，老而命舜代己摄政。明年正月上日，舜始受终于文祖，以太尉行事，舜摄政二十八年而尧崩，三年丧毕，舜年八十一，以仲冬甲子，月次于毕，始即真，改正朔，以土承火，色尚黄，以正月元日格于文祖，乃询四岳，辟四门，明四目，达四聪。舜东巡狩，登南山，观河渚，受图书。褒赐群臣，尊任伯禹、稷、契、皋繇、伯益地。有苗氏负固不服，禹请征之。舜曰："我德不厚而行武，非道也。吾前教由未也。"乃修教三年，执干戚而舞之，有苗请服。立诽谤之木，申命九官十二牧及殳斨、朱虎、熊黑等二十五人，三载一考绩，黜陟幽明。禹为司空，功被天下，弃为后稷，播时百谷，契为司徒，敬敷五教，皋繇为士，典刑惟明，倕为共工，莫不致力，益为朕虞，庶物繁植，伯夷为秩宗，三礼不阙，夔为乐正，神人以和，龙为纳言，出内惟允，于是俊乂在官，群后德让，百僚师师，以五采章施于五色为服，以六律、五声、八音协治。治用之和，烝民乃粒，万邦作乂，庶绩咸熙。乃作《大韶》之乐，《箫韶》九成。凤凰来仪，击石拊石，百兽率舞。故孔子称《韶》尽美矣，又尽善也。景星曜于房，群瑞毕臻，地出乘黄，舜于是德被天下。初，舜既践帝位，而父瞽瞍尚存，舜常戴天子车服而朝焉。天下大之，故曰大舜。都乎咸阳，或营蒲坂、妫汭，嫔于虞，故因号有虞氏。有二妃，元（一作长）妃娥皇无子；次妃女英，生商均；次妃癸比氏，生二女霄明、烛光。有庶子八人，皆不肖，故以天下禅禹。舜年八十即真，八十三而荐禹于天，九十五而使禹摄政。摄政五年，有苗氏叛，南征，崩于鸣条，年百岁也。《尚书》曰："舜生三十登庸，三十在位，五十载陟方乃死。"（孔安国注：《通服》尧丧三年，其一共三十之数，凡寿一百一十一岁。）殡以瓦棺，葬于苍梧九嶷山之阳，是谓零陵，谓之纪市，在今营道县，下有群象常为之耕田。《孝经纬》《史记·五帝本纪》注，《文选·王元长策秀才文》注，《北堂书钞》九十二，《艺文类聚》十、十一，《初学记》九、二十九，《太平御览》八十一、八百十九、八百九十，《事类赋·象赋》注，《玉海》一百五十五。

舜以尧之二十一年甲子生，三十一年甲午征用，七十九年壬午即真，百岁癸卯崩。《史记·五帝本纪》注。

尧求贤，而四岳荐舜，尧乃命于顺泽之阳。《文选·王融曲水诗序》注。

舜恭己无为，弹五弦琴，歌《南风之诗》曰："南风之时兮，可以阜吾民之财兮。南风之薰兮，可以解吾人之愠兮。"《初学记》一，《太平御览》九、五百七十一，《事类赋·风赋》注，《事类赋·乐赋》注，《事类赋·歌赋》注。

舜时，僬侥氏来贡没羽，西王母慕舜之德，来献白环及玦、益地图，东倭重译而纳贡。《北堂书钞》十，《初学记》二十，《白孔六帖》七，《太平御览》六百二十六，《玉海》一百五十四。

昆仑之北，玉山之神，人身虎首，豹尾蓬头。《太平御览》三十八。

舜所都，或言蒲坂，或言平阳，或言潘。潘，今上谷也。《史记·五帝本纪》注。

安康谓之妫墟，或谓之姚墟，今金州。《太平御览》一百六十八。

姚墟在汉中郡西北，有舜祠。《后汉书·郡国志五》注。

舜嫔于虞，虞城是也。亦谓吴城，今河内郡。《后汉书·郡国志一》注。

尧以二女妻舜，封之于虞，因以虞为氏。虞，今河东大阳县西山上虞城是也。《书疏》二，《论疏》八，《孟疏》八上，《春秋疏》五十七，《史记·五帝本纪》注。

舜耕历山，渔雷泽，济阴郡有历山。《后汉书·郡国志》注三。

陶河滨，济阴定陶西南陶邱亭是也。

作什器于寿邱，在鲁东门之北。二则，《史记·五帝本纪》注。

帝王世纪卷第四

晋征士安定皇甫谧士安　撰

夏纪

伯禹帝夏后氏

　　伯禹帝夏后氏，姒姓也，其先出自颛顼。颛顼生鲧，尧封为崇伯，纳有莘氏女曰志，是为修己。见流星贯昴，梦接意感，栗然，又吞神珠薏苡，妃胸拆而生禹于石纽。虎鼻大口，两耳参漏，首戴钩钤，胸有玉斗，右足文履己，故名文命，字高密。身长九尺二（一作九）寸，长于西羌，夷人也。初，禹未登用之时，其文既降在匹庶，有圣德，梦自洗于河西，观于河，始受图，括地象也。图言治水之意，四岳师举之，舜进之尧，尧命以为司空，继鲧治水，乃劳身涉勤（一作勤苦），不重径尺之璧，而爱日之阴，手足胼胝，故世传禹病偏枯，足不相过，至今巫称禹步是也。又纳礼贤人（　作士），一沐三握发，一食三吐哺，十三年而洪水平。尧美其绩，乃赐姓姒氏，封为夏伯，故谓之伯禹。天下宗之，谓之大禹。年二十始用，三十二而洪水平。及尧崩，舜复命居故官。禹年七十四，舜始荐之于天。后十二年，舜老，始使禹代摄行天下事。五年舜崩，禹除舜丧，明年始即真，以金承土，都平阳，或都安邑。年百岁，崩于会稽，因葬会稽山阴县之南，今山上有禹冢并祠，下有群鸟芸田。始纳涂山氏之女，生子启，即位（修纪，或云修己，未详。皇甫谧云：自禹至桀并数有穷，凡十九王，合四百三十二年。禹一，启二，太康三，仲康四，相五，羿六，寒浞七，少康八，杼九，槐十，芒十一，泄十二，降十三，扃十四，廑十五，孔甲十六，皇十七，发十八，桀十九）。《史记·夏本纪》注，《三国志·蜀书·秦宓传》注，《世说新语》上之上注，《艺文类聚》十、十一，《初学记》九，《太平御览》八十二，《玉海》十四、一百九十五。

禹葬，衣衾三领，桐棺三寸，葛以绷之，下不及泉，上不通臭。既葬，收余壤为垄，若参耕之亩。《北堂书钞》九十二，《艺文类聚》十一，《太平御览》三十七。

禹始纳涂山氏女，曰女娲，合昏于台桑，有白狐九尾之瑞，至是为攸女。故《连山易》曰"禹娶涂山之子，名曰攸女，生启"是也。《太平御览》一百三十五，《玉海》三十五。

禹治水毕，天赐元珪，西戎渠搜国服禹之德，献其珍裘（一作来献褐裘）也。《北堂书钞》一百二十九，《太平御览》六百九十四。

禹见罪人，下车泣之，是罪己也。《春秋疏》九。

禹生石纽，县有石纽邑，今蜀郡。《后汉书·郡国志五》注。

禹避商均浚仪，今陈留郡。《后汉书·郡国志三》注。

禹会涂山，扬州之域，当涂县有禹聚。《初学记》八。

禹铸鼎于荆山，在冯翊怀德之南，今其下荆渠也。《后汉书·郡国志一》注。

禹葬会稽，有群鸟应民，春耕则衔去草根，啄除其芜秽，故谓之鸟社。《白孔六帖》九十四。

夏鲧封崇伯，故《春秋传》曰："谓之有崇伯鲧，国在秦晋之间。"《左氏传》曰"赵穿侵崇"是也。禹受封为夏伯，在《禹贡》豫州外方南，角亢氏之分，寿星之次，于秦汉属颍川，本韩地，今河南阳翟是也。受禅都平阳，或在安邑，或在晋阳。于汉平阳、安邑，皆属河东。晋阳属太原，在冀州太行恒山之西，太原太岳之野，参伐之分，实沈之次，于周为晋，今司隶并州之域也。相徙商邱，于周为卫，成公梦康叔曰"相夺予享"是也。少康中兴，复还旧都，故《春秋传》曰"复禹之迹，不失旧物"是也。《世本》又言"夏后居阳城"，本在大梁之南，于战国大梁魏都，今陈留浚仪是也。按《经传》曰："夏与尧、舜，同在河北冀州之域，不在河南也。"故《五子歌》曰："惟彼陶唐，有此冀方，今失厥道，乱其纪纲，乃底灭亡。"言自禹至太康，与唐虞不易都城也。然则居阳城者，自谓禹避商均时，非都也。故《战国策》称："桀之居，左天门之险，右天溪之阳，成皋在其北，伊洛出其南。"吴起对魏武侯亦言："桀之居，左河济，右太华，伊阙在其南，羊肠在其北。"按《地理志》：上党商都，有天井关，即天门也。有羊肠坂，在太原晋阳西北九十里，为通西上郡关，即吴起之所云也。洛皆在阳城，非都审矣。《史记·夏本纪》注，《太平御览》一百五十五。

帝启

启升后十年，舞九韶，三十五年征河西。《玉海》一百三。

帝启，一名建，一名余。德教施于四海，贵爵而上齿，养国老于东序，养庶老于西序。在位九年，年八十余而崩矣。《御览》卷八十二。

夏启元年甲辰，十年癸丑崩。《史记·夏本纪》注。

阳城有启母冢，今颍川郡。

颍川郡有钧台，在县西。二则，《后汉书·郡国志二》注。

扶风甘亭在县南，夏启伐有扈，大战于甘，又南山有王季冢。《后汉书·郡国志》注，《北堂书钞》十三。

帝太康

太康无道，在位二十九年，失政而崩。《太平御览》八十二。

河南城西有郏鄏陌，太康畋于有雒之表，今河之南，本传有贠辕山。《后汉书·郡国志一》注。

帝相

帝相，一名相安。自太康已来，夏政凌迟，为羿所逼，乃都商邱，依同姓诸侯斟灌氏、斟鄩氏。羿遂袭帝号，为羿帝。《后汉书·桓帝纪》注，《太平御览》八十三。

附有穷后羿

羿有穷氏，未闻其姓，其先帝喾。以上世掌射正故，于是加赐以彤弓素矢，封之于鉏，为帝司射。历唐及虞、夏，至羿，学射于吉甫，其臂长，故亦以善射闻。与吴贺北游，贺使羿射雀。羿曰：“生之乎？杀之乎？”贺曰：“射其左目。”羿引弓射之，误中右目。羿俯首而愧，终身不忘。故羿之善射，至今称之。及有夏之衰，羿自鉏迁于穷石，因夏民以代夏政，逼篡帝位，故号有穷氏。《文选·鲍昭拟古诗》注，《太平御览》八十二，《玉海》一百二十五。

附寒浞

寒浞，有穷氏，既篡羿位，复袭有穷之号。浞因羿之室生浇及豷，多力，能陆地荡舟。浞使奡率师灭斟灌、斟寻氏，杀夏帝相于过，灭豷于戈。恃其诈力，不恤民事。初，夏之杀帝相也，妃有仍氏女曰后缗，方娠，逃出自窦，归于有仍，生少康焉。初，夏之遗臣曰靡，事羿；羿死，逃奔有鬲氏。收斟寻二国余烬，杀寒浞而立少康。《太平御览》八十二。

帝少康

禹自安邑，都晋阳，曾孙帝相迁帝邱，子少康中兴，还乎旧都，复禹之迹也。《初学记》八。

少康子帝杼，杼子帝芬，芬子帝芒，芒子帝世，世子帝不降，不降弟帝乔，乔子帝广也。至帝孔甲，孔甲，不降子。《春秋疏》五十三。

帝宁

帝宁，一号后杼，或曰公孙曼，能率禹之功，夏人报祭之。在位十七年。《太平御览》八十二。

帝槐

帝芬，一名帝槐，或曰祖武，在位二十六年。《太平御览》八十二。

元年甲申。《通鉴外纪》二。

帝芒

帝芒，一名和，或曰帝芒。《太平御览》八十二。

在位十三年。《通鉴外纪》二。

帝泄

帝泄，一名帝世，或曰泄宗，在位十六年。《太平御览》八十二。

帝不降

帝不降，一名帝降，或曰北成。“北”字或作“江”字。《太平御览》八十二。

帝扃

帝扃，一名帝禺，或曰高阳。在位二十一年。《太平御览》卷八十二。

帝厪

帝厪，一名项，或曰董江，元年甲辰，在位二十年。《太平御览》八十二，《通鉴外纪》二。

帝皋

帝皋，一名皋苟。《太平御览》八十二。

帝发

帝发在位十一年。《通鉴外纪》二。

帝桀

　　帝桀淫虐有才，力能伸钩索铁，手能搏熊虎。多求美女，以充后宫，为琼室、瑶台，金柱三千，始以瓦为屋，以望云雨。大进侏儒倡优，为烂熳之乐，设奇伟之戏，纵靡靡之声，日夜与妹喜及宫女饮酒。常置妹喜于膝上。妹喜好闻裂缯之声而笑，为发缯裂之，以顺适其意。以人驾车。肉山脯林，以为酒池，可使运舟，一鼓而牛饮者三千余人，醉而溺水。以虎入市，而视其警。诸侯叛桀，关龙逄引皇图而谏，桀杀之。伊尹举觞造桀，谏曰："君王不听群臣之言，亡无日矣。"桀闰然析，哑然叹曰："子又妖（写作祆）言，天之有日，由（一作如）吾之有民，日亡吾乃亡耳。"两日斗蚀，鬼呼于国，桀醉不寤。汤来伐桀，以乙卯日战于鸣条之野，桀未战而败绩。汤追至大涉，遂禽桀于焦，放之历山，乃与妹喜及诸嬖妾同舟浮海，奔于南巢之山而死。《书疏》十一，《左传疏》九，《太平御览》五十七、八十二。

　　五星错行。《北堂书钞》四十二。

　　桀败于鸣条之野，案《孟子》"舜卒于鸣条"，乃在东夷之地。或言陈留平邱，今有鸣条亭也。唯孔安国注《尚书》云："鸣条在安邑之西。"考三说之验，孔为近之。《后汉书·野王二老传》注，《太平御览》一百三十五、一百九十四、八百十四。

帝王世纪卷第五

晋征士安定皇甫谧士安　撰

商纪一

商

简翟浴元邱之水，燕遗卵，吞之，剖背生契。《太平御览》三百七十一。

有燕飞而遗卵，简翟与妹竞取，覆以玉筐。《太平御览》八百五。

契所封，今京兆弘农也。《后汉书·郡国志一》注。

殷帝成汤

殷出自帝喾，子姓也。主癸之妃曰扶都，见白气贯月，意感而以乙日生汤，故一名履，字天（一作帝）乙，是谓成汤帝。丰下锐上，皙而有髯，指有胼。倨身而扬声，长九尺，臂四肘，有圣德。诸侯不义者，汤从而征之，诛其君，吊其民，天下咸悦（一作服），故东征则西夷怨，南征则北狄怨，曰："奚为而后我。"故《仲虺诰》曰"徯我后，后来其苏"也。凡二十七征，而德施于诸侯。出见罗者方祝，汤问之曰："尔之祝何也？"罗者曰："从天下者，从地出者，从四方来者，皆入吾罗。"汤闻曰："嘻，尽之矣，非桀其孰能为此哉？"乃下车，命解其三面，而置（一作留）其一面。更教之祝曰："昔蛛蝥作网，今人欲结，欲左者左，欲右者右，欲高者高，欲下者下，吾取其犯命者。"汉南诸侯闻之，咸曰："汤之德至矣，泽及禽兽，况于人乎。"一时归者三十六国。及夏桀无道，罪谏者，汤使人哭之，桀因汤使于夏台，而后释之，诸侯由是咸叛桀附汤，同日贡职者五百国。三年而天下悉服。将伐桀，先灭韦顾、昆吾。革车三万，遂战于鸣条之野。桀奔于南巢之山，汤乃即天子之位。以水承金，始居亳，为天子。汤自伐桀后，大旱七年。洛川竭，使人持三足鼎祝于山川，曰："欲（一作政）不节耶，使民疾耶？苞苴行耶？谗夫昌耶？宫室营耶？女谒行耶？何不雨之极也？"殷史卜曰："当以人祷。"汤曰："吾所为请雨者，民也。若必以人祷，吾请自当。"遂斋戒，剪发断爪，以己为牺牲，祷于桑林之社。曰："惟予小子，履敢用元牡，告于上天。"后土曰："万方有罪，罪在朕躬；朕躬有罪，无及万方。万方无以一人之不敏，使上帝鬼神伤民之命。"言未已而果大雨至，方数千里。汤即位十七年而践天子位，为天子十三年，年百岁而崩。汤娶有莘氏女为正妃，生太子丁、外丙、仲壬。太子早卒，外丙代立。

皇甫谧云：商之享国也，三十一王，是见居位者，实三十王。而言三十一者，兼数太子丁也。自汤得位至纣，凡六百二十九年。成汤一，外丙二，仲壬三，太甲四，沃丁五，太康六，小甲七，雍己八，太戊九，仲丁十，外壬十一，河亶甲十二，祖乙十三，祖辛十四，沃甲十五，祖丁十六，南庚十七，阳甲十八，盘庚十九，小辛二十，小乙二十一，武丁二十二，祖庚二十三，祖甲二十四，廪辛二十五，庚丁二十六，五乙二十七，太丁二十八，帝乙二十九，纣三十。《商书》曰："成汤既没，太甲元年。"孔安国注云："太甲、太丁，汤孙也。太丁未立而卒，及汤没而太甲立，称元年。《谥法》：'残义损善曰纣。'败于牧野，悬首白旗。从黄帝至纣三十六世。纣二年，纳妲己。二十年，囚文王。三十年，武王观兵于孟津。"《史记·殷本纪》注，《后汉书·张衡传》注，《周举传》注，《北堂书钞》十、十三，《艺文类聚》十二，《初学记》九、二十二，《太平御览》八十三、三百七十、九百四十八，《事类赋·虫赋》注，《锦绣万花谷前集》十八，《玉海》一百九十五。

汤思贤，梦见有人负鼎抗俎，对己而笑。寤而占曰："鼎为和味，俎者割截，天下岂有人为吾宰者哉？"初，力牧之后曰伊挚，耕于有莘之野，汤闻以币聘有莘之君。有莘之君遂嫁女于汤，以挚为媵臣，至亳乃负鼎抱俎见汤也。《太平御览》三百九十七。

伊挚丰下锐上，色黑而短，偻身而下声，年七十而不遇。汤闻其贤，设朝礼而见之。挚乃说汤，至于王道。《后汉书·冯衍传》注。

汤问葛伯，何故不祀，曰："无以供牺牲。"汤遗之以羊。《太平御览》九百二。

汤时，有神牵白狼衔（写作唧）钩入殷朝者，乃东观沉璧于洛，获黄鱼黑玉之瑞。于是始受命称王。《北堂书钞》一百五十八，《初学记》六，《太平御览》九百九。

奇肱民能为飞车，从风远行。汤时，西风吹奇肱车至于豫州，汤破其车，不以示民。十年，东风至，汤复作车，遣赐之，去玉门四万里。《事类赋·风赋》注。

殷时有仙女，名昌容，隔肉见骨。《太平御览》三百七十五。

汤即天子位，遂迁九鼎于亳，至大坰而有惭德。《文选·王融曲水诗序》注。

亳王号汤，西夷之国也。《史记·秦本纪》注。

商契始封于商，在《禹贡》太华之阳，上洛商是也。《世本》："契居蕃，相徙商邱。"本颛顼之墟，故陶唐氏之火正阏伯之所居也。故《春秋传》曰："阏伯居商邱，祀大火，相因之，故商主大火。"谓之辰，故辰为商星，今濮阳是也。然则契之所封，商邱商洛是也。商土于周为卫是也。而学者以商邱为羿封，谬也。汤始居亳，学者咸以亳本帝喾之墟，在《禹贡》豫州洛河之间，今河南偃师西二十里尸乡之阳亭是也。以为考之事实，甚失其正。《孟子》称："汤居亳，与葛为邻。"按《地理志》：今梁国宁陵之葛乡是也。汤地七十里，葛又伯耳，封域有制；葛伯不祀，汤使亳众为之耕，有童子饷食，葛伯夺而杀之。计宁陵至偃师八百里，而使亳众为之耕，有童子饷食，非其理也。今梁自有二亳，南亳在谷熟，北亳在蒙，非偃师也。故古文《仲虺之诰》曰："乃葛伯仇饷，初征自葛。"即《孟子》之言是也。汤又盟诸侯于景亳，然则二亳皆在梁矣，《春秋》"会于亳"是也。太甲既立，不明，伊尹放诸桐。《世本》又言："太甲从上司马，在邺西南。"按《诗》《书》太甲无迁都之文，桐宫其在斯乎！仲丁徙嚣，河亶甲徙相，在河北，故《书序》曰"河亶甲居相"是也。祖乙徙耿，为河所毁，故《书序》曰"祖乙圮于耿"，今河东有耿乡是也。及盘庚立，复南居亳之殷地，故《书序》曰"将治亳殷"，今偃师是也。然则殷有三亳，二亳在梁国，一亳在河南也。谷熟为南亳，即汤都也；蒙为北亳，即景亳，汤所盟地；偃师为西亳，即盘庚所徙者也。故《立政篇》曰"三亳阪尹"是也。武丁徙朝歌，于周为卫，今河内县也。纣自朝歌北筑沙丘，《地理志》："在巨鹿东北七十里。"邯郸国属赵，于《禹贡》在冀州大陆之野，昴毕之分，大梁之次。至今民俗歌谣，男女淫纵，犹有纣之余风，世称赵女之美是也。《书疏》七，《史记·殷本纪》注，《后汉书·郡国志》注，《初学记》二十四，《太平御览》八十三、一百五十五。

河内郡安邑县西有鸣条陌，汤伐桀，战昆吾亭。《后汉书·郡国志一》注。

帝王世纪卷第六

晋征士安定皇甫谧士安　撰

商纪二

帝太甲

太甲反位，又不怨，故更尊伊尹曰保衡，即《春秋传》所谓"伊尹放太甲，卒为明王"是也。太甲修政，殷道中兴，号曰太宗。《孔丛子》所谓"忧思三年，追悔前愆，起而即政，谓之明王"者也。一名祖甲，享国三十三年，年百岁。

桐宫，盖殷之墓地，有离宫可居，在邺西南。二则，《太平御览》八十三。

帝沃丁

帝沃丁八年，伊尹卒。年百有余岁，天大雾三日。沃丁葬以天子之礼，祀以大牢，亲自临丧三年，以报大德焉。《书疏》八，《初学记》二，《太平御览》十五、八十三，《事类赋·雾赋》注，《通鉴外纪》五。

帝太戊

太戊问于伊陟曰："臣闻妖不胜德，帝之政事有阙。"白帝修德。太戊退而占之，曰："桑谷野木，而不合生于朝，意者朝亡乎。"太戊惧，修先王之政，明养老之礼，三年而远方重译而至七十六国（《尚书·咸乂序》正义引皇甫谧云："是言妖不胜德也。"）。《书疏》八。

帝祖乙

帝祖乙以乙日生，故谓之帝乙。孔子所谓"五世之外，天之锡命，疏可同名"者也。是以祖乙不为讳，盖殷礼也。《太平御览》八十三。

殷祖乙徙耿，为河所毁。今河东皮氏耿乡是也。盘庚五迁，复南居亳，今景亳是也。《世说新语》上之上注。

帝盘庚

帝盘庚徙都殷，始改商曰殷。《太平御览》八十三。

盘庚以耿在河北，迫强山川。自祖辛以来，奢淫不绝，乃度河，将徙都亳之殷地。人咨嗟相怨，不欲徙。盘庚乃作书三篇，以告谕之。今《尚书·盘庚》三篇是也。亳在偃师。《后汉书·郎𫖮传》注。

帝武丁

武丁即位，谅暗居凶庐。百官总己，听于冢宰，三年不言。既免丧，犹不言。群臣谏，武丁于是思建良辅。梦天赐贤人，胥靡之衣蒙之而来，且云："我徒也，姓傅名说，天下得我者，岂徒也哉。"武丁悟而推之曰："傅者，相也；说者，欢悦也。天下当有傅我而说民者哉。"明日，以梦视百官，百官皆非也。乃使百工写其形像，求诸天下。果见筑者，胥靡衣褐带索，执役于虞虢之间、傅岩之野，名说，以其得之傅岩，是谓傅说，登以为相。享国五十有九年，年百岁。初，高宗有贤子孝己，其母早死，高宗惑后妻之言，放之而死，天下哀之。张晏曰："胥靡，刑名。胥，相也；靡，从也。谓相从坐轻刑也。"《书疏》七，《后汉书·郎𫖮传》注，《世说新语》上之上注，《太平御览》八十三，《通鉴外纪》二。

远方来译至者十六国。《北堂书钞》十。

帝祖甲

《春秋外传》所谓"元王勤商，十有四世，帝祖甲乱之，七世而陨"是也。《太平御览》八十三。

帝武乙

帝武乙复济河，北徙朝歌。《太平御览》八十三。

帝乙

帝乙有二妃，正妃生三子，长子微子启，中曰微仲行，小曰受。庶妃生箕子年，次启，皆贤。初，启母之生启及行也，尚为妾。及立为后，乃生辛。帝乙以启贤且长，欲以启为太子。太史据法争之，帝乙乃立辛为太子。帝乙即位三十七年。《太平御览》八十三、一百三十五。

帝纣

帝纣能倒曳九牛，抚梁易柱。有苏氏叛，纣因伐苏。苏人以美女妲己奉纣，纣大悦，赦苏而纳妲己为妃，常与沉醉于酒。所誉者贵，所憎者诛。淫纵愈甚，始作象箸。箕子为父师，叹曰："象箸必不更于土瓯，必将犀玉之杯，食熊蹯、豹胎。必不衣（一作服）短褐，处茅屋之下，必将衣文绣之衣，游于九层（一作重）之台，居于广室之中矣。"居五年，纣果造倾宫，作琼室、瑶台，饰以美玉，七年乃成。其大三（一作十）里，其高千丈，其大宫百，其小宫七十三处，多采美女以充之，妇人衣绫纨者三百余人。宫中九市，车行酒，马行炙，以百二十日为一夜。武王伐殷，乃归倾宫之女于诸侯也。六月发民行猎于西山，居期年，天下大风雨，飘牛马，坏屋树，天火烧其宫两日并尽。六月雪，或雨赤血，或鬼哭，或山鸣。纣不惧，愈慢神，诛谏士，为长夜之饮，七日七夜，失忘历数，不知甲乙，问于左右，左右莫知。使问箕子，箕子谓其私人曰："为天下主，而一国皆失日，天下危矣。一国不知，而我独知之，我其危矣。"亦乱以醉。熊蹯不熟，纣怒杀宰人。斫朝涉之胫而视其髓，刳孕妇之腹而观其胎，又杀人以食虎。诸侯或叛，妲己以罚轻，纣欲重刑，乃先作为大熨斗，以火蒸之。使人举，辄烂手，不能胜。纣怒，乃更为铜柱，以膏涂之，加于蒸炭之上，使男女有罪者裸形缘焉，足滑跌堕火中，纣与妲己笑为乐，名曰"炮烙之刑"。武王乃率诸侯来伐纣，纣有亿兆夷人，起师自容间至浦水，与同恶诸侯五十国，凡十七万人，距周于商郊之牧野。纣师皆倒戈而战。纣即位三十二年，正月甲子败绩，赴宫登鹿台，蒙宝衣玉席，自投于火而死。周武王封其子武庚为殷后。《后汉书·桓帝纪》注，《陈蕃传》注，《北堂书钞》四十二、一百三十五、一百四十五，《白孔六帖》十六，《太平御览》八十三、七百十二、八百十五。

纣糟丘酒池肉林，在城西，今河内郡。《后汉书·郡国志一》注。

纣为玉箸。箕子曰："玉箸，必食熊蹯、豹胎。"散宜生献纣黑豹。《太平御览》八百九十二。

纣以鬼侯为三公，鬼侯有女美，而进之于纣，纣悦之。妲己乃泣而潜之，纣怒鬼侯女，遂杀之，醢鬼侯。《太平御览》三百八十一。

脯九侯，以飨诸侯；酌梅酒，以赐文王。

炙翼侯。二则，《北堂书钞》四十一。

纣剖比干妻，以视其胎。《书疏》十一。

投珍物为沙邱苑。《北堂书钞》二十。

女人与政。《北堂书钞》二十一。

期而与当，言而不信。《北堂书钞》四十二。

帝王世纪卷第七

晋征士安定皇甫谧士安　撰

周纪一

周

弃恤民勤稼，盖封地方百里，巡教天下。死于黑水之间、潢渚之野。《太平御览》五十五。

后稷冢去中国三万里也。《史记·周本纪》注。

云都，亚圉字。《史记·周本纪》注。

古公亶父，是为大王。以修德为百姓所附，狄人攻之，以皮币事之，不得免焉。又事之以玉帛，不得免焉。又事之以犬马，不得免焉。遂策杖而去，逾梁山，止于岐山之阳，邑于周地，故始改国曰周。豳人闻之曰："仁人不可失也。"东循而奔，从之者如归市焉，一年而成三千户之邑，二年而成都，三年五倍其初，王于是改戎俗，筑城郭，立宗庙，设官司，即《诗》所谓"乃召司空，乃召司徒。俾立室家，其绳则直。作庙翼翼，筑之登登。削屡冯冯"者也。周道之端，盖自此始。《后汉书·陈龟传》注，《太平御览》一百五十六。

扶风有周城，周太王所徙，南有周原。《后汉书·郡国志一》注。

王季于帝乙殷王之时，赐九命为西长，始受圭瓒秬鬯，皆以为王季受九命，作东西太伯。《论疏》八。

公季葬鄠县之南山。《史记·周本纪》注。

周，姬姓也，文王始修政三年，而天下二分归之，入为纣三公。年十五而生太子发。文王九十七而崩。太子发代立，是为武王。武王二年，观兵至孟津之上；四年始伐殷，为天子。以木承水，自酆徙都镐。武王崩，年九十三，诵代立，是为成王。

皇甫谧云：自克殷至秦灭周之岁，凡三十七王，八百六十七年。武王一，成王二，康王三，昭王四，穆王五，恭王六，懿王七，孝王八，夷王九，厉王十，宣王十一，幽王十二，平王十三，桓王十四，庄王十五，厘王十六，惠王十七，襄王十八，顷王十九，匡王二十，定王二十一，简王二十二，灵王二十三，景王二十四，悼王二十五，敬王二十六，贞定王二十七，元王二十八，哀王二十九，思王三十，考王三十一，威烈王三十二，元安王三十三，夷烈王三十四，显圣王三十五，慎靖王三十六，郝王三十七。《初学记》九。

季历之妃生文王昌，龙颜虎肩，身长十尺，胸有四乳，敬老慈幼，晏朝不食，以延四方之士。文王合六州之诸侯，以朝纣。纣以崇侯之谗而怒诸侯，请送文王，弃于程。十年正月，文王自商至程。太姒梦见商庭生棘，太子发取周庭之梓树之于阙间，梓化为松柏柞棫。觉而惊，以告文王。文王不敢占，召太子发，命祝以币告于宗庙群神，然后占之于明堂，及发并拜吉梦，遂作《程寤》。始文王继父为西伯，都于雍州之地。及受命，复兼梁荆二州，化被于江汉之域。于是诸侯附之者六州，而文王不失臣节。先是文王梦日月之光著其身，又鸑鷟鸣于岐，作武象之乐。神农氏始作五弦之琴，以具宫、商、角、徵、羽之音。历九代，至文王复增其二弦曰少宫、少商。文王嗣位五十年，即《周书》所谓"文王受命，享国五十年"是也。《北堂书钞》一百五，《艺文类聚》一，《初学记》十九，《太平御览》八十四，《玉海》一百三、一百十。

文王晏朝不食，以延四方之士，是以太颠、闳夭、散宜生、南宫适之属咸至，是为四臣。文王虽在诸侯之位，袭父为西伯，纣既囚文王，文王之长子曰伯邑考，质于殷，为纣御，纣烹以为羹，赐文王，曰："圣人当不食其子羹。"文王得而食之。纣曰："谁谓西伯圣者，与食其子羹，而尚不知也。"《艺文类聚》十二，《太平御览》八十四、三百七十九、八百六十一。

佐化于外。《北堂书钞》十一。

文王生伯邑考，次武王，次管叔鲜，次蔡叔度，次郕叔武，次霍叔处，次周公旦，次曹叔振铎，次康叔封，次聃叔季载，其名则同，其次则异。《通鉴外纪》二。

文王受命，四年周正月丙子朔，昆夷伐周，一日三至周之东门。文王闭门修德，而不与战。《通鉴外纪》二。

散宜生、南宫括、闳夭学乎吕尚，尚知三人贤，结朋友之交。及纣囚文王，乃以黄金千镒与宜生，令求诸物与纣。《后汉书·史弼传》注。

庖牺氏作八卦，神农重之为六十四卦，黄帝尧舜引而伸之，分为二易。至夏人因炎帝曰《连山》，殷人因黄帝曰《归藏》，文王居于牖里，广六十四卦，著七八九六之爻，谓之《周易》。《北堂书钞》九十九，《初学记》二十，《太平御览》六百九。

庖牺氏作瑟，文王益其少宫、少商，听凤以定律。《北堂书钞》十七。

周有密须之鼓。《北堂书钞》一百八。

周时有大火降于王屋，流为赤鸟，为周瑞也。《白孔六帖》九十四。

国安其主，好文则凤皇翔。《太平御览》九百十五。

文王居程，徙都酆，故此加为上程，河南有上程聚。《后汉书·郡国志一》注。

文王自程徙都酆，季秋之月甲子，赤雀衔丹书入酆，止于文王之户，言天命归周之意。《太平御览》三百九十八。

周后稷始封邰，今扶风是也。及公刘徙邑于豳，今新平漆之东北有豳亭是也。故《诗》称"笃公刘，于豳斯馆"。至太王避狄，循漆水，逾梁山，徙邑于岐山之阳西北，岐城旧址是也，故《诗》称"率西水浒，至于岐下"。南有周原，故始改号曰周。王季徙郢，故《周书》曰："维周王季，宅程是也。"故《孟子》称"文王生于毕郢，西夷人也"。暨文王受命，徙都于酆，在今京兆之西是也，故称"伐戎于崇，作邑于酆"。及武王伐纣，营洛邑而定鼎焉，今洛阳西南洛水之北有鼎中观是也。周公相成王，以酆鄗偏处西方，耳贡不均，乃使召公卜居洛水之阳，以即土中。故《援神契》曰："八方之广，周洛为中。"于是遂筑新邑，营定九鼎，以为王之东都之洛邑，故《周书》称"我乃卜涧水东，瀍水西，唯洛食，是为王城，名曰东周"。故《公羊传》曰："王城者何？东周也。"《地理志》："王城本郏鄏之地，是以或谓之郏鄏。"故《春秋传》曰"成王定鼎于郏鄏"，河南是也，今郏鄏东（一作南）门名定鼎门，盖九鼎所从入也。成王即卜营洛邑，建明堂，朝诸侯，复还酆鄗。故《书序》曰："成王既黜殷命，还归在酆。"至懿王徙太邱，秦谓之废邱，今京兆槐里是也。《史记·周本纪》注，《后汉书·郡国志》注，《文选·谢朓赠西府同僚诗》注，《初学记》六、二十四，《太平御览》一百五十五、一百五十八，《玉海》十六。

河南雒阳城东西六里十一步，南北九里一百步，周时号成周。《后汉书·郡国志》注。

镐在长安南二十里，丰水之东。《通鉴外纪》三。

虢有三焉，周兴，封虢仲于西虢，此其地也。封虢叔于东虢，即成皋是也。今陕郡平陆县是北虢也。《太平御览》一百五十九。

武王

武王自孟津还，返（一作及）于周，见喝人，王自左拥而右扇之。纣政弥乱，殷太史向挚载其图书而归周。王以告于诸侯，四年起师而东，遂率戎车至鲔水，甲子至于商郊牧野，乃作木檐，王袜系解，五人御于前，莫肯为王系袜。皆曰："臣所以事君王，非为系袜也。"王乃释旄钺而系之。与纣战，纣师败绩，禽费仲、恶来。纣赴于京，自燔于宣室而死，二嬖姜与妲己亦自杀。乃以大白旄麾诸侯入殷商都，百姓咸待于郊，王使告曰：上天降休，商人皆拜，王亦答拜，以兵入造纣及妲己尸，王亲射之三发。然后下车以剑击之。周公为司徒，使以黄钺斩纣头，悬于太白之旗。召公为司空，又使以元钺斩妲己颈，悬之小白旗。明日天雨，王命除道修社，入商宫，朝成汤之庙，登堂见美玉，曰："谁之玉？"或曰："诸侯之玉也。"入室见美女，王取而归之诸侯。天下闻之曰："王以廉于财色矣。"置旄于商容之间（一作庐），命召公释箕子之囚，赐贝千朋，命原公释百姓之囚，归璇台之珠玉，命南宫括散鹿台之财，发巨桥之粟，以赈贫民。命南宫伯达史佚（一作逸）迁九鼎于洛邑，命闳夭封比干之墓，命宗祝缯祀于军，微子、胶鬲皆委质为臣。殷民（一作人）咸喜曰："王之于贤人也，亡者表其庐，况其存者乎。王之于财也，聚者犹散之，况其复藉者乎。"十年冬，王崩于镐，殡于岐，时年九十三岁矣。武王纳太子之女曰邑姜，修教于内，生太子诵，立为成王。《书疏》十一，《北堂书钞》十三，《艺文类聚》十二、十五，《初学记》九、二十，《太平御览》八十四、一百四十六、六百九十七、七百二、八百五，《事类赋·扇赋》注，《事类赋·玉赋》注。

武王定位元年，岁在乙酉，六年庚寅崩。《史记·周本纪》注。

王军至鲔水，纣使胶鬲曰："然愿西伯无我欺。"王曰："不子欺也，将之殷。"胶鬲曰："何日至？"王曰："以甲子日，以是报矣。"胶鬲去而报命于纣。而雨甚，军卒皆谏王曰："卒病，请休之。"王曰："吾已令胶鬲以甲子报其主矣，吾雨而行，所以救胶鬲之死也。"遂行，甲子至于商郊。《书疏》十一。

商容及殷民（一作人）观周军之入，见毕公至，殷民曰："是吾新君也。"容曰："非也，视其为人，严乎将有急色，故君子临事而惧。"见太公至，民曰："是吾新君也。"容曰："非也，视其为人，虎据而鹰趾，当敌将众，威怒自倍，见利即前，不顾其后，故君子临众果于进退。"见周公至，民曰："是吾新君也。"容曰："非也，视其为人，忻忻休休，志在除贼，是非天子，则周之相国也。故圣人临众知之。"见武王至，殷民（一作人）曰："是吾新君也。"容曰："然圣人为海内讨恶，见恶不怒，见善（一作利）不喜，颜色相副，是以知之。"《书疏》十一，《文选·石阙铭》注。

武王伐纣之年夏四月乙卯祀于周庙，将帅之士皆封，诸侯国四百人。《通鉴外纪》三。

载自临丧。《北堂书钞》十一。

帝王世纪卷第八

晋征士安定皇甫谧士安　撰

周纪二

成王

　　成王元年，周公为冢宰，摄政。成王年少，未能治事，故号曰孺子。八年春正月朔，王始躬政事，以周公为太师，封伯禽于鲁，父子并命，周公拜于前，鲁公拜于后，王以周公有勋劳于天下，故加鲁以四等之上，兼二十四附庸，地方七百里，革车千乘。王既营都洛邑，复居酆镐，淮夷、徐戎及商奄又叛，王乃大蒐于岐阳东，伐淮夷。七年王崩，年十六矣。太子钊代立。《北堂书钞》十四，《艺文类聚》十二，《太平御览》八十四。

　　周成王时，肃慎氏来献楛矢石砮，长尺有咫。《初学记》五。

　　不占自来。《北堂书钞》十三。

　　伯禽以成王元年封，四十六年，康王十六年卒。

　　献公三十元年。

哀公元甲辰，终庚午。

悼公四十年元辛未，终庚戌。

元公元辛亥，终辛未。

穆公元壬申，终甲辰。

共公元乙巳，终丙寅。

康公元丁卯，终乙亥。

景公元丙子，终甲辰。

平公元乙巳，终甲子。

文公元乙丑，终丁亥。

顷公元戊子，终辛亥。十二则，《史记·鲁固公世家》注。

董狐奋笔，赵孟受恶。《北堂书钞》三十七。

康王

康王元年，释丧冕，作诰申诸侯，命毕公作策，分民之居里于成周之郊。王在位二十六年崩，子瑕代立，是为昭王。《太平御览》八十五。

昭王

昭王在位五十一年，以德衰，南征及济于汉，船人恶之，乃胶船进王。王御船至中流，胶液解，王及祭公俱没于水而崩。其右辛游靡长臂且多力，拯得王。周人讳之，王室于是乎大微。王娶于房，曰房后，生太子满，代立，是为穆王。《太平御览》八十五、七百六十六、七百六十八，《事类赋·舟赋》注。

穆王

穆王修德教，会诸侯于涂山，命吕侯为相，或谓之甫侯。五十一年，王已百岁老耄，以吕侯有贤能之德，于是乃命吕侯作《吕刑》之书。五十五年，王年百五岁，崩于祗宫。《太平御览》八十五。

穆王即位，命伯冏为太仆。今《尚书·君牙》《伯冏》二篇是也。《艺文类聚》四十九。

周穆王征犬戎，得练刚赤刀，用之割玉，如割泥焉。《北堂书钞》一百五十九，《太平御览》七十四。

周穆王使造父御八骏，日行千里，车辙马迹遍于天下。《事类赋·地赋》注。

共王

共王能庇昭穆之阙，故《春秋》称之。周自共王至夷王四世，年纪不明，是以历依鲁为正。王在位二十年崩，年四十八，子坚代立。《太平御览》八十五，《通鉴外纪》三。

懿王

懿王二年徙都犬邱，在位二十年崩，年五十。《太平御览》八十五，《通鉴外纪》三。

夷王

夷王即位，诸侯来朝，王降与抗礼，诸侯德之。三年，王有恶疾，愈于厥身，诸侯莫不并走群望，以祈王身。十六年，王崩。《太平御览》八十五。

厉王

厉王荒沉于酒，淫于妇人。《太平御览》八十五。

宣王

宣王元年，以邵穆公为相，秦仲为大夫，诛西戎。是时，天大旱，王以不雨遇灾而惧，整身修行，欲以消去之，祈于群神，六月乃得雨。大夫仍叔美而歌之，今《云汉》之诗是也。是岁，西戎杀秦仲，王于是进用贤良，樊侯仲山父、尹吉父、程伯休父、虢文公、申伯、韩侯显父、南仲方叔、仍叔、邵穆公、张仲之属，并为卿佐。自厉王失政，猃狁、荆蛮交侵中国，官政隳废，百姓离散，王乃修复宫室，兴贤人，纳规谏，安集兆民。命南宫仲、邵虎、方叔、吉父并征定之，复先王境土，缮车徒，兴畋狩，礼天下，喜王化复行，号称中兴。《太平御览》八十五。

宣文武业法，文武远迹。《北堂书钞》十七。

幽王

发烽乃大笑。《北堂书钞》二十一。

平王

平王元年，郑武公为司徒，与晋文侯股肱周室，夹辅平王，率诸侯戮力一心，东迁洛邑也。《北堂书钞》四十九，《太平御览》八十五。

桓王

桓王既失于信，礼义陵迟，男子淫奔，诳伪并作，诸侯背叛，构怨连祸，九族不亲，故诗人刺之。《太平御览》八十五。

僖王

僖王自即位以来，变文武之制，作元黄华丽之饰，宫室峻而车马奢侈，故孔子讥焉。五年，王崩，子凉洪代立。《北堂书钞》二十，《太平御览》八十五。

灵王

晋平公使叔誉聘周，见太子晋，与之言。晋五胜之，叔誉三穷，归告公曰：“太子年十五，臣不能与之言，君其事之。”《白孔六帖》三十七，《锦绣万花谷后集》七。

景王

景王遇心疾，崩于荣锜氏。单穆公与刘文公立太子猛，是为悼王。景王在位二十五年。《太平御览》八十五。

狄泉本殷之墓也，在成周东北，今城中有殷王冢是也。又太仓中大冢，周景王也。《后汉书·郡国志二》注。

悼王

悼王以景王二十五年四月始即位，十一月崩。王立凡二百日。故《春秋》称王子猛卒，不成丧。故不言天王崩也。立王母弟丐，是为敬王。《太平御览》八十五。

敬王

敬王四十四年，元己卯，崩壬戌也。《史记·周本纪》注。

敬王三十九年，《春秋经》元终。四十四年，敬王崩，子贞定王立。贞定王崩，子元王立。《春秋疏》六十。

元王

元王十一年癸未，三晋灭智伯，二十八年崩，三子争立，立应为贞王。《史记·周本纪》注。

贞定王

贞定王十年元癸亥，崩壬申。《史记·周本纪》注。

哀王

哀王即位三月，弟叔袭杀王而立，是为思王。《太平御览》八十五。

思王

思王即位五月，弟嵬攻杀王而代立，是为考哲王。《太平御览》八十五。

考哲王

考哲王元年辛丑，崩乙卯。《史记·周本纪》注。

威烈王

威烈王崩，子眈立，是为元安王。《太平御览》八十五。

安王

安王元庚辰，崩乙巳。《史记·周本纪》注。

烈王

安王子喜立，是为烈王。《太平御览》八十五。

显王

显王元年，赵成侯、韩哀侯来攻周。二年，西周威公之嗣曰惠公，始封惠公少子班于巩，以奉王，是为东周惠公。周于是始分为东西，王室微弱，政在西周。《太平御览》八十五。

慎靖王

慎靓王六年崩，子延代立，是为赧王。《太平御览》八十五。

赧王

赧王二十七年冬十月，秦昭襄王仍僭号西帝，齐闵王称东帝。十一月，秦、齐各复去帝号为王。四十五年，王如秦，得罪于秦，秦攻周，或说秦王乃止。王虽居天子之位，为诸侯之所侵逼，与家人无异，多贷于民，无以归之，乃上台以避之，故周人因名其台曰逃债之台。洛阳南宫谳台（谳音移，又音尸移切）是也。五十九年，秦攻韩、赵、魏，大破之。王惧，乃背秦与诸侯合纵，将天下锐师，出伊阙攻秦，秦昭襄王大怒，使将军摎攻周王。王恐，乃入秦，顿首受罪，尽献其邑。秦尽纳其献，使赧王归于周，降为庶人，以寿终。摎音虬。《太平御览》八十五、一百七十七。

帝王世纪卷第九

晋征士安定皇甫谧士安　撰

秦纪

秦

大费赐之玄玉，妻以姚姓之女也。

蜚廉作石椁于北方。

蜚廉死，葬于霍太山，去嬴县十五里有冢，常祠之。三则，《史记·秦本纪》注。

秦自非子受封，至昭王灭周之岁，在大梁前后七迁，皆在《禹贡》雍州之城，荆山终南，敦物之野、东井舆鬼之分、鹑火之次也。《太平御览》五十五。

文公葬于西山，在今陇西之西县。《史记·秦本纪》注。

秦献公都栎阳，今万年是也。

秦出徙平阳，今郿之郿亭是也。

秦德公徙都雍，今扶风。三则，《后汉书·郡国志一》注。

悼武王葬毕，今安陵西毕陌。《史记·秦始皇本纪》注。

并国十二，开地千里。《北堂书钞》二十二。

始皇帝

秦，嬴姓也。昔伯翳为舜主畜，畜多息，故有土，故赐姓嬴氏。孝襄公始修霸业，坏井田，开阡陌，天子命为伯。至昭襄王，自称西帝，攻周，废赧王，取九鼎。至庄襄王，灭东、西周。庄襄王崩，政立为始皇帝，并天下，置三十六郡。自以水德，故以十月为正，色尚黑。使蒙恬筑长城，焚《诗》《书》百家之言，坑儒士四百六十人。三十七年，崩于沙邱平台，年五十。

皇甫谧云：自昭襄王灭周至子婴，凡四王二帝，合四十九年。昭襄一，孝文王二，庄襄王三，始皇帝四，胡亥五，子婴六。又《帝王世纪》曰："秦改镐曰咸阳，都焉。为汉驱除，不求五运，别以水德王。秦自始封至灭，三十六世，合六百五十年。秦，颛顼之后也，先世造父之为穆王御，有功，封之于赵城，国为赵氏也，与简子同祖，嬴姓也。秦亦在水火之间。"《初学记》九。

汉纪

高祖皇帝

汉氏火德，汉出自帝尧，刘姓也。沛公祖父丰公，家于沛之丰沛邑中阳里，其妻梦赤乌若龙，戏已，而生执嘉，是为太公，即太上皇也。太上皇之妃曰媪，是为昭灵后，名含始，游于洛地，有玉鸡衔赤珠出，刻曰："玉英，吞此者王。"含始吞之，而生子邦，字季，是为汉高皇帝。秦二世元年，诸侯叛秦，沛人共立为沛公。二年，入武关，至灞上。秦王子婴降项羽，自立为西楚霸王，立沛公为汉王，王巴蜀。汉元年，还攻雍，遂定三秦。五年，破楚王羽于垓下，追斩于东城，天下始定。春正月，楚王韩信等请尊为皇帝。二月，即位于定陶氾水之阳，都长安。十二年，崩于长乐宫，年六十二。初，纳吕公之女，谓之高皇后，生太子盈，代立。

按前汉十二帝，高祖一，惠帝二，高后三，文帝四，景帝五，武帝六，昭帝七，宣帝八，元帝九，成帝十，哀帝十一，平帝十二。王莽立孺子婴，居摄三年，篡位十五年，更始立二年。皇甫谧曰："自高祖元年至更始二年，凡得二百三十年。"《艺文类聚》九、十，《初学记》六、九，《白孔六帖》七，《太平御览》八十七、九百二十，《事类赋·乌赋》注。

元晏先生曰："《礼》称至道以王，义道以霸。观汉祖之取天下也，遭秦世暴乱，不阶尺土之资，不摧将相之柄，发迹泗亭，奋其智谋，衔（一作羁）勒英雄，鞭驱天下，或以威服，或以德致，或以义成，或以权断，逆顺不常，霸王之道杂焉，是以圣君帝王之位，而无一定之制，三代之美，固难及矣。"《艺文类聚》十二，《太平御览》八十七。

高祖以秦昭王五十一年生，至汉十二年，年六十二。《史记·高祖本纪》注。

高祖为泗水亭长，送徒骊山，徒多道亡，自度比至，皆失尽，到丰西泽中止饮，夜乃解纵所送徒，高祖即自疑，亡匿，[隐]于芒、砀山泽、岩石之间。《初学记》九。

四皓，始皇时隐于商山，作歌曰："英英高山，深谷逶迤。晔晔紫芝，可以疗饥。唐虞时远，吾将何归。"《太平御览》一百六十八。

吕后

吕后（与高祖）合葬长陵。《史记·吕后本纪》注。

孝惠皇帝

帝以秦始皇三十七年生，崩时年二十三。

葬安陵，去长陵十里，长安北三十五里。二则，《史记·吕后本纪》注。

孝文皇帝

汉文帝时，日中有王字。《事类赋·日赋》注，《玉海》一百九十五。

孝文即位二十三年，年四十七，葬霸陵，因山为体，庙名顾城。《太平御览》八十七。

孝景皇帝

孝景帝即位十六年，年四十八，葬阳陵，庙名德阳。《太平御览》八十八。

孝武皇帝

孝武帝庙名龙渊。《太平御览》八十八。

雍初有五畤坛，汉武获麟处。《太平御览》一百八十五。

越王赵佗以建元四年卒，尔时汉兴七十年，佗盖百岁矣。《史记·南越尉佗传》注。

孝昭皇帝

昭帝庙名徘徊。《太平御览》百三十一。

中宗孝宣皇帝

宣帝庙名乐游。《太平御览》八十九。

孝元皇帝

孝元皇帝庙名长寿。《太平御览》八十九。

孝成皇帝

成帝庙名池阳。《太平御览》八十九。

少帝孺子

婴为孺子，三年而废为安定公，十五年而失国。更始二年，平陵方望等将婴聚众为天子，数月，更始乃杀之。《太平御览》八十九。

帝王世纪卷第十

晋征士安定皇甫谧士安　撰

后汉纪

世祖光武皇帝

光武皇帝自出景帝也，名秀，字文叔。更始元年为偏将军，破王邑，杀王寻，诛王郎，更始二年立为萧王。建武元年四月，更始降赤眉。六月，光武即帝位于常山鄗之阳千秋亭，都洛阳。在位三十三年。中元二年二月，崩于洛阳南宫，年六十三。太子庄代立，是为孝明皇帝。《初学记》九。

按后汉十二帝，光武一，明帝二，章帝三，和帝四，殇帝五，安帝六，顺帝七，冲帝八，质帝九，桓帝十，灵帝十一，献帝十二。皇甫谧云："自汉元至更始二年，二百一十二年。自居摄元年至更始二年，凡十八年。自建武元年至延康元年，凡一百九十五年。凡汉前、后并诸废帝及王莽，合三十一帝，四百二十六年。"《初学记》九。

光武皇帝原陵，方三百二十步，高六丈，在临平亭之南，西望平阴，东南去洛阳十五里。《后汉书·明帝纪》注，《后汉书·礼仪志下》注。

庖牺氏，风姓也，制嫁娶之礼，取牺牲以充庖厨，以食天下，故号庖牺。后或谓之伏牺，言光武更造夫妇，如伏牺时也。《后汉书·班固传》注。

元晏先生曰："《左氏春秋》称夏少康之起，'有田一成，有众一旅'，若汉之再命，世祖不阶成旅之资，平暴后正，遂建中兴，夏少康同美矣。"《艺文类聚》十二，《太平御览》九十。

附更始

春陵戴侯熊渠生苍梧太守利，利生子张，纳平林何氏女，生更始。《后汉书·刘元传》注。

更始名玄，字圣公，即位凡三年。《太平御览》九十。

显宗孝明皇帝

孝明皇帝显节陵，方三百步，高八丈，其地故富寿亭也。西北去洛阳三十七里。《后汉书·章帝纪》注。

肃宗孝章皇帝

孝章皇帝以中元二年生于京师，其母姓秘不出号，其墓曰长信冢。《太平御览》九十一。

章帝敬陵，在洛阳东南，去洛阳三十九里。《后汉书·礼仪志下》注。

孝和皇帝

孝和之嗣世，正身履道，以奉大业，宾礼耆艾，动式旧典，宫无嫔嫱郑卫之燕，囿无般乐游畋之豫，躬履至德，虚静自损，是以屡获丰年，远近承风。《艺文类聚》十二。

和帝慎陵，在洛阳东南，去洛阳四十一里。《后汉书·礼仪志下》注。

孝殇皇帝

殇帝康陵，高五丈四尺，去洛阳四十八里。《后汉书·礼仪志下》注。

恭宗孝安皇帝

安帝恭陵，高十一丈，在洛阳西北十五里。《后汉书·礼仪志下》注。

孝冲皇帝

孝冲皇帝即位一年，年三岁。《太平御览》九十二。

冲帝怀陵，在洛阳西北，去洛阳十五里。《后汉书·礼仪志下》注。

孝质皇帝

质帝静陵，在洛阳东，去洛阳三十二里。《后汉书·礼仪志下》注。

威宗孝桓皇帝

桓帝宣陵，山方三百步，高十二丈，在洛阳东南，去洛阳三十里。《后汉书·礼仪志下》注。

孝灵皇帝

灵帝文陵，山方三百步，高十二丈，在洛阳西北，去洛阳二十里。《后汉书·礼仪志下》注。

孝献皇帝

帝以尚书郎郭溥喻汜，汜以屯部未定，乞须留之。溥因骂汜曰：卿真庸人贱夫，为国上将，今天子有命，何须留之？吾不忍见卿所行，请先杀我，以章卿恶。"氾得溥言切意，乃少喻。《后汉书·董卓传》注。

汉孝献皇帝，延康元年禅魏，黄初元年封山阳公，奉汉祀。《北堂书钞》四十八。

献帝禅陵不起坟，深五丈，前堂方一丈八尺，后堂方一丈五尺，角广六尺。在河内山阳之浊城西北，去浊城直行十一里，斜行七里，去怀陵百一十里，去山阳五十里，南去洛阳三百一十里。《后汉书·礼仪志下》注。

魏纪附

太祖武皇帝

魏氏土德。魏，曹姓也，武皇帝讳操，字孟德。汉建安二十四年，进爵为魏王，改二十五年为延康元年。春正月，崩于洛阳，年六十六。黄初元年，追尊号谥曰武皇帝，庙号曰太祖。太子丕代立，是为文皇帝。其年冬十月，受汉禅，改延康元年，曰黄初。都洛阳，黄初七年崩，年四十。《太平御览》九十三。

皇甫谧云：自黄初元年至禅晋之岁，凡五帝，四十五年。文帝一，昭帝二，废帝齐王三，废高贵乡公四，元帝五。案：魏文帝初立，号黄初元年。黄初二年，刘备于蜀称帝号。章武元年立，三年而崩，年六十三，子禅嗣位。二主合四十三年，为魏所灭。黄初三年，孙权称吴王于武昌，号黄武元年。后称帝，立二十一年而崩，年七十，子亮嗣位。自权至皓，四主，合五十九年，为晋所灭。《初学记》九。

废帝高贵乡公

高贵乡公为太子舍人成济所害，年二十，以公礼葬之。《太平御览》九十四。

常道乡公

常道乡公，咸熙二年禅晋。太始元年封陈留王，就国治邺，奉魏祀。《北堂书钞》四十八，《太平御览》九十四。

附 录

《北堂书钞》《艺文类聚》《初学记》《太平御览》等所引十八则附录于后，以备考订增入。

继天而象日。《北堂书钞》七。

长大好学。

明古学。二则，《北堂书钞》十二。

心愁忧苦。

天下和东。二则，《北堂书钞》十五。

天地未分，谓之太易。元气始萌，谓之太初。气形之初，谓之太始。形变有质，谓之太素。太素之前，幽清寂寞，不可为象。惟虚惟无，盖道之根。自道既建，犹无生有。太素质始萌，萌而未兆，谓之庞洪。盖道之干，既育万物成体。于是刚柔始分，清浊始位。天成于外而体阳，故圆以动，盖道之实。《太平御览》一。

日者，众阳之宗，阳精外发，故日以昼明，名曰曜灵。月者，群阴之宗，以宵曜，名夜光。《太平御览》四。

天地开辟，有天皇氏、地皇氏、人皇氏，或冬穴夏巢，或食禽兽之肉。

《北堂书钞》百五十八。

天子，至尊之定名也。应神受命，为天所子，故谓之天子。孔子曰："天子之德，感天地，洞八方。"是以功合神者称皇，德合天地称帝，德合人者称王。《艺文类聚》十一、《初学记》九、《太平御览》七十六。

伊尹为丞相，仲尼为左丞相。

三公者，知通乎天道，应变无穷，辨于万物之情者也。其言足以调阴阳四时而节风雨，如是举以为三公之事。二则，《北堂书钞》五十。

九卿者，所以参三公也。《北堂书钞》五十三、《初学记》十二、《太平御览》二百二十八。

大夫者，所以参九卿者也。《北堂书钞》五十六。

天子畿方千里曰甸服，甸服之内曰京师。

天子所宫曰都。二则，《太平御览》一百五十五。

周平王昶荐刘铨文云，明公允侔阿衡毗辅王室，亮采侧微，日夕不暇，相罹隐逸，英彦盈庭也。《北堂书钞》四十九。

雀山之地，一夕为大泽，而深九尺。《太平御览》七十二。

老聃初生而发白，故号老子。《太平御览》三百七十三。

篇目考

《隋书·经籍志》
《帝王世纪》十卷。皇甫谧撰，起三皇、尽汉魏。

《旧唐书·艺文志》
《帝王代纪》十卷，皇甫谧撰。
《年历》六卷，皇甫谧撰。

《新唐书·艺文志》
皇甫谧，《帝王代纪》十卷。
《年历》六卷。

《通志·艺文略》
《帝王世纪》十卷，皇甫谧撰，起三皇、尽汉魏。
《帝王世纪音》四卷，虞绰撰。
《年历》六卷，皇甫谧撰。

《中兴馆阁书目》
皇甫谧《帝王世纪》九卷，阙周中一卷。

《玉海》
《书目》，晋正始初，安定皇甫谧撰，以《汉纪》残缺，始博案经传，旁观百家。著《帝王世纪》并《年历》，合十二篇，起太昊帝，迄汉献帝。

《宋史·艺文志》
皇甫谧《帝王世纪》九卷。

《焦氏经籍志》
《帝王世纪》十卷，皇甫谧，起三皇、尽汉魏。
《年历》六卷，皇甫谧。

后记

皇甫谧（215—282），字士安，幼名静，自号玄晏先生，安定朝那（今宁夏固原东南）人。《晋书》卷五一有传。其高祖皇甫节、从高祖皇甫规、曾祖皇甫嵩都曾居高官。曾祖皇甫嵩曾为太尉，高祖皇甫节为雁门太守，从高祖皇甫规为度辽将军，皇甫规在范晔《后汉书》卷六五有传。至其父辈，家道已没落，史书不载。皇甫谧年少时过继给叔父，徙居新安（今河南渑池县）。少不好学，二十岁之后，在叔母任氏的规劝下始发奋读书。带经而农，博览群书。又沉静寡欲，有高尚之志，终显名于世。魏甘露间（256—259），得风痹疾，又兼耳聋，仍手不辍卷，撰成《针灸甲乙经》。朝廷和地方官多次征召他出来做官，都被推托，后其终身不仕。为左思《三都赋》作序，使之一时洛阳纸贵。弟子挚虞、张轨、牛综、席纯等皆为晋名臣。皇甫谧勤于著述，有《针灸甲乙经》《帝王世纪》《年历》《高士传》《列女传》《逸士传》《玄晏春秋》《皇甫谧集》等。

一

皇甫谧的《帝王世纪》是记述帝王世系、年代及事迹的一部史书，所叙的帝王上起三皇，下迄汉魏。内容多采自经传图纬及诸子百家之书，记载了许多《史记》《汉书》《后汉书》阙而不备的史事，为后世学者所重视。其对星野、都邑、垦田、户口等的载录具有相应的史料价值。清代宋翔凤评其为"宣圣之成典，复内史之遗则，远追绳契，附会恒滋，揆于载笔，足资多识"①。其书虽不乏"迁怪妄诞，真伪莫测"之弊，然后世治史者莫不"博采广览，以酌其要"②。

关于《帝王世纪》的内容和特点，伏俊琏先生指出，皇甫谧《帝王世纪》对三皇到汉魏以来的帝王进行记述，是学习司马迁写作"本纪"的办法，然后又配有《年历》，就是历代帝王的年谱；接着对历史人物分类记叙，如高士、逸士、列女，这种"纪""历""传"的形式是皇甫谧的一个创造，是在中国史学上继司马迁《史记》创立了"五体"后的另一个里程碑。伏俊琏先生对皇甫谧的著述给予了中肯恰切的评价，也注意到了皇甫谧对史学理论体系的构建，这是历来研究者所未曾提及的。他同时对皇甫谧在学术史上的地位予以肯定："西晋著名学者皇甫谧著《帝王世纪》，不但开创了《史记》之后的另一种历史著作模式，而且根据先秦以来流传的谱牒、百家杂记、汉代的谶纬之书，第一次对黄帝以前的帝王世系进行了系统研究，写成了《太昊帝包牺氏世纪》，可以算作七十子后学以来第二次对伏羲氏进行的系统研究。"③

因此，历代都有人重视《帝王世纪》，南朝梁刘勰《文心雕龙·练字》载："《尚书大传》有'别风淮雨'，《帝王世纪》云'列风淫雨'，'别''列''淮''淫'，字似潜移。'淫''列'义当而不奇，'淮''别'理乖而新异。"④这是目前所知学者对《帝王世纪》一书最早的文献征引，以《帝王世纪》的文本对勘传世《尚世大传》之异文，类似后世校勘学中的"他校"，"别风淮雨"显然是"列风淫雨"的传抄致讹，于此可见《帝王世纪》文献校勘价值之一斑。

与刘勰同时代的郦道元在《水经注》中更是大量引用《帝王世纪》，如《山海经·中山经·和山》载："吉神泰逢司之，其状如人而虎尾，是好居于萯山之阳，出入有光。泰逢神动天地气也。"⑤其中的"萯山之阳"，《吕氏春秋·音初》以为是夏后氏孔甲田猎的东阳萯山⑥，而皇甫谧《帝王世纪》以为即东首阳

---

① 宋翔凤：《帝王世纪集校》，收入《续修四库全书》第301册，上海古籍出版社，2002，第1页。

② 魏征：《隋书》，中华书局，1973，第962页。

③ 伏俊琏：《弘扬皇甫谧文化，打造强力文化品牌》，《平凉日报》2006年3月3日第4版。

④ 刘勰：《文心雕龙义证》，詹锳义证，上海古籍出版社，1989，第1475页。

⑤ 袁珂：《山海经校》注，上海古籍出版社，1980，第128页。

⑥ 陈奇猷：《吕氏春秋校释》，学林出版社，1984，第334页。

山。对此，郦道元认为："盖是山之殊目矣。今于首阳东山，无水以应之，当是今古世悬，川域改状矣。"① 又如，舜耕之历山，郦道元说："郑玄言：'历山在河东，今有舜井。'皇甫谧或言：'今济阴历山是也。'与雷泽相比，余谓郑玄之言为然。"② 其后北齐颜之推在《颜氏家训·书证》中引《帝王世纪》"长流之山，帝少昊崩，其神降于长流之山，祀于主秋"来解释"何故名治狱参军为长流"之由③，又对皇甫谧所说的"伏羲或谓之宓羲"之说进行了辩证，认为"按诸经史纬候，遂无宓羲之号。虑字从虍，宓字从宀，下俱为必，末世传写，遂误以虑为宓，而《帝王世纪》因误更立名耳。何以验之？孔子弟子虑子贱为单父宰，即虑羲之后，俗字亦为宓，或复加山。今兖州永昌郡城，旧单父地也，东门有《子贱碑》，汉世所立，乃曰：'济南伏生，即子贱之后。'是虑之与伏，古来通字，误以为宓，较可知矣"④。

南北朝时期的裴松之注《三国志》、裴骃著《史记集解》、刘昭注《续汉志》等大量引用《帝王世纪》的资料，唐代孔颖达《五经正义》、李泰《括地志》、贾公彦《周礼注疏》、刘知几《史通》、杜佑《通典》、李吉甫《元和郡县图志》、柳宗元《柳宗元集》等对《帝王世纪》也有引述或评析，包括皇甫谧与《古文尚书》、帝王世次、名号及谶纬等。

宋代的邢昺《论语注疏》、欧阳修《居士集》《集古录》、陈师道《后山文集》、郑樵《通志》、吴枋《宜斋野乘》、罗璧《罗氏识遗》、王楙《野客丛书》、王应麟《困学纪闻》，元代马端临《文献通考》、陶宗仪《说郛》，明代梅鷟《尚书考异》、胡应麟《少室山房笔丛》，清代黄宗羲《宋元学案》、顾炎武《日知录》、顾祖禹《读史方舆纪要》、胡渭《禹贡锥指》、刘献廷《广阳杂记》、于敏中《日下旧闻考》、袁枚《随园随笔》、王鸣盛《十七史商榷》、赵翼《陔余丛考》、桂馥《札朴》、俞正燮《癸巳存稿》、徐松《河南志》、李慈铭《越缦堂读书记》等在分野、积年、名号、人口和《古文尚书》及《孔传》的流传等方面对《帝王世纪》进行了评论。

南北朝时期的史注成就高，体例完备，包括为《帝王世纪》作音、注的著述，如《隋书·经籍志》记载，虞绰撰《帝王世纪音》四卷⑤，而据《魏书》和

---

① 郦道元：《水经注校证》，陈桥驿校证，中华书局，2007，第 129 页。
② 郦道元：《水经注校证》，陈桥驿校证，中华书局，2007，第 575 页。
③ 王利器：《颜氏家训集解》，中华书局，1993，第 507 页。
④ 同上书，第 477—478 页。
⑤ 魏征：《隋书》，中华书局，1973，第 961 页。

《北史》中的《元延明传》，元延明"既博极群书，兼有文藻，鸠集图集万有余卷"①，"注《帝王世纪》及《列仙传》等"②。当时私家修史之风很盛，仿作、续作《帝王世纪》的也不少，如何茂材《续帝王世纪》十卷、来奥《帝王本纪》十卷、杨晔《华夷帝王世纪》三十卷。③这些都可以见出《帝王世纪》在当时的传播及其影响。直到清代，还有迮鹤寿的《帝王世纪地民衍》四卷④，其是将《帝王世纪》各个时期的地亩数与民口数分别提取出来成书。

《帝王世纪》，《隋书·经籍志》《旧唐书·经籍志》《新唐书·艺文志》均著录为十卷。《玉海》卷四十七引《中兴书目》曰"九卷，阙周中一卷"，是南宋时已残缺，宋后便散佚了。此后陆续有人辑录，特别是清中期以来学者辑佚的成果颇见功力。目前点校整理的有宋翔凤的《帝王世纪集校》与钱保塘对宋翔凤《帝王世纪集校》的续补和考异的成果《帝王世纪续补》《帝王世纪考异》。⑤共有两种整理本，即辽宁教育出版社1997年出版的刘晓东点校本和齐鲁书社2010年出版的陆吉点校本。还有如"丛书集成初编本"顾观光《帝王世纪》（商务印书馆，1935年版）和徐宗元《帝王世纪辑存》（中华书局，1964年版），均没有新式标点。而陶宗仪《说郛》、王仁俊《玉函山房辑佚书续编》、王谟《汉唐地理书钞》、黄奭《汉学堂知足斋丛书》等所辑的《帝王世纪》多在丛书之中，内容较少，都未超出前述辑本的范围。

二

另外，还有两种稿本《帝王世纪》辑本，即上海图书馆藏清代张澍辑注的《帝王世纪辑注》八卷和中国国家图书馆藏清末藏书家潘介祉辑《帝王世纪》十卷，这两种辑本在体例和内容上都各有特点。

《帝王世纪辑注》八卷，晋朝皇甫谧撰，清朝张澍辑注，叶景葵校理，上海图书馆藏稿本。左右双边，白口，单、黑鱼尾。每半页十行，每行二十字。

该书曾为叶景葵收藏，并做校理，后将稿本捐献给自己参与创办的合众图书馆。书中有十八处"景葵校理"印章。另有"武林叶氏藏书记""合众图书馆藏书印"等印章。

张澍 (1776—1847)，字时霖，又字百瀹（一作伯瀹）、寿谷，别号介侯、介白、鸠民，清代著名学者，甘肃武威人。嘉庆四年 (1799) 进士，遂以翰林院庶吉士身份充任实录馆纂修，散馆后历任贵州玉屏、四川屏山、江西永新等县知县，代理临江通判。为官清廉，生活闲淡，后以缓交漕粮去官，居西安，后主讲兰州兰山书院。为人刚介特立，文章钜丽，为时所称。张澍一生游历晋、鲁、豫、苏、浙等十余省，长于史地学研究，尤其在关陇地区舆地考证方面著述宏富，搜罗关陇乡邦古文献及其他阙佚书数十种，汇辑成《二西堂丛书》。有《养素堂集诗集》二十六卷、《养素堂集文集》三十五卷。张之洞《书目答问》收张澍著、辑书籍十多种，并在"国朝著述诸家姓名"经学家、史学家和校勘学家各类中三次列其名，可见其在学术上的地位。生平事迹见《清史稿》卷四八六、《清史列传》卷七三、钱仪吉《张介侯墓志铭》。

叶景葵（1874—1949），字揆初，号卷盦，别署存晦居士，浙江仁和人，光绪二十九年（1903）癸卯科进士。1898 年赴北京，入通艺学堂读英文、算学，醉心于新学。后任东三省盛京将军赵尔巽文案，任财政总局会办。1907 年夏离职，移居上海。同年冬，任四川转运局驻沪总办。1908 年参与创办浙江兴业银行，任经理。1911 年任天津造币厂监督，次年任汉冶萍公司经理、浙江商办铁路股款清算处主任。叶氏先世即有藏书，濡染家学，弱冠即始藏书。其年逾五十始致力于珍本古籍之搜集，尤侧重于手稿本和批校本的收藏，以收得吴昌绶出售的四十部古籍为其收藏善本之始。总藏书二千八百余部，三万多册。1939 年与张元济等创办上海合众图书馆，并捐出自己的藏书。著有《叶景葵杂著》《卷盦跋语》等。《民国人物碑传集》《浙江人物简志》等有传。

《帝王世纪辑注》共八卷，正文前有张澍《帝王世纪序》和《帝王世纪考证》，文字与《养素堂文集》所收稍有不同，文集内是经过修改的。正文每卷卷端题"晋孝廉方正皇甫谧纂 武威介侯张澍编辑"。卷一包括《皇古》和《三皇纪》之庖牺氏、帝女娲氏、少昊金天氏、炎帝神农氏、黄帝有熊氏六目；卷二包括《五帝纪》之颛顼高阳氏、帝喾高辛氏、帝挚三目；卷三包括帝尧陶唐氏、帝舜有虞氏二目；卷四包括夏代夏禹、帝启、太康、仲康、帝相、有穷后羿、寒浞、少康、帝杼、帝芬、帝芒、帝泄、帝不降、帝扃、帝厪、帝孔甲、帝皋、帝发、帝桀十九目；卷五包括商代成汤、帝外丙、帝仲壬、帝太甲、帝沃丁、太戊、仲丁、外壬、河亶甲、祖乙、祖辛、沃甲、祖丁、南庚、阳甲、盘庚、小辛、小乙、武丁、祖庚、祖甲、凭辛、庚丁、武乙、文丁、帝乙、帝辛二十七目；卷六包括周之后稷、文王、武王、成王、康王、昭王、穆王、共王、康王、懿王、孝王、夷王、厉王十三目；卷七包括周之宣王、幽王、平王、桓王、庄王、僖王、惠王、襄王、顷王、匡王、定王、简王、灵王、景王、悼王、敬王、元王、贞定王、哀王、思王、考哲王、威烈王、安王、烈王、显王、慎靓王、赧王二十七目；卷八包括秦，汉之惠帝、武帝、光武帝、孺子婴、更始、孝和帝、献帝、文帝，魏及分野、田制、户口十一目。

张澍以皇甫谧《帝王世纪》亡佚不传，而断章残句时见于他书，遂衰而辑之，而复注之，且必以士安以前所有之书。若年代、地理，古书有不见者，不得已以后世之书证之。并对所辑文字注明来源，注文也标明所引书名，对书中一些观点也加以断语。叶景葵收藏后对此书进行过校正和补充。

本书是《帝王世纪》辑本中唯一进行过注释的，搜辑较为完备，考证亦详尽。张澍在每条辑文后，先标出处（仅有书名，而无篇名或卷数），接着用小字双行进行校注。第一个"案"多是对文字异同的校勘；第二个"案"即是注释，以汉晋以前的材料对所辑文字进行注解，用相同或相似的材料来佐证、说明，有时甚至以"澍案"的方式来表明他的看法。注释、考证的文字数约为所辑《帝王世纪》原文的两倍。张澍参考多种引文校对，指出文字的异同或正误，并以相关的文献来做注。该书不仅指出所辑文字的出处，且对皇甫谧所本的来源也予以指明。还对与皇甫谧观点相左的资料予以征引，加"按语"来说明，并做评判，如"误""未确"等。尤其引谶纬文献来注解，揭示了《帝王世纪》某些史料的来源和脉络。该书不足之处是引文出处只注明书名，未标明具体卷次或篇名。

《古佚书辑本目录·史部·别史类》对张澍《帝王世纪辑注》有著录，此本是上海图书馆藏稿本，从未进行整理出版，故流传、研究不广。王重民、安正发等对此书有过研究。

《帝王世纪》十卷并附录一卷，稿本，两册，晋皇甫谧撰，晚清潘介祉辑，中国国家图书馆藏稿本。左右双边，白口，单、黑鱼尾。每半页九行，每行二十字。该书为潘介祉收藏，书中钤有多枚潘介祉的收藏印章"潘叔润图书记"等，此书不见于有关著录。

潘介祉（1840—1891），原名念慈，字玉笋，号叔润，江苏吴县（今苏州市吴中区和相城区人），晚清著名藏书家潘希甫三子，附生。候选训导，光绪四年（1878）捐义仓田合银逾万两，议叙员外郎职衔。承继其父希甫藏书数万卷，家有渊古楼、桐西书屋，藏书数万卷，多存善本。所藏书有其名字印记"潘叔润图书记""潘介祉印""玉笋""叔润手翰""叔润藏书""古吴潘介祉叔润氏收藏印"等。著有《藕花香榭吟草》《明代诗人小传稿》等。

该辑本有"总目"（每卷又列细目）、"序"、正文、"附录"和"篇目考"，"总目""附录"和"篇目考"都是其他辑本所没有的。而卷首之"序"非辑者所撰，实乃录《后汉书·郡国志》刘昭补注所引皇甫谧的文字而成。正文每卷卷端题"晋征士安定皇甫谧士安撰"。

因《隋书·经籍志》《旧唐书·经籍志》《新唐书·艺文志》均著录《帝王世纪》为十卷，是"纪"帝王的世系，故该辑本卷一至卷十即分别以"三皇纪""五帝纪""唐纪""虞纪""夏纪""商纪""周纪""秦纪""汉纪""后汉纪"等名称先后排列，其他辑本所列至多只有朝代，而未出现"纪"，这是该辑本的突出特点。

具体内容：卷一《三皇纪》，包括太昊庖羲氏、帝女娲氏、炎帝神农氏；卷二《五帝纪》，包括黄帝有熊氏、少昊金天氏、帝颛顼高阳氏、帝喾高辛氏、帝挚；卷三《唐纪》（帝尧陶唐氏）、《虞纪》（帝舜有虞氏）；卷四《夏纪》，包括伯禹帝夏后氏、帝启、帝太康、帝相，附有穷后羿、附寒浞、帝少康、帝宁、帝槐、帝芒、帝泄、帝不降、帝扃、帝廑、帝皋、帝发、帝桀；卷五《商纪一》，包括商、殷帝成汤；卷六《商纪二》，包括帝太甲、帝沃丁、帝大戊、帝祖乙、帝盘庚、帝武丁、帝祖甲、帝武乙、帝乙、帝纣；卷七《周纪一》，包括周、武王；卷八《周纪二》，包括成王、康王、昭王、穆王、共王、懿王、夷王、厉王、宣王、幽王、平王、桓王、僖王、灵王、景王、悼王、敬王、元王、贞定王、哀王、思王、考哲王、威烈王、安王、烈王、显王、慎靖王、赧王；卷九，《秦纪》包括秦、始皇帝，《汉纪》包括高祖皇帝、吕后、孝惠皇帝、孝文皇帝、孝景皇帝、孝武皇帝、孝昭皇帝、中宗孝宣皇帝、孝元皇帝、孝成皇帝、少帝孺子；卷十《后汉纪》，包括世祖光武皇帝、附更始、显宗孝明皇帝、肃宗孝章皇帝、孝和皇帝、孝殇皇帝、恭宗孝安皇帝、敬宗孝顺皇帝、孝冲皇帝、孝质皇帝、威宗孝桓皇帝、孝灵皇帝、孝献皇帝；《魏纪附》，包括太祖武皇帝、废帝高贵乡公、常道乡公。

正文中对所录文字有缀合，而所引张杲《医说》和《锦绣万花谷前集》之文，并未见于其他辑本。正文后"附录"列《北堂书钞》《艺文类聚》《初学记》《太平御览》等诸书所引文字18则，"以备考订增入"。

另外，还有《篇目考》，内容为《隋志》、两《唐志》以及《通志·艺文略》《中兴馆阁书目》《玉海》等史志目录中有关《帝王世纪》的叙录。

这个辑本尚未引起学界的重视，更未有学者去整理和研究，甚至潘介祉的辑本少有人提及，这可能是由于中国国家图书馆在该书索书信息上标注为民国稿本，故未能引起重视。

本书即以上海图书馆藏张澍《帝王世纪辑注》和中国国家图书馆藏潘介祉辑《帝王世纪》为底本进行标点整理。需要说明的是，张澍的辑注本对原文的出处只注书名，如《太平御览》《初学记》等，未标篇名或卷数，现所标的某卷某篇等为整理者所补充，为使版面整洁，未用相关符号以示区别，特此说明。而张澍的注中有明显缺字的地方，为使文意完整，据所引的相关书参校予以补充，以"[]"表示。另外，张澍稿本曾为著名藏书家叶景葵藏书，叶景葵在上面有十多处订正补充的文字，并钤"景葵校理"印章。整理者在相应处的段落后加"【景葵校理】"以标明是叶景葵的补充文字，特此说明。